白鞋律所

How a New Breed of Wall Street Lawyers Changed Big Business and the American Century

新一代华尔街律师如何改变大公司和美国世纪

[美] 约翰·奥勒 （John Oller） ———— 著

肖永贺 ———— 译

中国科学技术出版社

·北京·

White Shoe: How a New Breed of Wall Street Lawyers Changed Big Business and the American Century by John Oller, ISBN: 9781524743253
All rights reserved including the right of reproduction in whole or in part in any form.
This edition published by arrangement with Dutton, an imprint of Penguin Publishing Group, a division of Penguin Random House LLC.
Simplified Chinese translation copyright © 2023 by China Science and Technology Press Co., Ltd.

北京市版权局著作权合同登记　图字：01-2023-1607

图书在版编目（CIP）数据

白鞋律所：新一代华尔街律师如何改变大公司和美国世纪 /（美）约翰·奥勒（John Oller）著；肖永贺译 . — 北京：中国科学技术出版社，2024.1

书名原文：White Shoe: How a New Breed of Wall Street Lawyers Changed Big Business and the American Century

ISBN 978-7-5236-0299-7

Ⅰ.①白… Ⅱ.①约… ②肖… Ⅲ.①律师业务—美国 Ⅳ.① D971.265

中国国家版本馆 CIP 数据核字（2023）第 248666 号

策划编辑	刘　畅　宋竹青	文字编辑	何　涛
责任编辑	刘　畅	封面设计	今亮新声
版式设计	蚂蚁设计	责任校对	吕传新
责任印制	李晓霖		

出　　版	中国科学技术出版社
发　　行	中国科学技术出版社有限公司发行部
地　　址	北京市海淀区中关村南大街 16 号
邮　　编	100081
发行电话	010-62173865
传　　真	010-62173081
网　　址	http://www.cspbooks.com.cn

开　　本	710mm×1000mm　1/16
字　　数	314 千字
印　　张	23.75
版　　次	2024 年 1 月第 1 版
印　　次	2024 年 1 月第 1 次印刷
印　　刷	北京盛通印刷股份有限公司
书　　号	ISBN 978-7-5236-0299-7/D · 133
定　　价	89.00 元

（凡购买本社图书，如有缺页、倒页、脱页者，本社发行部负责调换）

再次感谢我的家人

目 录

引　言　迎接新世纪的新任大祭司 …………………… 001

第一章　神童 ……………………………………………… 013

第二章　"派你的人找我的人" …………………………… 021

第三章　"华尔街医生" …………………………………… 031

第四章　"当心克伦威尔先生" …………………………… 039

第五章　克拉瓦斯体系 …………………………………… 057

第六章　"备受尊敬的人" ………………………………… 071

第七章　一个棘手的问题 ………………………………… 089

第八章　"我背弃了克拉瓦斯" …………………………… 105

第九章　"不过是一个受雇的律师" ……………………… 119

第十章　"巨额融资" ……………………………………… 137

第十一章　"我希望我是一个更聪明的人" ……………… 155

第十二章　一个保守派律师的良心 ……………………… 165

第十三章　"华尔街的祸害" ……………………………… 179

第十四章　"一种被称为基督教的文明" ………………… 199

第十五章　"钱买不到" …………………………………… 211

第十六章　"华尔街之狼" ………………………………… 227

第十七章　"大诅咒" ……………………………………… 237

第十八章　备战 …………………………………………… 261

第十九章	在战地	279
第二十章	结束所有战争	301
第二十一章	回归正常	319
第二十二章	"最后一个伟大时代"	331
后　记		337
致　谢		357
参考文献		361

引 言

迎接新世纪的新任大祭司

1899年，保罗·德伦南·克拉瓦斯（Paul Drennan Cravath）成为著名的华尔街律师事务所的合伙人，该律所由他和林肯总统的国务卿威廉·H.苏厄德（William H. Seward）共同创办，然而这并不是19世纪唯一的新鲜事。标准回形针刚刚问世，橡皮筋也刚刚开始得到普遍使用。虽然这是办公用品领域的进步，但和其他许多律所一样，苏厄德律所仍然因循守旧：律所里没有归档系统，索引也只是保存在办公室职员的脑袋里。

虽然律师给人留下的印象都是聪明睿智，但他们在适应技术变革方面往往滞后。1885年，苏厄德律所安装了第一台电梯后，首席合伙人克拉伦斯·苏厄德（Clarence Seward）却拒绝使用。当他不想爬两层楼梯去办公室时，他索性待在家里。

1878年，纽约市有了第一部电话，律师们却认为将电话用于商务通话显得不够专业。许多人担心自己的隐私被泄露，这可能是因为已经有一个名为"法律"的单一中心交换机，并且供各区的所有律师使用。约翰·福斯特·杜勒斯（John Foster Dulles）回忆道，直到1911年，他才加入著名的沙利文和克伦威尔（Sullivan & Cromwell）律师事务所，"一些老合伙人认为，法律界成员之间唯一有尊严的沟通方式是用手写斯宾塞体*给彼此邮寄信件，以书面形式传达信息"。

律师接受使用打字机也是一个缓慢的过程，打字机在19世纪70

---

* 斯宾塞体（Spencerian script）简称 Spen，可口可乐的标志就采用了这种字体。在打字机出现前，斯宾塞体是美国最盛行的书写与记录字体，其笔画优雅流畅，被广泛运用于商务活动中。——编者注

年代就已实现商业化。但直到19世纪80年代中期,文件还是由人工手写的,这些人站着或坐在又高又斜的桌子旁边的高凳上进行手写工作。最称职的文员会一页接一页地写,并把它们逐行地传给抄写员,再由抄写员在长桌上辛苦地抄写。

律所不会雇佣那些能完成口述记录工作的速记员,因为他们被视为入侵者。信件以原有的形式进行邮寄,并附有"尽快回信"的诚恳要求。直到在19世纪、20世纪之交,当旧的处理方式无法满足不断增加的法律职业群体需求时,律所才开始雇佣女性速记员、秘书和打字员来代替男性抄写员。

当时37岁的保罗·克拉瓦斯成为苏厄德律所的最新合伙人,他认为律所需要进行革新。他加入律所后做的第一件事就是开始建立档案系统,并从哥伦比亚大学图书馆聘请了一名女性管理员来管理档案。但他真正想改革的是整个律师事务所的体系。他意识到,在20世纪,律所必须向他们最成功的公司客户学习,做到组织有序、办事高效,有能力扩大业务规模。

在19世纪的大部分时间里,律师事务所的业务模式一般是单人执业或两人合伙执业,只有几个关系松散的职员。律所合伙人共享办公空间和分摊各种支出,但不分享各自所得的律师费。一些年轻人做了几年的无薪职员,他们努力承担秘书的职务就为了得到一张办公桌,或是能够有机会进入合伙人的图书馆。从本质上说,他们是自由代理人,自己不通过寻找案件和客户来谋生。他们在获准执业之前,往往没有上过法律学校,也没有参加过任何律师资格考试。①

---

① 直到20世纪,律师资格考试通常都是敷衍了事,并且只停留在口头上。1895年,纽约州举行了首次律师资格考试笔试,并将通过考试作为入学条件,但从法学院毕业并不是参加考试的先决条件。在律师事务所工作的时间计入参加考试前所需的三年法律学习(大学毕业生为两年)时间。(以下不加说明的均为原注)

法律助理在律所没有接受过系统的教育或培训，他们学习法律知识的途径源于阅读法律书籍、复印文件以及观察工作中的合作伙伴。通常情况下，这些法律助理是合伙人或公司客户的亲戚或朋友，没有人指望他们对公司的实际法律工作做出重大贡献。

但对克拉瓦斯来说，整个律所的制度安排缺乏纪律。它被裙带关系所玷污，造成了各自为政的局面。而且在这种制度安排下培养的都是平庸无奇的人，而非卓越超群的人。他决定想出更好的办法。他会聘请最优秀的法律专业学生，认真培训他们，给他们发工资，让他们尽职尽责、努力工作。如果他们能够证明自己的实力，就会得到提拔，成为合伙人；证明不了的话，就会遭到解雇。作为合伙人，这些法律生会同律所进行合作并分享合作收益。这种模式被称为"克拉瓦斯体系"*，也是至今仍在律师事务所和咨询公司中所使用的一套商业管理模式。

该体系完全符合律师克拉瓦斯的期望。到了19世纪、20世纪之交，他已是公司或"办公室"律师中日益壮大的骨干中的一员，助力构建了现代美国商业的基础。克拉瓦斯等富有远见的律师与他们的企业客户展开密切合作，制定并实施法律战略，推动了整个20世纪商界的发展。他们领导着后来被称为"白鞋"（White Shoe）的律所，该名字源于常春藤盟校几代学生所穿的由鹿皮制成的白色皮鞋，这些学生作为WASP**精英的成员，后来继续在华尔街经营着知名的律所、银行和会计公司。

从19世纪初到19世纪70年代开始的镀金时代，律师协会的精英

---

* 克拉瓦斯体系（Cravath system）的特点是，每一个案件都由事务所的一位合伙人监督，在他手下会有一群律师助理去处理繁复琐碎的具体法律事务。这些助理从低到高都有明确的职级划分，其级别根据他们加入事务所的年资长短而定。——编者注

** White Anglo-Saxon Protestants，指祖上是正宗英国人的移民后裔。——译者注

成员都是那些富有魅力的律师。他们口齿伶俐，能够在法庭上进行强有力的辩护。伟大的演说家兼政治家丹尼尔·韦伯斯特（Daniel Webster）就是其中一个典型的例子。他曾在美国最高法院为150多个案件进行辩护，并促成了许多早期具有里程碑意义的判决。另一个为人所熟知的人物是律师亚伯拉罕·林肯，他在美国伊利诺伊州的小镇上进行巡回审判，在奶牛、猪、小额商业交易以及一些刑事案件纠纷中，他都以平易近人的方式向陪审团提出上诉。据传，他似乎总能胜诉。

商人只有准备在法庭上据理力争时才会请律师，至少在整个美国内战期间是这样。客户很少考虑聘请律师来作为预防性措施。但是在美国内战后，美国的工业化和城市化程度不断提高，公司的数量越来越多，经营模式也越来越复杂，而且规模也越来越大，这就需要一种新型的律师——一种务实的律师，其掌握的技能更多的是用在谈判、调解和文件起草上，而不是在出庭辩护上。

大约在1890年，这种新一代精明能干的公司律师起源于纽约市，并在那发展壮大起来。律师的主要办公地点变成了会议室，而不是法庭。这种新型律师的代表人物有弗朗西斯·林德·斯泰森（Francis Lynde Stetson），他是一位彬彬有礼但又具有钢铁般意志的绅士，担任声名显赫的金融家约翰·皮尔庞特·摩根（J. P. Morgan）的"首席检察官"（Attorney general）。斯泰森帮助摩根组建了世界上最大的几家公司，其中包括美国最大的钢铁公司US Steel，并尽其所能让他知名的客户摆脱麻烦，而这并非易事。

还有威廉·纳尔森·克伦威尔（William Nelson Cromwell），这位来自布鲁克林能言善辩的商业律师，他专门负责组建新的大型公司，并在旧公司濒临破产时帮助它们重整旗鼓。尽管一些评论家认为他的做法有些冒险，但没有人怀疑他的足智多谋。由于他在建设巴拿马运河以及由此引发的革命中所起的重要作用，他成为早期华尔街最为出名的律师之一。

新英格兰贵族出身的伊莱休·鲁特（Elihu Root）是个典型的富有智慧的人，他在华盛顿的政府高层和其在纽约经营的私人法律业务之间往来自如。作为共和党当权派的精英、原党派的成员，他强烈倡导扩张的对外政策。除了要为总统效力，鲁特与其他人一样，负有将美国打造为世界强国的责任。

塞缪尔·昂特迈耶（Samuel Untermyer）是一位华尔街少有的犹太律师，他反对白鞋律所公司。他因维护大公司的利益而成为富豪，但转而又对其进行猛烈抨击，成为推行商业改革的民粹主义斗士。他总是在衣领上佩戴当地新鲜的兰花，这掩盖了他在攻击大公司对手时展现的凶残一面。

后来，该集团中最年轻的律师克拉瓦斯创立了一种新的律所管理模式，几乎所有大型白鞋律所都效仿了这种模式。事实上，克拉瓦斯这个名字已成为20世纪早期华尔街大型"法律工厂"的代名词。

保罗·克拉瓦斯是一个成功的小镇男孩。1861年7月，在第一次布尔朗战役爆发的前一周，他出生在俄亥俄州一个名叫柏林高地（Berlin Heights）的小村庄，位于伊利湖以南几英里*处。与众不同的是，他的父母都是来自附近欧柏林学院（Oberlin College）的大学毕业生，这个学校是美国第一所招收女性和黑人的大学。克拉瓦斯的父亲伊拉斯塔斯（Erastus）是公理会牧师，他主张废除奴隶制度，毕生致力于改善非裔美国人的生活。战争结束后，他在田纳西州的纳什维尔帮助刚获得自由的黑人建立了一所学校。这所学校后来成为菲斯克大学（Fisk University），他在那里担任了20年的校长。为了给这所大学筹集资金，伊拉斯塔斯·克拉瓦斯14岁时在保罗等家人的陪同下，带领菲斯克青年合唱团（Fisk Jubilee Singers）进行了一次欧

---

*　1英里约等于1.61千米。——编者注

洲巡演。

克拉瓦斯的母亲露丝·安娜（Ruth Anna）是一位坚定的贵格会教徒，与伊拉斯图几乎是截然不同的人。她是一个不苟言笑的女人，有点杞人忧天。为了与克拉瓦斯父亲的理想主义进行互补，她给年幼的克拉瓦斯灌输了一种实用主义思想。此外，她还培养了克拉瓦斯对书籍和音乐的兴趣。

克拉瓦斯在布鲁克林理工学院（Brooklyn Polytechnic Institute）接受早期教育，战后全家在布鲁克林短暂居住了一段时间。在全家欧洲旅行期间，他就读于瑞士日内瓦的大学预科学校，并与父亲一起在德国旅行。

1882年，克拉瓦斯从欧柏林这所具有宗教性质的大学毕业（那儿的老师们形容他"才华横溢"，但却是个"捣蛋鬼"）后，他放弃了宗教生活，转而追求实现成为一名律师的抱负。他曾在明尼阿波利斯的一家律所学习，并打算在那里定居。然而，在伤寒发作后，他成了明尼苏达州标准石油公司（Standard Oil Company）的一名推销员。他拿着赚来的钱，前往位于纽约州东部的哥伦比亚大学法学院（Columbia Law School）学习，1886年以全班第一的成绩毕业。

毕业后，克拉瓦斯在曼哈顿的卡特-霍恩布洛尔和伯恩（Carter, Hornblower & Byrne）律师事务所实习。该律所的负责人是沃尔特·S.卡特（Walter S. Carter），他是纽约律师事务协会的会长。一位法律历史学家称卡特"具有发现年轻优秀律师的才能"，并且是"许多律所的创始人"。卡特因吸引了哥伦比亚大学和哈佛大学法学院顶尖的毕业生而声名鹊起，后来这些毕业生中的许多人都迎来了自己辉煌的职业生涯。其中包括查尔斯·埃文斯·休斯（Charles Evans Hughes），他娶了卡特的女儿，后来担任过纽约州州长、美国国务卿、美国最高法院首席大法官。1916年，他还成为共和党总统候选人。

人们认为卡特的办公室是"培养年轻律师人才名副其实的摇

篮"。卡特称这些年轻律师为"孩子"。乔治·威克沙姆（George Wickersham）就是这些"孩子"中的一员，他是总统威廉·霍华德·塔夫脱（William Howard Taft）未来的司法部部长。威克沙姆因积极起诉反垄断案件而被称为"华尔街的祸害"，这激怒了他曾经代理过的一些公司。

卡特的年轻搭档是头脑灵活的威廉·霍恩布洛尔（William Hornblower）。1893年，他的朋友格罗弗·克利夫兰（Grover Cleveland）总统提名42岁的霍恩布洛尔为最高法院法官。霍恩布洛尔固执己见，反对"政治骗术"，他目睹了自己的任命失败，成了个人仇恨的受害者。但他确实经常在最高法院进行争辩，甚至在华盛顿特区度蜜月的时候，他的新娘也能看到他争辩的场面。

霍恩布洛尔是一个脾气暴躁、很难相处的人，至少多年后休斯对他的印象是这样的。休斯永远记得，他作为一名年轻律师在校对霍恩布洛尔的一份雄辩的简报时，曾因一个严重的错误而受到严厉的批评。休斯看错了霍恩布洛尔的笔迹，结果"七千美元现金"印刷出来后变成了"七千美元煤炭"。

虽然霍恩布洛尔只是纽约众多优秀律师中的一员，但他认为自己应该从卡特律所中分得更多的利润。1887年，他和伯恩离开了卡特律所，成立了自己的律所。他们带走了卡特律所更为有利可图的客户资源，并邀请克拉瓦斯加入他们。但年轻的克拉瓦斯选择留在导师卡特的身边，因为卡特向他提供了与休斯合作的机会。

为了敲定这笔交易，休斯带克拉瓦斯去了马蒂内利（Martinelli's）餐厅吃饭，这是该市一家顶级的意大利餐厅。借喝酒之余，休斯告诉克拉瓦斯他们将把这家律所命名为"卡特-休斯-克拉瓦斯"（Carter, Hughes & Cravath）。克拉瓦斯用拳头敲了一下桌子（他显然没有仔细听），兴奋地喊道："就叫卡特-休斯-克拉瓦斯吧，我也加入。"1888年1月1日，这家新命名的律所在纽约人寿大厦百老汇大街346号开业,其位置毗邻市政厅和法院。

进入纽约一家享有盛誉的律所后,仅仅一年半的时间就成为合伙人,这只有克拉瓦斯这样的奇才才能做到。他性格外向、信心十足、气宇轩昂,所有这些特点都对他的职业有利。克拉瓦斯有着一米九几的身高,体重约220斤,硕大的脑袋配上一副小圆眼镜,还有一头浓密的棕色卷发。用他的一位合伙人的话来说,他是一个"极其优雅"并且"风度翩翩"的人。

很快,克拉瓦斯的个人魅力给他带来了第一个大客户。克拉瓦斯的舅舅是乔治·威斯汀豪斯(George Westinghouse)在匹兹堡创办的几家公司中的一名官员,他把他的侄子介绍给了著名的空气制动机发明家。几年前,威斯汀豪斯就对新兴的电力领域产生了兴趣。现在,威斯汀豪斯正在寻找一位才华横溢且精力充沛的人,能够为他在与托马斯·爱迪生之间的法律纠纷进行辩护。这将使克拉瓦斯在纽约法律界和商界名声大噪。

克拉瓦斯、斯泰森、克伦威尔、鲁特和纽约律师协会的其他一些精英成员在打造资本主义大企业方面功不可没。这些企业诞生于镀金时代晚期的美国,并在接下来的一个世纪里继续发展。这些精英律师的影响力主要体现在美国历史上大约1890年至1916年——这段被称为"进步时代"的时期。这段时间囊括了罗斯福、塔夫脱两任总统的任期以及威尔逊总统的第一个任期。从这一时期一直到第一次世界大战期间,美国自由民主秩序的基本要素开始生根发芽:企业工业资本主义、行政管制型国家以及国际主义外交政策。

早期白鞋律所中律师的故事很少有人讲述,也从未被完整地讲述过。在某种程度上,他们经常被诋毁为强盗大亨的工具。这种指控也有一定的道理。这些律师作为公司客户的帮手,是为许多人所鄙视的新垄断公司的缔造者。他们还扮演了守护者的角色,帮助工业大亨摆脱他们所认为的政府的过度干预行为。最初的华尔街律师要么教他们的客户如何规避限制性法律，要么就像塞缪尔·昂特迈耶所说的，教他们如何"严格地遵守法律"，这完全是一种"仁者见仁，智者见智"的问题了。著名幽默作家芬利·彼得·邓恩（Finley Peter Dunne）表示，公司律师可以把一个在外行人看来像一堵石墙的法律变成一座凯旋门。

然而，曾经的某些越轨行为掩盖了这些律师的成就。他们设计了新的、更加灵活的借贷和融资方式，促进了美国商业的发展。他们帮助破产公司在经历经济恐慌和经济萧条后重整旗鼓、站稳脚跟。在那些年，美国经常受到经济恐慌和经济萧条的困扰。他们帮助创建了一个世界上无与伦比的纽约市交通系统。正如一位法律学者所说，在这些律师的鼎盛时期过去几十年后，"在一个……克伦威尔、克拉瓦斯或者斯泰森时期，我们会发现美国社会的建设者在思维上像约翰·马歇尔[*]一样大胆——马歇尔在解释宪法和调整联邦方面做出的贡献是我们所熟知的"。

在进步时代，困扰国家的问题是财富和权力集中在少数富豪手中，他们控制着石油、钢铁、烟草、银行和铁路等行业。在就这个问题的辩论中，华尔街的资深律师掌握着重要的发言权。尽管这些律师抵制激进的改革，但他们中最具影响力的人开始认为有必要对垄断企业进行更广泛的市场监管，从而避免滥用过去的监管体系，以此来增加该体系的可信度。他们认识到，该法律并未同国家快速发展的工业保持一致的步伐；并且还意识到，需要制定新的规则以便法律能够与经济现状相匹配。

如果他们可以选择的话，像摩根和约翰·D.洛克菲勒（John D.

---

[*] 约翰·马歇尔（John Marshall），美利坚合众国独立和建国时期的政治活动家、法学家，第四任美国首席大法官，任内曾作出著名的马伯里诉麦迪逊案的判决，奠定了美国法院对美国国会法律的司法审查权的基础，捍卫了美国三权分立的体制。——编者注

Rockefeller）这样的人会更希望没有任何规则约束他们的商业行为。而他们的律师则需要控制他们本能的冲动，引导他们在一个错综复杂的新法律制度中前行。顶尖的企业律师让他们的客户摆脱"西部野生心态"（Wild West mentality），转而追求提高透明度以及增加对投资者的关注，由此使法律在动荡的变革时期起到调停和稳定的作用。伟大的华尔街律师帮助创造了大量新的非个人公司，他们也成为引导这些公司发展的一大重要角色。

为了帮助控制企业资本主义的发展，华尔街一些最有才华的私人执业律师在政府中扮演了积极的改革角色，经常穿梭于私人业务和公共服务之间。例如，有谁能比曾代表大型人寿保险公司的查尔斯·埃文斯·休斯更好地通过公开调查揭露人寿保险行业内的腐败？还有哪个比乔治·威克沙姆司法部部长更适合起诉大型反垄断案件呢？他在进入塔夫脱内阁之前曾为大公司进行辩护。

白鞋律所的律师在外交事务中也发挥了重要作用。几乎所有的律师都强烈支持美国干预第一次世界大战。华尔街的律师帮助他们的客户为盟军的战争提供物资和资金，并呼吁美国"做好防备"。保罗·克拉瓦斯和一些人前往欧洲执行战时任务，在工作过程中，他们把自己置身于危险之中。许多白鞋律所的律师，包括年轻的约翰·福斯特·杜勒斯（克伦威尔的门生兼未来的国务卿）也帮助谈判达成了结束战争的《凡尔赛条约》（Treaty of Versailles），并积极参与关于美国加入国际联盟的辩论。

无论是在国内还是国外，白鞋律师都走在被称为"寻求秩序"的前沿，这是1890年至1920年间的时代特征，他们促使新的组织化社会得以形成。他们开始将组织结构和效率强加给自己的私人律所。他们帮助创建了时至今日仍在用于管控公司行为的法律体系。此外，他们为最终形成的国际秩序奠定了基础。

如此，白鞋律所的律师帮助塑造了新的美国世纪。

第一章

神童

克拉瓦斯刚从法学院毕业时，年仅26岁。为了与世界上最著名的发明家爱迪生较量，威斯汀豪斯雇佣他为自己的商业律师。

威斯汀豪斯30多岁时将公司总部设于匹兹堡，他因发明铁路空气制动器以及在铁路转换和信号方面的创新而声名鹊起。他在公众面前谦逊有礼，私下里也襟怀洒落。威斯汀豪斯内心怀有美好的愿望，即改善其同胞的处境。虽然他是一个坚强而成功的企业家，但他蔑视资本家和金融家。他给员工的工资高于当时的行业标准，还给他们发养老金，给他们放假，并为他们提供安全的工作环境。作为工程师中的佼佼者，他将无限的精力、想象力和智慧投入工作中。到了19世纪80年代中叶，威斯汀豪斯已全身心投入蓬勃发展的电力行业中，并期待着一场自由而公平的竞争，即如何将电能以最好的方式分配给人们。

威斯汀豪斯在电力行业的竞争对手是爱迪生，他是美国门洛帕克市（Menlo Park）的一个奇才，也是世界著名的灯泡和留声机的发明者。爱迪生只比威斯汀豪斯小几个月，他平易近人，但他为获得成功可以不惜一切代价。爱迪生是一个爱唠叨的人，他很享受自己的名人地位。除了发明的天赋，他还有自我推销和赚钱的本领。爱迪生对威斯汀豪斯这个铁路工程师感到不满，因为他闯入了自己开创的领域，并且爱迪生认为该领域只应属于他一个人。

威斯汀豪斯和爱迪生曾在两场既独立又相互关联的纠纷中对峙，其中一场是灯泡之战——爱迪生声称威斯汀豪斯和其他许多竞争对手侵犯了他1879年发明白炽灯泡获得的专利权。爱迪生对威斯汀豪斯提起了数百起专利诉讼，而克拉瓦斯也因为他们做过辩护而受到指控。灯泡之战之所以会持续数年，是因为威斯汀豪斯的战略以拖延时间为核心。因此，克拉瓦斯的职责是将灯泡之战拖延至爱迪生的专利到期，即1894年。

技术性很强的专利诉讼为克拉瓦斯带来了稳定的业务，同时，正是第二次战争——所谓的电流之战，首次引起了公众对克拉瓦斯的关注。这场战争与其说是一场法律战，不如说是一场全面的商业战，因其涉及多个领域，这让威斯汀豪斯的交流输电系统与爱迪生的直流输电系统展开了较量。获胜者将决定下个世纪如何将电力输送到家庭和企业，并为其母公司带来数十亿美元的收益。

威斯汀豪斯发明的交流电系统是基于奇才尼古拉·特斯拉（Nikola Tesla）的创新，他是塞尔维亚发明家，威斯汀豪斯授权给他专利。在该系统下，交流电从中央发电站以高压（1000~2000伏）进行远距离传输，用于照亮城市街道的明亮弧光灯，包括纽约的不夜街（New York's Great White Way），这一做法始于1880年。在用于商业区或住宅区时，变压器将电流降低到低压（50瓦），来点亮室内白炽灯和灯泡。

相比之下，爱迪生的直流供电系统的电压为110伏，这不足以照亮大型的户外空间。爱迪生在人口密集的中心地区设置了许多发电厂，然而每一个发电厂都不能向距其1英里以外的消费者提供电流。但爱迪生的供电系统有一个明显的优势：安全。爱迪生把他的低压电线埋在地下，这是一项成本高昂且劳动密集型的工作，但能够使人们避免触电的风险。而威斯汀豪斯的高压交流电线被串在路灯的电线杆上，与成千上万条电话线和电报线交织在一起。在19世纪80年代，纽约和其他大城市的天际线就像一张巨大的蜘蛛网。除了不美观，悬挂在空中的电线在暴风雨天气很容易被吹倒，更糟糕的是，还会使人们有触电的危险。

在1888年至1890年间，仅在纽约就有数十人死于触碰带电的高压交流电线。这些人主要是电力和其他公用事业的工人，但也有触碰到掉落的电线的毫无戒心的孩子。人们对这一危险进行的强烈抗议被称为"电线恐慌"（Electric Wire Panic），威斯汀豪斯使用的交流线路经常受到指责，这对他来说是一场公关危机。当时刚刚通过的一项法律规定，交流电线应该像爱迪生的直流电线一样埋在地下。但是，由于市政府雇用的挖掘管道公司的疏忽和懈怠，以及坦慕尼协会（Tammany Hall）主导的电气控制委员会内部的腐败，致使没能建造足够的地下管道来容纳电线。

在最初的几年里，克拉瓦斯作为威斯汀豪斯的律师，大部分时间都在与各种企图作斗争，其中很多是爱迪生煽动或支持的，爱迪生意在以安全问题为由破坏和削弱威斯汀豪斯的交流电系统。报纸上经常引用克拉瓦斯的话，他否认威斯汀豪斯的线路是有问题的。他认为这些线路都是安全绝缘的，同时承诺在该市建成管道后会尽快将它们埋到地下。虽然威斯汀豪斯的前任律师曾对该市政府强迫该公司埋设电线的权力提出异议，但克拉瓦斯提出，如果能够得到足够的补偿，他将让他的客户自己建造管道，威斯汀豪斯也因此获得了一份照此履约的合同。至少在法庭通过诉讼将工作交还给原公司之前是这样的，而这份诉讼是鲁特提起的。

在电流之战中，禁令接二连三地发出。克拉瓦斯刚收到一项禁令，其内容是禁止市政府任意剪断客户的架空电线。然而禁令一旦被解除，市政工人就会拿着斧头和剪刀去拆除电线。1889年10月，《纽约时报》（New York Times）头条写道："西联电报公司的一位名叫约翰·菲克斯的线路工人被电网烤焦。"当时他试图从1英里外的电线杆上剪下一些没用的电线，而这些电线与一些交流电线缠绕在一起。当一群忙里偷闲、刚吃完午饭的行人抬头望去时，菲克斯的身上已经着火了。蓝色的火焰从他的嘴巴和鼻孔里喷出来，火花在他的脚上飞溅。他的身体被电线缠住了，在空中悬挂了45分钟，场面十分凄惨。之后，他的同事把他从电线上拉了下来，并把他烧焦的躯体放到地上。

克拉瓦斯代表他的客户，立即同意切断"致人死亡的电路"，直到专家宣布电路安全为止（这导致城市街道变暗，从而产生了一系列问题）。为了应对这场危机，威斯汀豪斯立即从匹兹堡赶到纽约，在第五大道的布伦瑞克酒店安顿下来。克拉瓦斯在那里调集了他的年轻律师队伍，不分昼夜地工作，星期天也不例外。

作为他对威斯汀豪斯发起的宣传战的一部分，爱迪生曾游说纽约州在执行的第一次电刑处决中使用交流电电刑——表面上是为了制定一种比绞刑更人道的死刑，但实际上是为了让公众在心目中把交流电与触电事故联系在一起。他赞助了一些实验，在这些实验中，用300~750伏的交流电对狗、小牛和马进行电击，它们会立即死亡。实验中使用的电压大小还不到城市街道上空电线所用电压的一半。尽管爱迪生此前反对死刑，但他现在强烈要求使用高压交流电处决杀人犯威廉·凯姆勒（William Kemmler）。当要价不菲的纽约律师政客伯克·科克兰（Bourke Cockran）出面干预，试图阻止执行死刑时，人们普遍认为威斯汀豪斯是幕后主使。尽管他和克拉瓦斯都否认这一点，但克拉瓦斯经常雇佣科克兰与他一起处理诉讼案件这一事实，给这种说法提供了确凿的证据。

1890年8月，确实执行死刑了，但结果很糟糕：凯姆勒在受到17秒的交流电的电击后被宣布死亡，但结果是他还活着，需要再经受8分钟2000伏的痛苦电击，才能将他电死。克拉瓦斯告诉媒体，这无疑会结束将电刑作为一种处决方法的历史，因为"电本身的神秘特性，就连专家都还有很多需要学习和探索的方面"，他建议不要"以人的生命为代价进行进一步的实验"。"他们用斧头会取得更好的效果，"威斯汀豪斯打趣道。

在休斯的协助下，克拉瓦斯几乎输掉了威斯汀豪斯在纽约市以及与爱迪生之间的所有诉讼。爱迪生掌握的资金和媒体资源都略胜一筹，但威斯汀豪斯最终在这场电流之战中赢得了胜利。他的交流电系统的优势越来越明显，安全问题也越来越少。而顽固抵抗的爱迪生继续进行代价高昂的法律斗争，耗尽了公司的资源。1892年，由于银行家摩根的阴谋诡计，爱迪生失去了对爱迪生通用电气公司（Edison General Electric Company）的控制权，当时摩根是爱迪生名下的大股东。最终，由斯泰森代表摩根，将爱迪生通用电气公司与汤姆森·休斯顿电力公司（Thomson Houston Electric Company）进行合并，利用交流电与威斯汀豪斯展开竞争。两家公司合并后更名为通用电气公司，其管理权移交给汤姆森·休斯顿集团。

1891年，克拉瓦斯帮助财务状况不佳的威斯汀豪斯筹集了足够的新资金，避免了公司的破产。随后，威斯汀豪斯充分利用1893年在芝加哥举办的世界博览会来继续展示交流电的优势。两年后，他成功地将交流电一路输送到布法罗。布法罗距离新建的尼亚加拉瀑布水力发电厂二十多英里，该发电厂是斯泰森几年前发起的一个项目。电流之战就此结束，交流电获胜了。

1896年，威斯汀豪斯和通用电气公司达成专利交叉许可协议，并共享专利使用费，以结束他们留下的专利纠纷。克拉瓦斯成为威斯汀豪斯私人专利控制委员会的两名候选人之一，该委员会的设立旨在对该协议进行监督。

威斯汀豪斯的经历让克拉瓦斯明白，做公司客户的代理人要懂得如何将法律和商业恰当地结合在一起。法律需要得到尊重，但也要与客户的业务和公共关系需求相融合。有人说："与其说克拉瓦斯是一位伟大的律师，不如说他是一位才华横溢的商人和具有法律头脑的推销员。"

1891年，克拉瓦斯离开了卡特，成立了自己的双合伙人律所，在那里他继续为威斯汀豪斯提供法律服务。1892年，他与来自密歇根州卡拉马祖县（Kalamazoo）的歌剧演员阿格尼丝·亨廷顿（Agnes

Huntington）结婚。亨廷顿最初在伦敦舞台上一举成名。她当时面临两种选择：要么考虑起诉她的前未婚夫——一个富有的费城男人，因为他违背了诺言；要么在她嫁给31岁的克拉瓦斯之前要求前未婚夫给她回信，不过这还要取决于人们相信哪种说法。出于对音乐和戏剧的共同热爱，克拉瓦斯夫妇渴望融入曼哈顿的上流社会。在曼哈顿时尚的默里山区（Murray Hill）东39街，他们拥有一栋委托建筑师建造的联排别墅。他们还是长岛北岸专属马场的会员。长岛北岸就是《了不起的盖茨比》（the Great Gatsby）中庄园原型的所在地，在那里他们建造了许多宏伟的庄园，并成为传奇的风笛岩俱乐部（Piping Rock Club）的创始成员。

1899年，克拉瓦斯来到了苏厄德律师事务所，随后接受律师界的新星威廉·达梅隆·古思里（William Dameron Guthrie）的领导。古思里是一名铁路诉讼律师，也是宪法方面的专家。几乎与所有白鞋律所的律师一样，古思里也是白手起家。他是通过自己的努力赚取财富，而不是继承财富成为百万富翁。古思里温文尔雅，相貌堂堂，留着黑色的胡子，一副不苟言笑的样子。他出生于旧金山，父母是港口测量员和报社老板，早年在英国和法国接受教育。父亲去世后，年幼的古思里被带到美国，就读于纽约市的公立学校。

古思里最初是苏厄德律所的通信员和速记员，后来从哥伦比亚大学法学院毕业，以律师身份加入该律所。他因说服美国最高法院宣判1894年联邦所得税违宪而声名鹊起，这是当时最重要的司法判决之一。* 1913

---

* 1895年，来自马萨诸塞州的波洛克将纽约的农业贷款及信托有限公司告上法庭。波洛克拥有这家公司10%的股份，公司决定从他应得的红利中扣除个税的数额去纳税，波洛克则认为公司没理由这么做。官司最后闹到联邦最高法院。最高法院在审理中发现，《威尔逊-戈尔曼关税法》中的所得税条款涉嫌违宪。因为个税是针对财产征收，构成直接税，而依据宪法，国会对直接税的征收应按照各州人口比例进行，否则便是违宪。最终，联邦最高法院以5：4的投票通过决议，认定该条款因违宪而无效。——编者注

年通过的美国宪法第十六次修正案推翻了最高法院的决定,并批准征收所得税。*

古思里是一位才华横溢的律师(也是工作狂),他的完美主义使他神经高度紧张。作为一个保守的、实际上是反对派的共和党人,他渴望从政,而他的演讲口才有助于他实现这一愿望。1891年,古思里接受威廉·特库赛·谢尔曼(William Tecumseh Sherman)将军的邀请,在将军的丹佛之行中发表了重要演讲。他赢得了谢尔曼的认可,也得到了丹佛报纸的赞扬,称赞他为"当时最雄辩、最有趣的演说家……神采飞扬,声音嘹亮,吐字清晰。"

但古思里是一个轻率、颇具争议的人,他缺乏竞选公职所需的个人温情。过度工作使他时常处于烦躁不安的状态。《哈珀周刊》(*Harper's Weekly*)的一篇报道称他咄咄逼人,直言不讳,让人感到唐突无礼。古思里经常与克拉瓦斯发生冲突,但克拉瓦斯也是为数不多的能与他共事的人之一。1898年,他们在长岛成了邻居。1901年1月1日,古思里、克拉瓦斯和亨德森(Guthrie, Cravath & Henderson)正式建立了合作伙伴关系。正是在这里,克拉瓦斯将其关于律所管理的开创性理念付诸实践。

最终,克拉瓦斯这个名字成为华尔街白鞋律师事务所中耳熟能详的名字。与此同时,另外两名成了实力雄厚的公司律师,作为新型工业化社会的建设者,他们也走上了自己职业的巅峰。

---

* 美国宪法第十六修正案的内容:国会有权对任何来源之收入课征所得税,所得税收入不必分配于各州,也不必根据任何人口普查或点查。该修正案于1913年2月3日正式获得批准,波洛克案的判决被推翻。——编者注

第二章

"派你的人找我的人"

1902年2月22日上午，摩根准备与老罗斯福总统会面。斯泰森为自己在过去一年里为摩根所做的法律工作感到自豪。1901年年初，斯泰森帮助摩根创建了美国钢铁公司，这是世界上第一家市值达到十亿美元的公司。同年晚些时候，斯泰森协助摩根组建了全球第二大公司——北方证券公司（Northern Securities company），该公司由几大铁路公司组成。这两大公司的成立帮助摩根巩固了在美国的地位，成为美国最有权势、最富有的人之一，同时也促使斯泰森成了美国薪酬最高的律师。

然而，当摩根在这个特殊的周六早上到达白宫接受任命时，他已经怒不可遏了。他去那里是为了讨论一项新的反垄断诉讼，该诉讼是罗斯福的司法部部长菲兰德·K. 诺克斯（Philander K. Knox）为阻止北方证券公司的大规模合并而提起的。三天前，64岁的摩根在他位于曼哈顿麦迪逊大道的豪宅里享用晚餐时，接到了一个电话，告知他联邦政府将提起诉讼，以阻止其"垄断行为"。在场客人们都对此感到震惊。"这怎么可能呢？"摩根心里想。他已经让自己的律师，其中包括业内最优秀的斯泰森来负责这笔交易，使其免受法律攻击。此外，摩根是一个忠诚的共和党人，他是总统父亲的朋友，20年前年轻的罗斯福第一次竞选公职时，摩根曾支持过他。当时身为副总统的罗斯福甚至为摩根举办了一次纪念晚宴，并以此作为契机，与有影响力的阶层建立联系。

金融市场同样感到震惊。在威廉·麦金利（William McKinley）担任总统期间，他的导师和最亲密的顾问是亲商的俄亥俄州参议员马克·汉纳（Mark Hanna）。在此期间，摩根和其他资本主义巨头的扩张计划几乎没有受到政府的审查。1890年通过的具有开创性意义的《谢尔曼反垄断法》（*Sherman Antitrust Act*），显然旨在遏制摩根和洛克菲勒等人通过组建大型托拉斯来垄断美国主要行业的残酷行为。但是，麦金利政府一直以来疏于执行这项新的法律，从而导致美国历史上出现了最大规模的工业兼并浪潮，这也使许多新成立的公司控制了其业务领域70%以上的市场份额。就在1895年，最高法院还拒绝解散控制着该国98%制糖产业的糖业托拉斯。

然而，麦金利在1901年9月遇刺身亡，继任者是42岁的改革家罗斯福。汉纳称罗斯福是一个"该死的牛仔"，因为身为总统的他会轻易采取任何不可预测的行动，无论这些行动是否符合美国企业的利益。罗斯福对北方证券公司的合并提起诉讼，这是一个具有重大意义的决定，标志着麦金利时代向托拉斯终结者泰迪（罗斯福的昵称）时代的过渡。

在会见罗斯福和诺克斯时，令摩根特别恼火的是，这起诉讼是在没有任何警告的情况下提起的。联邦政府从未试图将《谢尔曼反垄断法》适用于铁路公司兼并中。此外，摩根抱怨说，他被当作普通罪犯对待。然后，正如罗斯福后来回忆的那样，摩根做出了和解，尽管姿态傲慢。摩根告诉总统："如果我们做错了任何事……你可以派人（诺克斯）去找我的人，他们能把事情搞定。"

摩根的手下是弗朗西斯·林德·斯泰森，时年55岁的华尔街公司律师，他也能很好地解决问题。因此，尽管与罗斯福的会面很不愉快，但一贯好斗的摩根——长着粗粗的脖子，目光凶狠的眼睛和一个令人恐惧、略带紫色的蒜头鼻子，却建议进行谈判而不是诉讼，这也许并不令人意外。为了完成这项任务，摩根求助于他多年的律师兼顾问斯泰森。

斯泰森出生在纽约州最北部的普拉茨堡（Plattsburgh）附近，父亲是一位杰出的律师、法官和民主党官员，他从父亲那里学会了妥协和幕后交易的技巧。1876年，斯泰森从马萨诸塞州的威廉姆斯学院和哥伦比亚大学法学院毕业后，在纽约开始了他的辩护律师生涯。通过与提倡改革的政治家兼律师塞缪尔·J. 蒂尔顿（Samuel J. Tilden）进行合作，他开始积极参与当地的政治活动。蒂尔顿负责调查民主党核心组织坦慕尼协会及其腐败头目特威德（Tweed）。

威廉·C. 惠特尼（William C. Whitney）是另一位反对特威德改革的民主党人。1876年，在蒂尔顿与拉瑟福德·B. 海斯（Rutherford B. Hayes）的总统选举纠纷中，作为助手的斯泰森为蒂尔顿进行辩护。由于这项工作，纽约市的公司律师惠特尼聘请斯泰森担任助理律师，这使他经常在法庭上代表纽约市处理各种诉讼，通常是为欺诈索赔辩护。后来担任格罗弗·克利夫兰总统的海军部长的惠特尼也成为斯泰森的客户，参与纽约市马拉有轨电车系统的首次整合。

1880年，斯泰森开始与纽约市最著名的律师弗朗西斯·N. 邦斯（Francis N. Bangs）一起进行私人执业。比斯泰森年长将近20岁的邦斯是一所历史悠久的戏剧学校的法庭律师，他体格魁梧、好斗、喜怒无常。邦斯一眼就看到了斯泰森的能力，并评论了斯泰森在1881年写的一篇诉讼摘要："我认为我不能添加或删减一个词。"许多律师在整个职业生涯中都没有听到高级合伙人给出这样的赞扬。

斯泰森在新律所最早接手的一个案件是对一名纽约州法官受贿的调查，该案件是当时年轻的州议员、后来的罗斯福提交给他的。令罗斯福和斯泰森感到愤怒的是，这位明显腐败的法官逃过了控告。但是，这一事件开启了罗斯福作为一个狂热的公共议政员的职业生涯，同时也令他给予了对斯泰森的尊重，罗斯福在此后几年也一直对他保持着这种尊重，即使他们在许多问题上意见相左。

邦斯于1885年去世，享年57岁，死因可能是过劳或酗酒。斯泰森成为公司事实上的负责人。此时，他已是克利夫兰总统的朋友和顾问，他们是在1882年克利夫兰当选纽约州州长后不久的一次政治活动中相识的。1884年克利夫兰当选总统时，斯泰森拒绝了担任财政部部长的内阁职位，但此事让他成了克利夫兰最信任的顾问。1888年，克利夫兰谋求连任失利后，他接受了斯泰森的邀请，加入了他的律师事务所。斯泰森腾出一大片区域来为这位前总统做办公室。同事们回忆说，他们俩经常在一起聊天，但克利夫兰大部分时间都是一个人待着，自己在图书馆做研究，接待政界人士。而且他对接电话这事感到不耐烦。直到1892年再次竞选总统成功后，他才离开律所。

和克利夫兰一样，斯泰森是一个谦逊、没有架子的人。他身高一米七左右，身材魁梧，在公众场合显得拘谨、局促不安，但私下里却热情随和。斯泰森不愿抛头露面，虽然精通政治权术，但他本人从未参与过竞选公职。

斯泰森以做事一丝不苟闻名。他的侄子艾伦·沃德威尔（Allen Wardwell）是另一位合伙律师，他表示，斯泰森一直很清楚自己想要做什么，而且极其谨慎，"不会让事情的发展变糟糕"。上大学时，他制作了一个表格，按人和日期记录自己与20多个朋友和家人的所有来往书信，这样他就知道自己欠谁的信了。

斯泰森早期的庭审经验对他后来在公司的实践活动也很有帮助。沃德威尔解释说：

我总是说，斯泰森作为一名公司律师展现的出色能力来自这样一个事实，即他意识到他得出的结论或他所说的话有一天可能会出现在法庭上。我认为，他内心深处也许有一种无意识的想法。他最终在法庭上会说些什么呢？……他面临的最终考验是，"我希望这件事永远不会出现在法庭上……但如果它真的出现在法庭上，我可以为它辩护。"……他的逻辑性极强。

斯泰森首次引起摩根的注意是在1885年。随后，斯泰森的角色开始发生转变——从辩护律师到公司法律顾问兼谈判代表。作为威廉·范德比尔特（William Vanderbilt）的纽约中央铁路公司（New York Central，摩根是该公司的银行家）的律师，斯泰森帮助纽约中央铁路公司和它的主要竞争对手宾夕法尼亚铁路公司达成休战协议，以结束他们对彼此领土的侵占。相较于破坏性的竞争，摩根更倾向进行合作。他对斯泰森印象深刻，于是把他从范德比尔特那里挖走了。摩根提出的一个条件是斯泰森得让摩根的小舅子查尔斯·特蕾西（Charles Tracy）——一名资质较低的律师加入他的律所。特蕾西一进入斯泰森的律所，摩根就把他晾到一边，开始专门派用斯泰森。

摩根后来说，斯泰森对法律问题的谨慎态度和准确判断对他来说意义非凡，从1887年开始，他就成了"我们处理一切事情的正式律师"。他们的办公地点位于曼哈顿市中心附近的大楼。斯泰森的办公室在百老汇街（Broad Street）15号的米尔斯大厦（Mills Building），而他的客户著名银行家摩根的办公室在华尔街23号的"摩根之家"（House of Morgan）。他们常常戴上帽子，穿上外套，沿着百老汇大街（lower Broadway）散步，讨论摩根生意上的事情，而且彼此问候的方式十分正式，"早上好，摩根先生！""早上好，斯泰森先生！"

斯泰森将摩根笼统的设想转化为具有法律效力的文件，引导他的圣公会会长（Episcopal warden）同伴资助通用电气、万国收割机（International Harvester）和美国电话电报（AT＆T）等标志性公司的创建。正如摩根曾经所说的那样，他指望斯泰森能确保他的各种交易中包括"所有常见的保护措施和漏洞"。

1895年，斯泰森帮助摩根制订了一项计划，通过向美国财政部紧急出售黄金来阻止对黄金的挤兑，从而避免了一场金融危机。在白宫举行的关键性战略会议上,摩根和斯泰森说服了斯泰森的朋友格罗弗·克利夫兰总统采取这一应急措施。斯泰森援引了美国内战时期的一项法令,授权财政部在私人交易中购买黄金,以增加黄金储备。

斯泰森在摩根那里的年薪为5万美元,这是他在处理个人案件之外所获的报酬,而且其中不包括他以内部价格购买摩根公司股票所获得的利润。1901年,仅薪资一项,他就赚了30万美元(按2019年的美元价值计算相当于今天的800万美元)。一家报纸称斯泰森是"新的商业律师群体中最伟大的一位——他们的身份首先是专家,然后才是律师"。该报纸称,这并不是说他不是一个伟大的律师,而是法务能力和商业天赋的结合"给他带来了财富,这对于一个仅仅作为律师的人来说是不可能的"。

到了世纪之交,斯泰森和他的妻子伊丽莎白(·"利兹")·拉夫[Elizabeth("Lizzie")Ruff]——"南北战争"前新奥尔良市一位美国海军外科医生的女儿,住在纽约东第74街4号一幢六层楼高的豪华石灰岩豪宅里。他们还有一处占地1000英亩*的乡村住宅——空岛(Skylands),位于曼哈顿以北一小时车程的山区,斯泰森在那里建了一座植物园和一个九洞高尔夫球场。

斯泰森夫妇也是摩根社交圈的一员,1900年,他们参加了摩根女儿的婚礼。同他们一起到场的还有总统麦金利、副总统罗斯福、国务卿约翰·海(John Hay)、作战部长鲁特和他们的妻子等一些名人。斯泰森与钢铁大亨安德鲁·卡内基(Andrew Carnegie)也是好朋友,他们两人会在斯泰森的空岛庄园和卡内基在苏格兰的斯基博城堡(Skibo)进行互访。

1901年,斯泰森帮助摩根成立了北方证券公司,结束了摩根

---

* 1英亩约为4046.86平方米。——编者注

的传记作家罗恩·切诺（Ron Chernow）所说的"可能是美国历史上最具争议的收购战"。这是美国两大铁路巨头之间的较量：西部联合太平洋铁路公司（the Union Pacific Railroads）和西南部南太平洋铁路公司（Southern Pacific Railroads）的老板E. H. 哈里曼（E. H. Harriman），以及西北部大北方铁路公司（the Great Northern Railway）的老板詹姆斯·J. 希尔（James J. Hill）。希尔通过与银行家摩根的联手，控制了从明尼苏达州到西雅图的北太平洋铁路，该铁路与大北方铁路平行。希尔和摩根还在竞标中以高价击败哈里曼，控制了芝加哥关键铁路枢纽——芝加哥—伯灵顿和昆西（Chicago, Burlington & Quincy）铁路公司，此举把他们各自的铁路从五大湖连接到太平洋。

当希尔-摩根利益集团拒绝让哈里曼持有芝加哥铁路枢纽的股份时，哈里曼决定"采取一种间接而缓慢的策略"。他对北太平洋铁路公司（Northern Pacific）发起了一场恶意收购，该公司收购了各公司争相追逐的芝加哥和伯灵顿两家铁路公司。1901年5月9日，哈里曼开始秘密买入大量北太平洋铁路公司的股票，使其股价在一天内从每股170美元飙升至惊人的1000美元。那些因预期北太平洋铁路公司股价会下跌而做空该股的投机者被迫抛售其他股票，以筹集现金进行补仓，导致整个股市崩盘。《纽约时报》称其为"华尔街有史以来最大的恐慌"。

由于无法忍受这种不确定性，同时为了使自己日后摆脱被收购的命运，希尔和摩根向他们的竞争对手提议休战。斯泰森所使用的一点儿花招增强了他们的实力。尽管好斗的哈里曼[①]获得了北太平

[①] 电影《虎豹小霸王》（Butch Cassidy and the Sundance Kid）的"粉丝"可能还记得"E. H. 哈里曼先生"，他是铁路公司的老板，多次遭到卡西迪团伙的抢劫。

洋铁路公司的大部分股票，但事实证明，斯泰森在公司规定和章程中加入了一些条款，使其能够抵御讨厌的竞购者。正如一位作家用"大鱼吃小鱼"的说法解释的那样，小鱼（芝加哥和伯灵顿两家铁路公司）被一条鲈鱼（北太平洋铁路公司）吞下，而鲈鱼又被一条梭子鱼（哈里曼的联合太平洋铁路公司）吞下，但这条长着防御性鱼鳍的鲈鱼"迫使梭子鱼将小鱼吐出"。

哈里曼同意公司停战。他放弃了收购计划，以换取北太平洋铁路公司股份的溢价，还有自己和朋友在公司董事会的席位，以及一家合并后的新公司的少数股权，这家新公司将拥有三条铁路。1901年11月，北太平洋铁路公司、大北方、芝加哥、伯灵顿四家铁路公司接受了一个庞大的控股公司的控制。该公司由斯泰森在新泽西州注册成立，被称为北方证券公司。它控制着从美国西部到芝加哥的交通，甚至可能一直到摩根的纽约中央铁路公司。通过消除竞争，这种安排维护了稳定，减少了利率下调，并防止了过度建设浪费。摩根、哈里曼和希尔将其称为"利益共同体"。对其他人而言，这不过是垄断的委婉说法。

北方证券公司的市值为4亿美元，规模仅次于摩根旗下的美国钢铁公司。美国钢铁公司的市值高达14亿美元，按2019年的美元计算大约相当于400亿美元，是世界历史上最大的公司。它由15家独立的钢铁公司合并而成，通过吸收卡内基的业务，控制了全国三分之二的钢铁产量。创建这家公司是一项极为艰巨的任务，它占据了斯泰森所有的注意力，斯泰森需要在他的办公室多次召开深夜会议。斯泰森被任命为这家新公司的总法律顾问，在担任这一职务同时，他仍然是自己律师事务所的合伙人。

1901年11月，美国钢铁业刚刚合并，北方证券公司就宣布对其进行并购。公众和媒体受够了这种没完没了的大规模合并，对此表示愤怒。明尼苏达州是北太平洋铁路公司所在地，该州的一位政客宣称，"人民必须采取有力行动，避免商业奴役"。罗斯福急于使自己成为一名解散托拉斯的人，悄悄让诺克斯提起诉讼，来解散这个铁路公司。

虽然政府还没有起诉美国钢铁公司，但摩根担心接下来政府会采取这样的行动。除了北方证券公司，美国钢铁是摩根最为看重的公司。因此，在1902年2月的那个星期六，当摩根与罗斯福和诺克斯会面讨论北方证券公司的诉讼时，这位伟大的金融家心中最担心的就是美国钢铁公司会遭到法律制裁。

总统和司法部长告诉摩根，与他提出的解决北方证券公司合并问题的提议相反，政府不想解决问题，而是想阻挠这个提议。摩根问罗斯福是否打算打击美国钢铁公司或摩根旗下的其他利益集团。"除非我们发现……他们做了一些我们认为错误的事情"，罗斯福的回答并不让人放心。

北方证券和美国钢铁都是作为控股公司创立的，这种公司结构在功能上与让人憎恨的托拉斯*相同，但在形式上有所不同。这两种公司结构都使存在竞争关系的公司的股东能够集中他们的利益，巩固其市场地位。"控股公司""托拉斯"和"合并"这三个术语经常互换使用，而"托拉斯"则成为一个泛指所有大型企业合并的通用术语。但在1901年，由于技术原因，很多人认为这家控股公司可以免受反垄断攻击。这是《谢尔曼反垄断法》的一个漏洞，也是一个狡猾的律师——克伦威尔想出的点子。

---

* 托拉斯是指，存在竞争关系的公司的股东能够将其股票转让给同一个董事会，从而将两家公司置于共同的控制之下。持股人收到凭证，以此来表明他们各自在信托所持有的股票中的利益。因此,《谢尔曼反垄断法》应运而生。——编者注

第三章

"华尔街医生"

19世纪末出现了另一位伟大的百万富翁公司律师——克伦威尔（他更喜欢别人完整地叫出他的名字），人们称他为"教强盗大亨如何抢劫"的律师。

乍一看，这个男人身材瘦小，蓝色的眼睛闪闪发光，有着一头早早就变白的蓬松卷发和一缕浓密的白胡子，具有一种顽皮的气质就像是干净利落、长相略好的爱因斯坦的翻版。《纽约世界报》（*The New York World*）评论说，克伦威尔经常光顾纽约的高级餐厅，爱喝香槟和上等雪利酒，并且"表情相当夸张"。他雪白的卷发上习惯性地戴着一顶闪闪发光的丝绸礼帽。他思维敏捷，说话语速快并且话音断断续续（《纽约世界报》的记者写道，"没有哪个人寿保险代理人能打败他"），并为自己是一个聪明的经营者而自豪。他更像是一个实干家和创造者，而不是法律分析师或剖析者，克伦威尔认为所有商业问题都可以通过具有创造性的律师业务来解决。

克伦威尔于1854年出生在布鲁克林，童年生活十分贫苦，在伊利诺伊州由一位在内战期间丧偶的寡妇抚养长大。她的丈夫是工人出身，死在维克斯堡（Vicksburg）。由于没钱上大学，克伦威尔靠做会计来养家糊口，先是在一家铁路公司工作，后来在曼哈顿的阿尔杰农·悉尼·沙利文（Algernon Sydney Sullivan）律师事务所工作。1861年，一群南方邦联水手被指控具有海盗行径，在法庭上被判终身监禁，沙利文则因成功为他们辩护而闻名。此后，他成为一名颇受欢迎的反特威德（anti-Tweed）检察官，并于1873年被提名为纽约市市长候选人，但他拒绝了，选择从事私人执业。

沙利文对这位年轻的会计很感兴趣，一路资助克伦威尔在哥伦比亚大学法学院完成学业，克伦威尔在法学院做兼职的同时还在律所继续做着日常工作。进入律师行业后，克伦威尔加入了位于华尔街和百老汇街交汇处的沙利文律所。1879年，25岁的克伦威尔成为沙利文和克伦威尔（Sullivan & Cromwell）律所的合伙人，该律师事务所至今仍以这个名字命名。

当时50多岁的沙利文对公司和托拉斯日益增长的势力感到担忧。他的年轻合伙人克伦威尔却没有这样的顾虑。1887年，沙利文去世后，克伦威尔继续发展公司业务，主要致力于铁路公司和其他大型企业的合并，然后在这些企业破产时挽救其破败的局面。他非常擅长重振陷入困境的企业，因此被称为"华尔街医生"。

他早期的最大客户是亨利·维拉德（Henry Villard），这位生于内战时期的（德国）巴伐利亚州记者后来成为公司的领导者。在摩根和希尔夺取北太平洋铁路控制权的20年前，维拉德在克伦威尔的帮助下获得了该铁路的控制权。1883年，维拉德在横贯美国大陆的铁路通车仪式上打下了最后一颗铁钉，这是第二条横贯美国大陆的铁路。当时典礼上名人云集，包括前总统尤利西斯·S. 格兰特（Ulysses S. Grant）。

第二年，由于费用超支，北太平洋铁路公司破产了。维拉德辞去董事长职务，返回其祖国德国，留下克伦威尔收拾残局。维拉德搬出了他在麦迪逊大道的豪宅，克伦威尔将该豪宅产权转到维拉德妻子的名下，以免被债权人夺走。克伦威尔并不认为这是一个狡猾的伎俩。关于重振维拉德的破产企业，克伦威尔解释说："我们最需要的是一个领导者……只有通过他，谈判才能进行……必须允许我用我自己的方式来解决问题。"

当维拉德在德国计划回来时，他向克伦威尔寻求"永久的建议和指导"。这就是克伦威尔向这位金融家详细阐述他的价值的全部暗示。克伦威尔习惯给他的委托人写长篇大论的信，信中会厚颜无耻地奉承他们，让他们相信他对他们绝对忠诚，并详细说明他采取的高明策略会如他所预测的那样取得成功。

1886年2月，他在给维拉德的信中写道："我对你的未来充满了坚定的信心……一年来，你所遭遇的事一直萦绕在我的脑海里。一想到能帮你解忧，我心里就激动不已，并对这些事件产生了浓厚的兴趣。"

克伦威尔达成了一项和解，并完全解除了铁路债权人对维拉德的个人索赔。克伦威尔告诉他的委托人，主要债权人的律师对他"心怀不满并且抱有一种非常偏执的态度"。他补充说："要想在不造成严重伤害的情况下通过他达成和解，我必须使出浑身解数。"为了实现他的目标，克伦威尔威胁要提起诉讼，他暗自认为维拉德会输。当一位债权人要求在释放维拉德之前对所有账户进行调查时，克伦威尔像个河船赌客一样虚张声势。"我大胆地同意了这个建议。这会毁了他。"他表示。

克伦威尔说，他只是很不情愿地提出了他的酬金问题，他称这是"在法律实践中唯一一件他总是倾向回避的事情"。如果不是因为维拉德的慷慨豁达，他很乐意让维拉德决定付多少钱。克伦威尔的丰厚酬金已全部付清。

1887年，维拉德从德国凯旋，夺回了对北太平洋铁路公司的控制权，但在1893年的恐慌和随之而来的经济萧条中，他再次失去了控制权。从那以后，他永远离开了这家公司。但维拉德也得到了其他补偿：他收购了《纽约邮报》（New York Post）和《国家》（the Nation）杂志，并成为爱迪生早期的财力支持者。1889年，在克伦威尔的敦促下，维拉德将爱迪生所有的公司合并为爱迪生通用电气公司，他成为该公司的总裁和主要股东。爱迪生的另一位投资人摩根也参与了这次大规模合并，并且他也是第一个用爱迪生的白炽灯照亮自己住宅的人——当然，斯泰森在这次交易中给他提供了建议。

1893年维拉德退出公司后，克伦威尔和斯泰森再次联手对北太平洋铁路公司进行了复杂而成功的重组。当时，由于过度建设和激烈的竞争，许多铁路公司都破产了。其间，克伦威尔和斯泰森以及克拉瓦斯的律所，几乎参与了那个时代的每一次重大铁路公司的重组。

这些重组中的主导人物可能是银行家，但正如一项法律研究所说，"精神领袖是银行家的律师"。为了管理复杂的程序，华尔街的精英律师事务所编写并改写了规则、设计了公司抵押贷款的新形式和其他手段，并控制了重组过程。此外，按照惯例，只有斯泰森、克伦威尔和克拉瓦斯这样的律师才能等重组工作完成后再领薪水，这有助于他们从这项利润丰厚的工作中获得更大的收益。法律和商业一样，都能让富人变得越来越富有。

在北太平洋铁路公司重组中，克伦威尔被任命为接管人的律师（类似破产受托人），而斯泰森再次维护摩根的利益，摩根目前持有大量北太平洋股票。早在两年前，37岁的克伦威尔就表现出了处理破产事务的天赋，他成功地重新调整了破产的豪威尔经纪公司（Howell brokerage firm）的德克尔（Decker）事务，该公司与维拉德公司关系密切。尽管该公司欠下了1200万美元的债务，但克伦威尔还是让它重新振作起来，债权人在短短8周内一美元一美元地还清了债务，为此他获得了高达26万美元的酬金。

这是后来被称为"克伦威尔计划"（Cromwell Plan）的一个早期的例子。在该计划中，如果债权人不同意一项自愿的谈判安排，他将以低价强制清算破产公司的资产。他们的想法是，如果债权人在市场低迷时不压缩自己的所有债权，那么当危机过去时，他们最终就不会实现更大的复苏。这项计划之所以奏效，是因为克伦威尔在记账期间掌握了数字的诀窍，以及他分析潜在资产价值和在不同敌对派系之间进行谈判的能力,当他在房间里穿梭时,往往把谈判人安排在不同的房间里。

北太平洋地区的重组是克伦威尔面临的最大挑战。"这是我在(北太平洋地区)事务中遇到的最严峻的任务。"他告诉斯泰森。但是,精明的克伦威尔可以确保全国各地的北太平洋铁路公司的资产不会被当地迫不及待的债权人进行扣押。这在当时是一个常见的问题,因为当时没有全面的联邦破产法来管理全国范围内的破产资产。破产接管人必须在破产人资产所在地的每个司法管辖区进行文件归档,以防止债权人没收资产。因此,克伦威尔在全国各地聘请了当地的律师,让他们等待在电报中发出的命令:"归档",他们要在指定的时间同时提交文件。

尘埃落定,证券持有人得以保全。克伦威尔吹嘘说,他阻止了"海盗爬上船壁"。摩根尤为高兴,因为他完整地控制了北太平洋铁路。圣路易斯的一名律师称之为"骗人的法律策略"。用当时的话来说,北太平洋铁路公司逐渐变得"摩根化"。

因此,当1901年美国钢铁公司和北方证券公司成立时,摩根向克伦威尔和斯泰森寻求帮助也就不足为奇了。鉴于克伦威尔为美国钢铁公司做出的贡献,他获得了价值200万美元的股票,而他只花了25万美元。克伦威尔后来声称,是他让摩根买下卡内基的股份,成立了美国钢铁公司。

同年晚些时候,美国钢铁公司和北方证券公司都被并入了新泽西控股公司(New Jersey holding companies)。在1890年《谢尔曼反垄断法》通过前不久,克伦威尔已经发现,洛克菲勒的一位律师于1882年创建的托拉斯结构变得越来越容易受到法律和政治攻击。在1889年的一个著名案件中,克伦威尔代表美国棉油托拉斯(the Cotton Oil Trust)处理了一起诉讼,该诉讼由路易斯安那州总检察长提起,意在禁止美国棉油托拉斯在该州开展业务。与预料的判决结果相反，克伦威尔走进法庭，若无其事地宣布诉讼无效，因为所有的信托资产已经被转移到罗德岛的一家公司。

《纽约时报》称此为"欺诈行为"，这激怒了当地官员，他们威胁要对克伦威尔进行人身攻击。然而，他的策略最终没有奏效，因为该信托公司已经在法院的命令下不得参与任何交易。克伦威尔设计了一个新策略：他解散了信托公司，将其重组为一家新泽西控股公司。

控股公司的结构是克伦威尔开创的。在1888年之前，没有一个州允许一家公司持有另一家公司的股票。那一年，克伦威尔通过当地律师的帮助，让新泽西州立法机关修改其公司法，允许法人控股公司像任何个人一样，购买、出售和持有任何其他公司的股票。

大多数州法院已经认定直接限制贸易的协议是非法的，如卡特尔和价格垄断。作为一种消除竞争的手段，建立公司信托的协议也受到了类似的攻击。但是，公司律师的观点是，创建一家控股公司不涉及限制州际贸易或商业的协议（《谢尔曼反垄断法》中的要求）。相反，它只是一家公司（母公司）收购其他公司（子公司）的股票，这是州法律所允许的。

这样做的另外一个好处是，为了限制其责任，控股公司可以在法律上免受针对其运营子公司的诉讼。与公司本身一样，控股公司也是虚构的实体，它们是现代魔法师克伦威尔的杰作。

从1889年的棉油托拉斯开始，特别是在1890年《谢尔曼反垄断法》之后，大量托拉斯开始重组，成为新泽西州的控股公司，以规避反垄断法，其中许多托拉斯是沙利文和克伦威尔律所的客户。为了保住南方棉油托拉斯，克伦威尔在一天晚上6点就锁上了公司的门，一夜之间起草了175份协议，并在黎明前将该托拉斯并入新泽西控股公司。据报道，他一个晚上的薪酬是5万美元。

从1889年到19世纪末，新泽西州拥有700多家公司，总价值达10

亿美元。在全国范围内，已经成立了183家控股公司，总市值超过40亿美元——几乎是全国流通资金的两倍。

许多公司，尤其是铁路公司，背负着沉重的债务，并以"掺水股票"①为资本。掺水股票是没有硬资产做支撑的股票，但其面值虚高到远远超过企业实际的价值，然后被卖给毫无戒心的公众。事实上，掺水股票和债券只是代表有希望在未来分得利润和股息的纸质凭证。

1901年，美国钢铁和北方证券发行了价值近20亿美元的新控股公司股票，其中大部分是掺水股票。政府终于忍无可忍，最终导致罗斯福决定在北方证券案中起诉摩根。这是当时美国历史上最著名的反垄断诉讼，在接下来的两年里，它会是关注热点，因为该诉讼最终将被提交给美国最高法院。

克伦威尔和斯泰森都被留下来为北方证券案辩护，不过斯泰森和其他人将更密切地参与其中。与此同时，克伦威尔还有其他事情要做。他全身心投入一个更大的项目中——这个项目需要发挥他作为一个精明的商人和对失败企业拯救者的所有技能。它还涉及中美洲各大洋之间的一条路线。

---

① "掺水股票"得名于一种做法，即给牛灌水以增加它们的体重，从而获得更高的价格。

第四章

"当心克伦威尔先生"

如果不是因为克伦威尔，今天我们可能会称这条运河为尼加拉瓜运河（Nicaragua Canal）。

挖掘一条横跨中美洲的水道，这一梦想可以追溯到1513年西班牙探险家瓦斯科·努涅斯·德·巴尔沃亚（Vasco Núñez de Balboa）。他在穿越巴拿马地峡（Isthmus of Panama）时，发现大西洋和太平洋之间只有一条狭长的陆地。西班牙曾提议修建一条穿过巴拿马的运河，使其船只避开南美洲南端漫长而危险的好望角（Cape Horn）航线，但由于不切实际而被迫放弃了这一想法。在随后的3个世纪里，英国和其他国家的各种计划都失败了。但1849年的加利福尼亚州淘金热又重新激起人们对修建一条跨洋运河的兴趣，这一次是在美国。在格兰特总统的安排下进行了一系列海上探险后，1876年，一个技术委员会建议修建尼加拉瓜航线是最可行的。与此同时，一个由法国支持的项目瞄准了巴拿马，将其作为一条竞争路线。

由于克伦威尔在促使美国将运河工程从尼加拉瓜转移到巴拿马地峡，以及确保美国在运河区掌握权力方面发挥了重要作用，并因其策划和推动了"掠夺巴拿马地峡之战"，他的敌人给他贴上了"邪恶""腐败"的标签，并认为他有罪。有人指控他煽动革命，用一位美国国会议员经典的话来说，克伦威尔被称为"自阿伦·伯尔（Aaron Burr）*以来美国最危险的人"。正如他的一位最尖刻的

---

* 阿伦·伯尔，第三届美国副总统，在决斗中杀死亚历山大·汉密尔顿，后与詹姆斯·威尔金森将军图谋在自俄亥俄河流域至墨西哥的广大西部地区建立一个帝国，1806年因人告密而被捕。他被以叛国罪起诉，但法院却宣布其无罪。后因民愤在欧洲避居多年，1812年回国，1836年去世。——编者注

批评者所认为的那样,这一切都是因为他处心积虑地维护客户的利益。他辛勤工作10年只得到了20万美元的报酬,考虑到他的贡献之大,就连他的对手都说:"这个价格相当便宜。"当他的工作顺利完成后,克伦威尔成功地诠释了"美国律师"的定义。

克伦威尔的客户是两家法国公司:巴拿马铁路公司(Panama Railroad Company)和新巴拿马运河公司(New Panama Canal Company)。前者经营着一条横跨地峡地带的铁路,后者的总部位于巴黎。新巴拿马运河公司是破产的"老"运河公司的继承者,因其被称为德·雷塞布公司(De Lesseps Firm)而闻名,这是根据发起人兼总工程师费迪南德·德·雷塞布(Ferdinand de Lesseps)的名字命名的。作为建造苏伊士运河的法国民族英雄,德·雷塞布未能完成更为宏伟的巴拿马项目,他于1889年放弃了该项目。尽管进行了近8年的挖掘,德·雷塞布只挖掘了总工程量的三分之一。他的公司因资金短缺,受到贿赂、贪污和浪费的指控而变得毫无希望。法国股东共有20万人,主要是被德·雷塞布的名字吸引来的小投资者,他们持有的股票一文不值。更悲惨的是,据估计,多达2.2万名工人死在了巴拿马,其中包括4000名法国人,工人死亡大都是因为黄热病和疟疾。整个事件让一向骄傲的法国人民深感悲痛。

克伦威尔和老德·雷塞布公司没有任何联系。1893年,通过他在美国铁路公司的关系,他成了巴拿马铁路公司的法律总顾问,同时也是该公司的董事和股东。1896年,他受聘为法国新巴拿马公司的美国法律顾问,该公司在旧公司破产时接管了铁路公司和其资产。对于艺术大师克伦威尔来说,这将是一个终极的转型项目。

重组后的新运河公司拥有一批新的投资者,尽管其中约三分之二是遭到处罚的股东,他们被指控为原德·雷塞布公司中的不法奸商,被迫出资让新公司上市。新运河公司还获得了旧公司的权利,即从哥伦比亚政府购买了Wyse(一家供应商)的特许权,从而被允许其修建一条横跨巴拿马地峡的运河（当时，巴拿马还是哥伦比亚的一个省，并非一个独立的国家）。按照规定，未经哥伦比亚同意，该特许权不得转让给外国。该特许权原定于1893年到期，但曾两次延期，最近一次延期至1904年。

1896年，新运河公司又留下了克伦威尔，它已经进行了一些额外的挖掘工作，至少是为了做好表面工作，但完成这项工程实属希望渺茫。实际上，为投资者做出一些挽救的最佳机会是为其资产找到一个买家——从逻辑上讲，就是美国。这资产包括挖掘、各种地图和调查、破旧的建筑和废弃的设备。这就是克伦威尔的用武之地。沙利文和克伦威尔律所在美国有着举足轻重的影响力，受委托全面负责提高美国对复兴巴拿马运河的兴趣。

这似乎是一项不可能完成的任务。用克伦威尔自己的话说，当时的"美国几乎一致赞成修建尼加拉瓜运河，该运河被视为美国运河"。国会中绝大多数人支持尼加拉瓜航线，新任总统麦金利对此也持相同看法。

从尼加拉瓜乘船去美国要比从巴拿马去近一天的路程，有影响力的南方国会议员认为尼加拉瓜运河是海湾贸易港口比洛克西（Biloxi）、莫比尔（Mobile）和新奥尔良（New Orleans）的福音，这些港口连接着南方的铁路。尼加拉瓜非常愿意给予美国在那里修建运河所需的任何特许，以帮助其实现现代化。尼加拉瓜比巴拿马丛林更少受到疾病的困扰，而且不像巴拿马那样经常受到政局动荡的影响。

最重要的是，巴拿马运河被视为一场金融和工程上的失败。正如克伦威尔所言："这是一件遭人们责骂的丑闻……公众舆论要求修建尼加拉瓜运河。唯一为人所知的、唯一人们需要的、唯一被人们提及的运河就是尼加拉瓜运河。巴拿马运河被视为一个消失的梦想。"

考虑到他的法国客户希望避免负面宣传，克伦威尔起初一直躲在暗处。在留任的前两年，他在华盛顿进行了一项秘密的游说活动，以减弱修建尼加拉瓜运河的势头，并观察政治局势。这是一场旨在强调尼加拉瓜计划存在问题的负面运动。克伦威尔告诉他的客户，他需要做的是，为巴拿马进行一项积极的、公开的诉讼。

相较于尼加拉瓜，巴拿马确实拥有一些显著的优势。巴拿马航线不到横跨尼加拉瓜地峡的运河长度的三分之一（前者50英里，后者180英里）。该航线是一条直线，施工难度大的曲线河段更少，而且三分之一的挖掘工作已经完成。它需要的船闸更少，平均每艘船可以在12小时内通过，而通过尼加拉瓜则需要33小时。巴拿马航线也得到了更加商业化的发展，并与现有的铁路相平行，从而推动了这项工程的实施。如果价格合适，美国可能会买下法国投资者的所有股份，并且这比在尼加拉瓜基本上从零开始修建运河耗时更短、耗资更少。

1898年6月，新运河公司最终接受了克伦威尔的建议，以"一种不同、开放、大胆、激进的"方式推进巴拿马运河的建设，他称之为"拿破仑战略"，以阻止任何其他跨洋工程的形成。与此同时，他发起了一场政治游说活动，这对美国律师来说是前所未有的。

克伦威尔组建了一个新闻局，预算为10万美元，为在全国各地的杂志上撰写技术和热门文章来宣扬巴拿马相较于尼加拉瓜所具有的优势。该新闻局由《纽约世界报》前财经记者罗杰·L. 法纳姆（Roger L. Farnham）领导。法纳姆是沙利文·克伦威尔律所"政治部门"的负责人，他也是"克伦威尔的心腹和密使"。法纳姆曾在海上和墨西哥漂泊多年，以投机取巧著称。他还曾被一名女子起诉，该女子指控他在纽约皇家酒店"侵犯了她"（当酒店起火时，法纳姆逃走了，留下她一个人自生自灭）。

法纳姆派出了一批摄影师和工程师前往巴拿马，拍摄了运河航道上的每一寸土地。他们撰写了科学报告，克伦威尔后来把这些报告编成了一本详细的、配有插图的小册子，并发给国会中的每一位议员和其他联邦和州的高级官员，以此向他们介绍新巴拿马运河公司。

法纳姆还雇用了一组独立的新闻代理人，他们在彼此不知情的情况下工作，也不知道他们与克伦威尔的联系。他们还被要求采访国会议员，以评估议员们对巴拿马航线的接受程度。如果游说对象表现出兴趣，但有些疑问或问题，他们会在12小时内在办公室或家里找到解决这些疑惑的文献。主要报纸、企业、图书馆和教育机构也充斥着支持巴拿马的材料。克伦威尔后来回忆说，通过"一千零一次的努力"，有影响力的人"终于觉醒，了解到尼加拉瓜航线的缺点和巴拿马航线的优点"。

亚拉巴马州民主党参议员约翰·泰勒·摩根（John Tyler Morgan）是国会运河专家，也是尼加拉瓜航线的拥护者。当摩根看到克伦威尔散发的材料时，他来到参议院，谴责这种宣传是虚假的、具有误导性。摩根声称，它的欺骗性只是被"狡猾的外交手段"的外表所掩盖。克伦威尔的合伙人威廉·柯蒂斯（William Curtis）写道，参议员摩根对法国运河公司的美国律师一直充满敌意，"我们的任何行为都会被指控为犯罪"。尽管如此，摩根勉为其难地承认克伦威尔"以统帅、法律顾问、外交官员、演说家和巴拿马运河公司证人的身份接管法国军队"。

然而，在1899年1月21日，当一项建造和资助尼加拉瓜运河的法案以48票赞成、6票反对的结果在参议院获得通过时，法国军队的处境似乎堪忧。该法案立即提交给众议院，在那里，尼加拉瓜获得了多数票。克伦威尔写道："如果进行投票，众议院投票的结果绝对是确定无疑的……如果投票不能被推迟，巴拿马的命运就注定了。"

克伦威尔随后想出了一个计划，企图破坏众议院的最终投票结果。尽管各技术委员会都认定尼加拉瓜是一条可行的航线，但从未有专家小组对尼加拉瓜和巴拿马的优缺点进行过科学研究和比较。

克伦威尔提议成立一个新的运河委员会来调查这两条航线,并向更高一级的国会提出建议。众议院共和党议长托马斯·里德(Thomas Reed)认为委员会的想法是有道理的。里德说服众议院推迟对尼加拉瓜问题的最终投票,直到专家委员会得出调查结果并向国会汇报。

诡计多端的参议员摩根迫不及待地想通过一项尼加拉瓜法案,然而却因参议院通过了一项受欢迎的河流与港口法案的附加条款受到了抵制,该法案与任何运河都无关。摩根的附加条款不可避免地让美国同意修建一条尼加拉瓜运河,并承诺拨款1000万美元施工费。

毫无疑问,这项河流与港口法案即将获得通过。这是一项需要依靠公款才能实施的项目,而国会即将休会,因此要求通过包括摩根的附加条款在内的法案很有压力。克伦威尔回忆说:"尼加拉瓜的支持者充满信心,甚至十分高兴……他们确信与会者会采取有利的行动。"

克伦威尔需要另一个奇迹。在最后一刻,他想出了一个计划,通过将运河工程"美国化"来提高巴拿马的吸引力。他让他的法国客户说,他们愿意在美国新泽西州重新组建公司,这将让美国政府和美国投资者有机会直接参与到企业和董事选举中来,从而巩固美国支持巴拿马航线的基础。

克伦威尔于1899年2月28日向麦金利总统提交了这份提案。几个月后,该计划终止,因为法国运河公司的股东认为该计划损害了他们的经济利益,拒绝批准该计划。但在这个关键时刻,这是一种有效的拖延战术。参议院担心危及河流与港口法案,同意放弃摩根的附加条款,并于1899年3月3日在国会会议的最后几个小时通过了一项法律,用100万美元拨款成立了地峡运河委员会。巴拿马现在将与尼加拉瓜展开一场关于优势的较量,一场关于运河路线的斗争。

委员会的组成至关重要。克伦威尔向麦金利总统表明,为了确保调查小组的客观性,不应该任命以前支持尼加拉瓜的任何人。

这些人包括海军少将约翰·G.沃克（John G. Walker）和另外两名支持尼加拉瓜的工程师。尽管如此，麦金利还是决定重新任命这三个人，由沃克担任负责人，但他从克伦威尔和柯蒂斯建议的名单中挑了其他几个成员。其中最重要的是乔治·S.莫里森（George S.Morison），他是克伦威尔的密友，曾经是一名律师，因设计了几座横跨密西西比河、密苏里河和俄亥俄河的钢桁架桥而闻名。

众所周知，虽然沃克委员会原本打算在巴拿马开始调查，但克伦威尔说服其成员在巴黎集合，因为新运河公司在那里设有办公室和记事处。1899年8月5日，克伦威尔乘船前往巴黎，确保为他的客户做的一切准备已经就绪。8月18日，他们到达的第二天早上，他在里沃利街的布莱顿酒店接待了客户，从那里可以俯瞰杜伊勒里花园。第二天克伦威尔陪同他们前往位于小香榭丽街91号的工程办公室，距离巴黎歌剧院不远。

在接下来的四个星期里，这九名美国工程师每天都被灌输关于修建巴拿马运河的益处。他们也有充足的自由时间来享受充满乐趣的"巴黎美好年代"（Belle Époque Paris）。莫里森的日记记录了他参观卢浮宫、巴黎圣母院、凡尔赛宫，以及当时正在建设的"有趣的"圣心大教堂（Sacré-Coeur basilica）。他参加了歌剧《浮士德》（Faust）的演出，他称这部歌剧"很有内涵"。他品尝了很多美食，不过只是偶尔称赞一下这些趣事。

克伦威尔在各种技术问题上进行了全面的学习，他首次展示了地图、工程师报告、地质研究、大坝和船闸计划以及设备清单。这些信息比其他任何地方可利用的信息都要详细、广泛和有条理。所有这些都被精心包装在文件夹里，封面上印有沙利文和克伦威尔的名字，并用深绿色的丝带系着。公司人员负责在会议上解释数据并回答问题。会议举行得很正式，内容详尽，委员会几乎就是一个高级法院。

克伦威尔还安排了一群杰出的欧洲工程师出席会议，他们此前曾为新运河公司研究过巴拿马航线，并宣称该航线可行。1899年8月31日，他们在香榭丽舍大道旁边公园里的一家优雅新艺术风格餐厅——帕拉德厅吃午饭时，结识了美国同行。一向挑剔的莫里森称这是一顿"非常美味的午餐和一次愉快的会面"。沃克的委员们被告知，巴拿马企业在技术上非常优越，如果美国未完成修建法国运河，那么另一个国家就会完成。这样做至少说服了莫里森，也打动了沃克上将。

沃克委员会在巴黎逗留的一个月里，克伦威尔一直在现场，并于1899年9月11日在帕拉德厅餐厅吃的最后一顿早饭上为他们饯行。回到华盛顿后，克伦威尔一直与他们保持个人联系，提供了他们要求的补充信息和文件，回答了他们的问题，让他们不再犹豫。参议员摩根忧愁地说，克伦威尔无处不在，他的动机是阻挠尼加拉瓜运河运动。克伦威尔唯一的职责和法律责任是服务他的法国客户，而不是他的祖国美国或其他任何人。在这一点上，他不会有异议。

但他和他的客户确实有矛盾。新运河公司不愿透露将其运河资产出售给美国的价格。沃克上将询问美国会以什么条件购买法国的资产，但新运河公司总裁莫里斯·哈丁（Maurice Hutin）不愿给出答案。哈丁是一位骄傲的法国工程师，他固执地希望法国可以自己继续实施这个项目，或者至少与美国合作完成它。但麦金利政府以及后来的罗斯福总统对与任何人合作都不感兴趣。他们寻求无条件的美国控制，只有尼加拉瓜愿意让步。

与此同时，克伦威尔在华盛顿加大了游说力度。他的头号目标是俄亥俄州参议员兼商人马克·汉纳（Mark Hanna），他是麦金利最亲近的顾问，也是参议院洋际运河委员会的成员，摩根也是该委员会的主席。在纽约的一次会议上，克伦威尔让汉纳对巴拿马航线的优势留下了深刻的印象，汉纳从此成了巴拿马的坚定支持者，并在参议院与摩根抗衡。

在汉纳的支持下，克伦威尔又发动了一次"政变"，他改变了共和党在1900年关于运河问题的全国纲领。1896年，共和党的纲领和当年民主党的纲领一样，即支持修建尼加拉瓜运河。1900年6月，共和党人在费城召开全国代表大会时，纲领的初稿仍然沿用了支持尼加拉瓜的说辞。但是克伦威尔说服共和党全国委员会用中立的词语"地峡运河"代替"尼加拉瓜运河"。在此之前，据说克伦威尔向共和党捐赠了6万美元，并将其作为商业费用向他的法国客户收取。虽然无法证明更换纲领是这笔捐款的交换条件，但这笔钱至少不会带来什么坏处。

然而，尼加拉瓜的支持者占据了上风。他们认为，与巴拿马不同，尼加拉瓜向美国提供了一条没有任何附加条件的运河，因此没有必要等待委员会的最终报告。沃克上将还向克伦威尔明确表示，如果法国没有给出明确的报价，委员会将别无选择，只能推荐尼加拉瓜。与此同时，他私下里表示，如果法国直接给出6000万美元左右的出售金额，委员会就会给出有利于巴拿马的报告。

当克伦威尔将这些进展转达给法国运河公司的总裁哈丁，并再次要求确定报价时，哈丁解雇了他。在哈丁看来，克伦威尔是一个鲁莽的美国人，他在游说、政治活动捐款和新闻宣传材料上花了太多公司的钱。

从1901年7月到1902年1月，克伦威尔被边缘化，只能在远处观望事态的发展。在此期间，巴拿马的一切进展都不太顺利。哈丁亲自接手谈判，但没有取得任何进展。1901年9月，麦金利遇刺后，罗斯福证实，他将继续奉行这位遇刺总统支持尼加拉瓜的政策。

1901年10月，哈丁来到美国，虽然仍拒绝透露出售价格，但他提供了一份估价，称新运河公司的资产价值为1.09亿美元。对沃克来说，这是一个荒谬的数字，他的委员会最近对其资产的估价是4000

万美元。完成巴拿马运河建设的成本预计为1.44亿美元，如果再支付1.09亿美元获得法国的股权，那么巴拿马运河的总价格将达到2.53亿美元，远高于修建尼加拉瓜运河预计的1.89亿美元。这个选择很简单。1901年11月6日，沃克暂停了与法国的谈判。11月16日，沃克委员会向国会提交了最终报告，一致建议通过尼加拉瓜计划。

众议院和参议院的委员会立即报告了尼加拉瓜运河的修建和融资法案。1901年12月10日，美国与尼加拉瓜签署了修建运河的正式外交公约。一周后，参议院批准了修正后的美国和英国之间的《海-庞斯富特条约》（Hay-Pauncefote Treaty）*，废除了1850年的《克莱顿-布尔沃条约》（Clayton-Bulwer Treaty）**，该条约阻止美国单方面修建一条横跨中美洲的运河。因此，新条约消除了在美国单独控制下修建尼加拉瓜运河的最后一个法律障碍。显然，巴拿马已经黔驴技穷。

由于公司未能把握好出售运河资产的机会，哈丁辞去了总裁一职。接替他的是马吕斯·博（Marius Bô），他是著名的法国里昂信贷银行（Crédit Lyonnais）的董事，克伦威尔在美国曾代理过该银行。在圣诞节前的一次会议上，新运河公司的股东们异常躁动，以至于不得不叫来警察维持秩序。250名股东（其中一些是女性）的想

---

* 1901年11月18日，由美国国务卿J. M.海和英国驻美国大使L.庞斯富特在华盛顿签署的关于在中美洲地峡建造两洋运河问题的条约。该条约规定，两洋运河由美国主持建造，美国享有附属于建造运河的一切权利。这是美国为取得巴拿马运河开凿权与控制权而采取的一个重要举措。——编者注

** 1850年4月，美国国务卿J. M.克莱顿与英国驻美大使W. H. L. E.布尔沃就在中美洲开凿沟通大西洋和太平洋的运河问题所签订的条约。该条约规定，对拟议中的尼加拉瓜运河路线，两国任何一方不得获取或保持排他性的权利；任何一方不得设置或保持防御工事、控制运河附近地带；任何一方不得在中美洲的任何地区从事占领、设防、殖民活动，行使统治权。这一条约的签署形成了英美两国在尼加拉瓜利益均沾的局面。——编者注

法是让美国不惜一切代价买下运河，以收回他们的部分投资。

1902年1月4日，博给华盛顿发电报，提出以4000万美元的价格出售运河财产，包括铁路和所有特许权。巴拿马运河现在实际上比尼加拉瓜运河价格略低一些，大约便宜500万美元。但是为时已晚，众议院无视这一提议，于1月9日以309赞成票对2反对票通过了尼加拉瓜法案。

这个问题似乎解决了。但后来，曾支持尼加拉瓜人的罗斯福认为，这种情况值得重新审视。沃克委员会的报告曾暗示，如果不是法国人过高的经济要求，巴拿马可能是一个更好的选择。新的价格标签改变了一切。罗斯福把沃克委员会的九名成员召集起来，一次只请一名成员，就法国降低的报价征求他们真实的个人意见。

罗斯福主要是受莫里森的影响，这位59岁的受人尊敬的桥梁设计师是克伦威尔带到这个委员会的。莫里森身材魁梧，留着海象般的胡子，不苟言笑。他向罗斯福重申，巴拿马在工程上有绝对的优势。

罗斯福对这一技术性案例深信不疑，要求委员会提交一份补充报告，将其建议转达巴拿马，并使其获得一致通过。根据莫里森的提议，沃克委员会于1902年1月18日发布了一份新的运河报告，并得到每位成员的认可，推荐巴拿马为最实际、最可行的航线。参议员摩根惊呆了，但他发誓要继续在参议院就众议院以压倒多数通过的尼加拉瓜法案进行投票。

此时，参议院亲巴拿马派的领导人汉纳，试图让克伦威尔作为新运河公司的顾问重新出现在人们的视线中。为了实现这一目标，他选择了一位有趣的法国人，菲利普·博诺-瓦里拉（Philippe Bunau-Varilla），他与整个巴拿马项目密切相关。

42岁的博诺-瓦里拉毕业于著名的法国高等理工大学（École Polytechnique）的工程系，在那里，他受到了德·雷塞布一次讲座的启发，去了巴拿马。在1889年原运河公司破产之前，他一直担任德·雷塞布的总工程师。虽然他本人没有被判有罪，但他的合同公司（他的兄弟在该公司拥有多数股权）被指控存在不当行为，并成为被迫认购新运河公司股份的主要"受到惩罚的股东"之一。

回到法国后，博诺-瓦里拉决心重振他所谓的巴拿马"大冒险"。他的宏伟目标是看到运河完工，从而保护"法国天才的作品"，为国家争得荣誉。

尽管身高只有5英尺4英寸，但博诺-瓦里拉举止文雅，说话严谨，留着精致蜡黄的小胡子，给人一种浪漫的感觉。他精力充沛、思维活跃。但后来那部夸夸其谈的回忆录把他描述成一个以自我为中心的，甚至是爱撒谎的人。不可否认的是，他是一个热心、不知疲倦且办事高效的巴拿马事业的宣传者。

虽然直到1902年1月他们才见面，但博诺-瓦里拉和克伦威尔多年来一直在为同一个目标而努力奋斗——克伦威尔是代表私人客户的律师，而博诺-瓦里拉只代表他自己的经济利益和理想。1901年1月，博诺-瓦里拉来到美国巡回演讲、传教，并出版小册子。他住在最好的酒店里，拥有一个似乎没有限额的开支账户，并从他早年为德·雷塞布公司做的承包工作以及与兄弟共同投资法国《晨报》（*Le Matin*）中赚了一大笔钱。他招待他遇见的各种人，慷慨地赠送礼物，如雪茄、鲜花、蒂芙尼钟表。他试图让他们每个人都相信巴拿马航线的优越性，就像一位熟人回忆的那样，博诺-瓦里拉"从不放过一个美国受害者……直到他认为他已经让其思想发生转变"。

汉纳自称皈依者。根据博诺-瓦里拉的说法，是他一手把汉纳变成了巴拿马人，而不是克伦威尔。博诺-瓦里拉说，他于午夜时分在他下榻的纽约华尔道夫-阿斯多里亚酒店外散步，偶然间，他碰见了一个穿着晚礼服参加酒店派对的人，这个人就是汉纳，他们就此相识。巧合的是，汉纳在他燕尾服的口袋里随身携带着一封博诺-瓦里拉的约见信，汉纳说他打算回到华盛顿后给他回信。然后，他邀请博诺-瓦里拉到他华盛顿的家中讨论巴拿马问题，在听了这位法国人的一番推销之后，他宣布："博诺-瓦里拉先生，你说服了我。"

在同一趟旅行中，博诺-瓦里拉会见了巴拿马的劲敌——参议员摩根。这次会面并不顺利。当摩根无礼地拒绝他时，博诺-瓦里拉举起手想揍他，但又改变了主意，决定当面骂他是个冷酷无情的人。

至少这些是博诺-瓦里拉在晚年讲述的故事。

关于博诺-瓦里拉和克伦威尔之间的对抗和互相轻视，已经有很多人为此著书立说。在博诺-瓦里拉1913年写的关于运河的书中，他反复把克伦威尔称为"律师克伦威尔"（本意是一种嘲笑），认为他不过是一个夸大了自己的重要性的信使。克伦威尔的敌人，则倾向于把博诺-瓦里拉描绘成克伦威尔的走卒。克伦威尔从未以书面形式公开贬低博诺-瓦里拉，但他也从未承认过博诺-瓦里拉的贡献。据他的法律合伙人亚瑟·迪恩（Arthur Dean）所说，克伦威尔私下里明确表示，他认为博诺-瓦里拉"没有任何用处"，他还认为博诺-瓦里拉是一个"毫无原则的冒险家和爱管闲事的入侵者"。

事实上，在1902年运河问题悬而未决的关键几个月里，这两人还一起合作，相处友好且办事高效。仅仅几年后，当需要确定在美国真正占领运河上的功劳（或指责）时，他们两人才开始彼此蔑视。

特别是博诺-瓦里拉，他坚持认为克伦威尔在向法国仲裁小组提交的80万美元律师费申请中，夸大了他的贡献（他本该获得的报酬是20万美元出头）。这一指责是有一定道理的，因为克伦威尔支持其收费要求的委托辩护是一篇辩护文章，而不是冷静的事实陈述。最让博诺-瓦里拉感到困扰的是，这份冗长的诉讼辩护甚至连他的名字都没有提到。

博诺-瓦里拉遭到的许多诋毁都是在这件事之后发生的。当时，博诺-瓦里拉似乎欢迎克伦威尔成为巴拿马的传教士。1902年1月22日晚，克伦威尔、汉纳和位高权重的共和党参议员约翰·斯普纳在华盛顿会面后，他们初次认识。博诺-瓦里拉对此印象深刻，在凌晨两点（他所在地区的时间）给他在巴黎的妻子发了一封紧急电报，要求克伦威尔再次担任法律顾问。三天后，博诺-瓦里拉警告他具有一定影响力的兄弟——《晨报》的编辑，如果不重新雇用克伦威尔，将会"失去挽救局势所必需的支持"。

在博诺-瓦里拉给他兄弟发电报的第二天，克伦威尔复职了。博诺-瓦里拉在一封电报中向克伦威尔表示祝贺，他在电报中写道："根据我的建议，你的事情在今天上午解决了，我昨天又费了很大的力气重新提议。祝贺你。"然而，克伦威尔在花钱方面受到了其委托人的限制。克伦威尔给博诺-瓦里拉发电报致谢，电报中写道："一小时之内，我会立即行动。预计今天上午会发生对我们有利的重要运动，我也会告知你具体细节。"

一天后，克伦威尔所期待的重要运动发生了。参议员斯普纳提出了一项法案，将运河法案中的"尼加拉瓜"替换为"巴拿马"，然后将在参议院进行表决。克伦威尔声称是他促成了这项修正案，考虑到斯普纳对他钦佩有加，这种说法似乎不无道理。10年前，斯普纳和克伦威尔作为律师一起参与北太平洋铁路公司重组时，斯普纳曾这样评价克伦威尔："他精力充沛，理解迅速，善于把握细节，归纳能力强，资源丰富。这些都让人惊叹……充满了美好的冲动，总之是个可爱的人……但只要他愿意，他就会施以严厉的恐吓，我见过这种情况。"

1902年6月，运河问题进入了最后一场辩论。在这场辩论中，摩根为尼加拉瓜运河辩护，汉纳为巴拿马运河辩护〔巴拿马运河现在被一些人称为"汉纳马运河"（Hannama Canal）〕。克伦威尔和博诺-瓦里拉一起向汉纳提供了他所需要的事实依据。克伦威尔为他草拟了一份演讲稿，并以汉纳的名义撰写了一份报告，其中包含了所有支持巴拿马的技术、法律和经济论据。这份报告包装巧妙，里面塞满了证词、图解、图表和插图，克伦威尔确保它能送到每一位国会议员的办公桌上。

这份报告包含一个有趣的论点，博诺-瓦里拉已经为此兜售了多年，但此前并未获得任何支持：尼加拉瓜航线穿过一片火山区。为了供汉纳进行辩论，墙上挂着一张巨大的地图，上面的火山以一系列红色斑点的形式标记出来。巧合的是，其中一个名叫莫莫通博的被认为已基本灭绝的火山在1902年3月爆发了，该火山距离运河航线100英里。这个火山引发了一些地震活动并造成了财产损失，在此后数周，它还持续冒烟并发出隆隆声。

1902年5月中旬，就在参议院最后一次辩论前不久，克伦威尔的新闻部门在《纽约太阳报》（*New York Sun*）上刊登了火山爆发的故事。该报随后发表了一篇社论，质疑"在地面上一处沸腾、冒着气泡、会隆隆作响和颤动的地方修建运河是否安全"。更引人注目的是，同月，加勒比海马提尼克岛的培雷火山也发生了喷发，夷平了整个城镇，造成3万人死亡，这是20世纪最致命的火山灾难。此外，马提尼克岛南部的圣文森特岛（St. Vincent Island）也同时爆发，摧毁了该岛的一大片地区。尽管马提尼克岛距离尼加拉瓜有1600英里，但这一点是显而易见的：尼加拉瓜运河可能在瞬间被摧毁。

克伦威尔和博诺-瓦里拉坐在参议院的旁听席上，在他们的注视下，汉纳在1902年6月5日和6日两天的时间里发表了支持巴拿马的讲话，演讲时间有所延长，因为他的膝盖关节炎在第一天就发作了。这位64岁的参议员没有夸夸其谈，也没使用华丽的辞藻，但这次演讲被誉为他漫长职业生涯中最伟大的演讲。但是由于汉纳之前没有展现出太多的演讲技巧，愤怒的尼加拉瓜支持者声称克伦威尔和他一起撰写并排练了整篇演讲。威廉·伦道夫·赫斯特（William Randolph Hearst）的一位报纸记者也在旁听席上，他认出了克伦威尔——这个"负责腐败的巴拿马计划的精明律师"。这个记者曾看到他每晚去汉纳家帮忙布置场景时都是满面笑容。

虽然汉纳改变了几次主意，但参议院的投票结果仍然悬而未决。尼加拉瓜的支持者成功地平息了人们对火山的恐慌，他们让尼加拉瓜总统否认自1835年以来莫莫通博火山或该国任何其他火山曾喷发过的事实。

就在那时，博诺-瓦里拉得到了灵感：他回忆说，尼加拉瓜的一枚邮票描绘了一次莫莫通博火山壮观的喷发场景，前景是一个铁路码头。据报道，1902年3月的火山活动也摧毁了这个码头。还有什么比它自己的国家选择把它印在官方邮票上更能证明这座火山的重要性的呢？博诺-瓦里拉从华盛顿的邮票经销商那里买下了他能买到的每一张印有莫莫通博火山的邮票，把它们贴在纸上，并在进行决定性投票的前三天寄给了每一位参议员。

1902年6月19日，参议院以42票赞成对34票反对通过了巴拿马法案。一周后，众议院在最初的抵制之后，把对尼加拉瓜的投票从309票对2票改为对巴拿马的260票对8票。兴高采烈的克伦威尔给博诺-瓦里拉发电报说："我们的法案通过了。"

1902年6月28日，罗斯福总统签字通过了《斯普纳法案》（*Spooner Act*），授权修建巴拿马运河，该法案也因此成为巴拿马地区的法律。这笔以4000万美元买下法国公司财产的交易是当时历史上数额最大的不动产交易。

成功乃众人之功，这其中就少不了几个重要人物：汉纳、克伦威尔、博诺-瓦里拉、莫里森，当然还有罗斯福。克伦威尔和博诺-瓦里拉都吹捧自己的作用，而不承认对方的贡献。但这不应该掩盖一个事实：获得修建巴拿马运河的许可，每个人的贡献都是必不可少的。

参议员摩根比任何人都更熟悉这场航线之争的错综复杂，他确信自己知道谁是导致他失败的罪魁祸首。他在参议院最终表决的最后辩论中怒斥道："我追溯（克伦威尔）这个人到整个事件的开始……在整个事件中，他没有一次不露面……当心克伦威尔先生。"

然而，这场斗争远未结束。这场航线之争还将持续一年多，尽管它将从国会两院走向条约制定、幕后外交、秘密电报的领域，最后将走向变革。

与此同时，一场悄无声息的变革正在华尔街上演，克伦威尔在白鞋律所的同行律师克拉瓦斯正在那里创建一种新型的律所。

第五章

克拉瓦斯体系

克拉瓦斯不喜欢效率低下，这就是为什么他在1899年来到苏厄德律所时，雇用了一名专业图书管理员来创建一个档案系统。他还认为，律师在自己喜欢的工作环境下工作效率最高，或许这至少是他要求在其位于华尔街40号8楼的办公室增加一扇窗户的理由。然而，建筑师拒绝了，因为凿穿墙壁会损坏房屋顶层的构造。

更糟糕的是，克拉瓦斯位于大楼西侧的办公室不断受到来自隔壁美国财政部检验所释放的硝酸烟雾的影响。在那里，金币和粗金条被熔化后铸成盖有印章的金条。与此同时，在大楼东侧办公的律师还不得不忍受来自美国银行大楼的下水道蒸汽。

克拉瓦斯一直在这样的条件下工作，直到1903年5月，古思里、克拉瓦斯和亨德森律所搬到了威廉街52号一座新大楼的16楼和17楼。该大楼是该律所最大的客户——库恩-洛布银行公司（the banking firm of Kuhn, Loeb & Co）建造的。在他的新办公室里，克拉瓦斯有他需要的所有光线，并能随心所欲地欣赏曼哈顿下城四周的景色（再也没有烟雾了）。

到更换办公地点的时候，克拉瓦斯已经开始实施他认为必要的改革，以期将律所的管理方式带入20世纪。他的合伙人古思里对以往的做事方法没有异议。他大多数时间都是独自工作，身边有几个年长的助手，对创建一个新体系没有什么兴趣，更不用说把办公室变成某种法律工厂。然而，如果这是克拉瓦斯想要做的，古思里是不会干涉的。克拉瓦斯的导师是卡特，在1886年第一次雇用了克拉瓦斯，他喜欢网罗青年才俊。在他的影响下，克拉瓦斯不断创新。随着时间的推移，克拉瓦斯的这些创新将为华尔街的其他律所所采用，并将在整个20世纪继续受到青睐。

克拉瓦斯的首要原则是，所有新聘用的法律人员都必须从法学院毕业，而且毕业学校必须是名校。他要的是没有从别处学来坏习惯的人（那些年招聘来的都是男性律师）。一旦新员工来到他的律所，他就可以教他们律师的基本知识。最重要的是，他们在法学院已经学会了如何像律师一样思考，并且已经具备了由学校老师教授的法律原则基础。

虽然他更喜欢大学时成绩优秀的人（如果可能的话，最好是加入过大学优秀生联谊会中的），但他也知道，在那个年代，大学是一个很多人会选择放纵自己的地方，也是一个众所周知能获得尚且过得去的成绩的地方（克拉瓦斯本人在奥柏林学院的成绩并不特别优异）。但在法学院是另一回事。他寻找的是在那里取得最高成就的毕业生，并将招聘对象限制在当时就读于哈佛大学、哥伦比亚大学或耶鲁大学这三所顶尖大学之一的法学院人才。再后来，他也会考虑个别从康奈尔大学、宾夕法尼亚大学、芝加哥大学、密歇根大学或弗吉尼亚大学等法学院的毕业生。克拉瓦斯还青睐那些曾担任该校《法律评论》（*Law Review*）编辑的人，《法律评论》是一种学术期刊，只邀请最优秀的学生加入它的团队。

在之后的几十年里，没有达到这些标准的学生几乎没有机会获得在华尔街顶级律所工作的机会。但是在当时，克拉瓦斯的合伙人罗伯特·斯温（Robert Swaine）写道，克拉瓦斯的招聘标准被认为"有些古怪，而不是古板"。

然而，克拉瓦斯并不想要平淡无奇的书呆子。他在寻找那些和他一样性格坚强、体力充沛的人。华尔街律所的年轻律师被称为"助理"（Associates），他们的工作日程非常紧凑，经常在晚上和周末工作。每个周六，他们都要在办公桌前待到下午三点左右。如果有什么事情发生的话，还要待得更久。睡眠不足是他们的常态，这些"助理"要在办公室待到凌晨，有时甚至通宵达旦。他们在打印机前校对文件，或者研究起草一份法律备忘录，这些都是某位合伙人希望在早上九点前在办公桌上看到的。当然，这不是体力劳动，但当年轻律师把自己所在的律所称为"血汗工厂"时，他们并不认为自己是在夸大其词。

这些助理不参与分享公司的利润（或承担负债），但是也能领到薪水。克拉瓦斯确保他的助理会得到全市最高的工资。1903年，一名律师刚入职时的年薪约为500美元，在该公司工作5年后，年薪增至2000美元（按2019年的薪资水平计算约为5万美元）。虽然和几十年后飙涨的合伙人工资相差甚远①，但这足够保证过上一种体面的生活，尤其是考虑到职员以前被视为学徒，而且没有任何报酬。作为回报，助理必须将他们的全部专业工作投入律所，参与外部商业利益也是不允许的（同样的规则适用于合伙人）。然而，克拉瓦斯允许和鼓励这些助理参加慈善、教育和艺术活动，因为他认为这些活动有助于打造一个全面发展的律师。

至于助理的培训，克拉瓦斯认为他们应该在开始的几年里成为法律方面的通才，然后专攻某一特定领域。最初，助理被分派给一个合伙人，专门负责他的案件和服务客户。然后，他们又轮流去另一个合伙人那里做同样的事情，从而让他们了解不同律师的从业风格和业务类型。

一开始，助理"不会被要求在没有任何经验的情况下自己摸到门路"，斯温解释道，相反，"有人给他们传授经验"。在克拉瓦斯体系下，年轻律师看着一名资历较高的律师将一个大而复杂的

---

① 到2018年，克拉瓦斯的初级助理基本年薪达到了19万美元，其大多数竞争对手迅速效仿。法学院刚毕业的律师获得的收入几乎和联邦法官一样多，高级律师的收入甚至超过了美国最高法院的首席大法官。

问题分解成几个部分,然后安排给他们一个较小的部分去认真地完成。相比之下,沙利文和克伦威尔律所像克拉瓦斯一样,只雇用了来自伟大的法学院的天才——就像克伦威尔所宣称的那样,员工几乎从一开始就承担了巨大的独立责任。

克拉瓦斯体系的核心是一项被称为"不进则退"的任期政策。律师们有5~6年的时间(后来是8年)来证明自己,在这段时间里,他们要么晋升为合伙人,要么离开律所。克拉瓦斯认为,如果一个助理不够优秀,不能成为合伙人,那么把他留在身边就会阻碍年轻律师的职业发展。除此之外,错失晋升机会的助理将失去雄心和信心,成为这一体系的累赘。

但是克拉瓦斯律所会通过在其他地方为助理寻找职位来解决自己的问题。克拉瓦斯培养的律师在业内通常会受到很高的评价,在其他优秀的律所找到高薪的工作并不困难,这些律所有时会直接吸收他们为合伙人。或者在克拉瓦斯的帮助下,他们可能会被安排到一家公司客户的小型法律部门工作,在那里他们可以享受不错的薪酬和福利,同时也可以有更合理的朝九晚五的工作安排。有些人还会创办自己的小型律师事务所,或跳槽到学术界,也有人甚至会完全离开这个行业。

克拉瓦斯的合伙人几乎都是经过非常严格的选拔的,从律所助理级别中提拔出来的自己人。在白鞋律所界,没有人会从其他律所"横向"聘用合伙人。从竞争对手那里挖走律师的行为不仅被认为是不够绅士,而且每一家白鞋律所都试图保持自己独特的文化,太多的同级人员可能会稀释这种文化。在20世纪,华尔街的律所对雇用同级合伙人的偏见一直存在。从那以后,这种情况变得很常见,然而在克拉瓦斯律所并不常见。

如果一名助理在克拉瓦斯或类似的蓝筹律所当上了合伙人(只有不到10%的人),那么他的工作几乎就有了保障,收入也会稳步增长，直到退休或去世。合伙人不会被解雇，除非是严重违背诚信，也没有人会离开并加入另一家律所。合伙人可能会抽出时间去做公共服务或政府工作，但如果他愿意回到原来所在的律所，通常也会受到欢迎。或者，他可能会"转到内部"，成为公司客户的总法律顾问，甚至是总裁。这对律所有利，因为这有助于确保律所与客户的关系。无论如何，大多数客户都很忠诚，年复一年地在所有重要事务上都聘请同一家律所的律师。对于白鞋律所来说，试图窃取另一家公司的长期客户是一种失礼的行为。

在19世纪的旧模式下，律所的合伙人对他们的客户和费用保密。在克拉瓦斯体系下，利润被集中起来，所有合伙人根据商定的方案共同分享利润。两种基本模式应运而生：一种是因循守旧的制度，在此之下，薪酬只与资历挂钩，因此年长的合伙人比年轻的合伙人挣得多；另一种是在创始制度下，那些带来最多客户业务的律师（所谓的"呼风唤雨者"）无论年龄大小都会拿到最高薪资，而那些仅仅为同一业务提供服务的律师则收入较少。

两种制度都有其变化。即使是长期以来被视为因循守旧的克拉瓦斯律所也进行了调整，以彰显合伙人的相对贡献和价值。克拉瓦斯自己的薪酬远远高于其律所的其他人。据说，当他的一些合伙人向他询问是否有可能转向一个纯粹的因循守旧的制度时，他表示"只要我拿到我的那一半"，他就没有异议。

不管利润如何分配，克拉瓦斯坚持认为，一个合伙人的客户就是所有合伙人的客户，而且每个合伙人都必须愿意为其他人创造的业务工作。克拉瓦斯的利润共享、工作共享原则将被几乎所有其他白鞋律师事务所所采用。

克拉瓦斯的做法是一种技术官僚的做法。他相信自己创造了一种精英领导制度。在这种制度中，天赋、能力和抱负比社会地位或家庭影响更重要。他强调，有很多成功的纽约律师和他一样，都来自小镇，从基层做起。在他这样的择优选人制度下，宗教和文化背景等因素是无关紧要的。

至少理论上是这样的。事实上，像克拉瓦斯这样的律所有明确的宗教和文化认同。绝大多数的白鞋律所和克拉瓦斯本人一样，都是白人、盎格鲁-撒克逊人、新教徒和男性。在某种程度上，这是对犹太律师和天主教徒（在较小程度上）真实歧视的结果，尽管这一点没有得到公开承认。在某种程度上，这是当时WASP精英文化的自然结果，这种文化导致律所从"合适的"学校和社会背景中选择律师。

几乎所有精英法学院的毕业生都是新教白人男性，顶尖律所从中招募助理。反过来，大多数顶尖法学院的毕业生都希望成为华尔街精英律所的公司律师，这些律所被认为是律师行业的巅峰和给出最高薪酬的地方。而其中大多数由正宗英国人移民后裔经营的精英公司，则希望由白鞋律师所维护其利益，因为人们认为这些律所雇佣的是"最优秀"的人，而且这些人在文化上让客户感到最舒服。一些带有偏见的客户不希望他们的白鞋律所雇用一个犹太律师，甚至是一个天主教律师，更不用说一位女性。

这些白鞋律师进入了相同的社交圈，和他们的客户一起加入相同的私人俱乐部，通常是一个或多个位于曼哈顿的联盟（Union League）、大都会（Metropolitan）、尼克博克（Knickerbocker）或世纪协会（Century Association）俱乐部，长岛的风笛岩俱乐部或梅德斯通（Maidstone），或者北部的塔士多俱乐部（Tuxedo Club）。他们的孩子就读于同一所常春藤预科学校，如安多弗（Andover）、格罗顿（Groton）、菲利普斯·埃克塞特（Phillips Exeter）和三一学院（Trinity College）。

华尔街的顶级律师通常是列入精英地位的最终标志——纽约社

会名人录（*Social Register*）。①他们支持许多相同的慈善机构和文化艺术机构，包括大都会艺术博物馆和法律援助协会，并且经常参加慈善晚会。他们轮流担任纽约州州长、县长和市律师协会的会长。

这种相互促进的体系构成了一个新教徒之间相互帮助的工作关系网，多年来一直主宰着华尔街的顶级公司。从克拉瓦斯早期到大约20世纪60年代中期，这种体系一直保持原样，当时为数众多的大型犹太律师事务所凭借自己的实力获得了精英地位，并成为顶级公司业务的竞争对手。随着时间的推移，白鞋律所不再歧视犹太律师，开始直接将他们吸纳为自己的成员。而女性和少数族裔需要更长的时间才能获得认可。②

按照现代的标准，早期的白鞋律所规模并不算大。1906年，当克拉瓦斯接管他的律所时，律所只有20名律师——3名合伙人和17名助理。到1920年，律所已经有8名合伙人和27名助理，但这与2019年在那里工作的500名律师相去甚远。而克拉瓦斯的律所甚至不在最大的律所之列，大约有20多家律所拥有1000多名律师。

随着他们最负盛名的公司客户逐步扩大规模和拓展业务时，精英律师事务所也逐步发展。律所变得更加专业化，有独立的部门负责公司法、诉讼、税务和房地产等。具有讽刺意味的是，早期律师的梦魇——电话、秘书、电梯，使律所的实体扩张成为可能，让这些律所在曼哈顿和其他地方最高的摩天大楼里占据了好几层楼。

---

① 1906年的社会名人录包括克拉瓦斯、斯泰森、克伦威尔、鲁特、古思里、霍恩布洛尔、威克沙姆和休斯。
② 直到20世纪70年代中后期，女性才大量进入大型公司的律师事务所，1990年之前，华尔街的女性合伙人相对较少（在20世纪40年代战争期间，有一些女性合伙人）。进入21世纪，白鞋律所的女性合伙人比例保持在20%以下，尽管在那时，所有法学院毕业生中有一半是女性。非白人律师是最后一个进入白鞋界的，但多年来，他们的人数少，因此华尔街的非裔美国合伙人的比例仍然很小。

律所的发展与其说是精心策划的，不如说是大势所趋。随着企业公司越来越产业化，受到更严格的政府监管，它们需要持续的法律服务。正如著名律师兼曾经的总统候选人约翰·W. 戴维斯（John W. Davis）所回忆的那样，他在1921年加入了华尔街律所，即后来的达维律师事务所（Davis Polk & Wardwell），律所的发展是因为客户要求更多的服务：

你有一个客户，他带着大部分业务来找你，希望你关照他。一个人不可能做所有的事情，你会发现你需要别人的帮助。为此你找了另一个人……我们并不是有意识地进行划分，但事情就是这样……渐渐地，你发现你的律所在成长。我们的主要目的不是拥有最大的律所，而是解决客户带来的问题……如果你不积极解决，这些客户就会另寻他处。

为了管理律所的发展，白鞋律所需要有效的领导，这促成了克拉瓦斯体系的最后一个要素：强有力的管理指导。尽管克拉瓦斯强调团队合作，但在公司的成长过程中，他是公司的独裁者。克伦威尔在沙利文和克伦威尔律所以及斯泰森在其律所，情况也是如此。事实上，大多数华尔街律所都由一两个高级合伙人主导，他们比其他人享有更大的权力和更高的薪酬。大多数大型律所都是通过他们那些具有传奇色彩的独裁型领导者的名字而闻名的。[1]

克拉瓦斯以其行使权力的方式而扬名。一名助理必须经过另一

---

[1] 其他一些在世纪之交还存在的律所，仍然以创始合伙人的名字命名，包括代表通用电气等主要铁路和能源公司的盛信律师事务所（Simpson Thacher & Bartlett）；为后来成为花旗银行（Citibank）的银行提供法律咨询的谢尔曼和思特灵律师事务所（Shearman & Sterling）；以及伟凯律师事务所（White & Case），其成立了美国信孚银行（Bankers Trust Company），并代表摩根大通公司（J. P. Morgan & Co.）在第一次世界大战中为英国和法国政府购买战争物资。

个合伙人的试用，克拉瓦斯才允许该助理为其工作。一旦一个年轻的律师失去了为克拉瓦斯工作的第一次机会，他就很难再得到第二次机会。"那些年，克拉瓦斯专横跋扈，事情做得不合他心意时，他就会大发脾气，"他的合伙人斯温回忆道。斯温于1910年加入克拉瓦斯律所，成为一名助理，后来写了一本有关律所历史的书。克拉瓦斯对自己的结论过于自信，对糟糕的工作经常进行批评，他不能容忍别人的无能。他很少称赞工作做得出色，而是认为这是理所应当的。

斯温讲了一个故事。一天晚上，疲惫的克拉瓦斯按照惯例把工作带回家，并把一个年轻的助理叫到家里，让他在第二天早上之前按照规定起草一些文件。凌晨两点左右，这位助理回到律所办公室。在研究了一些法律案件后，他认为克拉瓦斯的指示在一个法律问题上是错误的，所以他按照自己认为正确的方式起草了文件，把它们装进一个信封里给克拉瓦斯，然后熬了一个通宵后就回家了，并且睡过头了。

第二天早上晚些时候，当这位未透露姓名的助理（有人怀疑他就是斯温本人，后来成了克拉瓦斯的合伙人）来到律所时，他被告知愤怒的克拉瓦斯想马上见他。他去了克拉瓦斯的办公室，带来了两三本能够支持他对存在争议的法律问题所持观点的法律书籍。克拉瓦斯严厉地批评了他，当年轻人试图解释他的想法时，克拉瓦斯打断了他，说他不需要一个新手律师来告诉他什么是正确的。"如果你不能给我我想要的，你可以滚出去！"克拉瓦斯吼叫道。然后，他把那位助理想给他看的一本书扔到桌子对面（打翻了墨水瓶），并撕毁了那位助理的草稿，怒气冲冲地走出房间去参加另一个会议。

克拉瓦斯回来时，在他的桌子上发现了一份新的草案，是按照他原来的指示修改的。他把助理叫了进来，微笑着告诉他："我就知道你能做到。"但当这位助理试图继续就法律问题展开讨论时，克拉瓦斯说他没有时间了，离开了房间，带走了新的草案以及这位助理一直想让他阅读的案件清单。"那天下午，一个电话从克拉瓦斯的家庭图书馆打来，"斯温回忆称。克拉瓦斯说，他最终看了这些案件，最后承认那位助理是对的。"把你昨晚准备好的草案送上去。"克拉瓦斯对他说。此后，这件事再也没有被提起过。

斯温写道："克拉瓦斯咄咄逼人的个性和脾气削弱了许多年轻人的意志力和主动性，他不会尊重任何在他面前卑躬屈膝的人。那些敢于与他对抗的人与他相处得最好，也是他愿意提拔的人。"多年后，在《纽约客》（New Yorker）杂志的一篇人物介绍中，作者指出，虽然克拉瓦斯后来变得柔和了，但早年在他办公室工作的大多数年轻人"从心底里不喜欢他，不是因为他的粗鲁无礼，而是因为他始终相信自己的判断，要求一切都按照他的方式去做"。

克拉瓦斯的威慑力丝毫不亚于其律所以外的律师。斯泰德森的侄子艾伦·沃德威尔说："我总觉得他实际上是想压制我……我费了好大劲才上去见他。"正如斯温所观察到的那样，"在会议上，他很少不受自己的强势个性所支配，其他人在充满耐心和尊重的前提下，提出具有说服力的观点会让他的冷酷无情有所缓和。他首先会试图说服和驳倒持反对意见的人，但他可以对那些他无法说服的人置之不理"。

与克拉瓦斯不同，斯泰森不是一个爱大喊大叫的人。他是一个彬彬有礼、懂社交礼仪的人。1886年，哈里·加菲尔德（Harry Garfield）（美国总统的儿子）在斯泰森那里担任职员时，听到斯泰森对一位年迈、处境卑微的女性原告进行盘问，"就像他在自己的圈子里对一位女士那样礼貌——结果是对被告作出了判决"。斯泰森总是表现得很平静，并且脸上挂着微笑，吸引了很多朋友，其中许多人来自威廉姆斯学院，几十年来他一直与这些人保持着稳定的联系。

然而，他独资经营律所，自己当老板，也就是说，如果它能称之为一家律所的话。他的一位同事后来只是在名义上称其为一家律所。这是因为在顶级白鞋律师公司中，斯泰森几乎是唯一反对克拉瓦斯开创的团队合作和共享理念的人。相反，他坚持旧的体系，即每个律师独立工作，共享办公空间，但不共享客户或利润。一个合伙人自己收取费用，自己承担个人开支，自掏腰包支付助理的工资。例如，摩根大通是斯泰森的客户，而不是他所在律所的客户。当斯泰森决定不亲自处理自己遇到的一项业务时，他觉得没有义务把它交给自己的合伙人。相反，他认为交给律所之外的人更合适。

另外，与克拉瓦斯不同的是，斯泰森有意让自己的律所保持较小的规模并且不那么正式。其他人想要建立的那种高度规范化、官僚化的法律工厂并不适合他。对于律所中的年轻人来说，斯泰森打造的体系有一个不利的方面，那就是他没有兴趣建立一个持久的制度，让他们可以继续从事利润丰厚的业务。他说，在三位著名合伙人去世后，他很高兴看到斯泰森、詹宁斯和拉塞尔律所（Stetson, Jennings & Russell）解散。直到斯泰森去世后，他的律所（后来更名为达维律师事务所）才开始采用克拉瓦斯似的体系。最终，该公司发展到900多名律师，在世界各地设有10个办事处，从纽约总部到圣保罗、巴黎和北京。正如约翰·W.戴维斯所说，其发展进程是循序渐进的。

克伦威尔就是今天所谓的好多管闲事的人。他在办公室里四处走动、关灯、从地板上捡起橡皮筋和回形针，以便重复使用。他十分怀疑律师的一些邮件，以至于当一份重要的文件需要归档或交给其他律师时，他会准备好几份副本，并通过单独的邮件发送。他经常通过火车上的信使或乘坐不同路线的多个信使发送另一份副本。为了证明自己的预防措施是正确的，他说："意外事件不会发生，只有那些不考虑意外事件的傻瓜才允许其发生。"

克伦威尔的律师们对他肃然起敬。有一次，他带一位法国客人参观办公室，打算最后去他最引以为傲的图书馆。途中，他停下来打开一间被称为"敞开式办公室"房间的门，向来访者展示他的一些年轻"天才"律师。里面有6个人待在一起，在电话总机和接线员周围的办公桌上工作。克伦威尔盯着他们看了一会儿，什么也没说，最后，"这6个人都站起来鞠躬"，其中一人回忆道。这时克伦威尔关上了门，继续带客人参观。

克伦威尔在办公室里留了一间引人注目的套房供自己使用，但他很少在那里。他大部分工作都是在自己的住所进行的。他的住所位于西49街12号，是一套维多利亚中期的光线昏暗的豪宅，里面摆满了博物馆级的挂毯、绘画作品和艺术品。前厅放着一个金色的管风琴作为装饰，也是为了放松，克伦威尔还在楼上放了一架比较低调的管风琴。这是他唯一的爱好，他追求的是让自己沉浸在旋律和思想中。

当克伦威尔进入华尔街和百老汇的办公室时，他让贴身男仆给他穿好衣服，并坐豪华轿车过去。一到那里，他就会在大厅里闲逛，询问助理们的工作情况，窥视他们的办公室，确保他们还在办公桌前工作。他可以通过查看他们的帽子架来判断他们是否已经在晚上离开了，他对有两顶帽子的人并不友好，因为他们试图通过留下额外的一顶帽子来欺骗他。

克伦威尔的长期税务伙伴尤斯塔斯·塞利格曼（Eustace Seligman）回忆说，克伦威尔是个善于交际、善良的人，但也"自负、傲慢、专横"。他承认克伦威尔是一个具有独创见解的思想家，拥有杰出的数学商业头脑，而且擅长"挖掘客户"。但塞利格曼认为克伦威尔说话时用词过于华丽。在他的书面作品中，克伦威尔从来没有使用一个错词。塞利格曼回忆道："我从来没有特别喜欢过他，因为他在说话方面浪费了太多时间。"

克伦威尔曾多次劝说美国政府将运河计划转移到巴拿马。为了达成协议，他需要进行大量的谈判，其中一些谈判将会受到指控，这是非常危险的。

第六章

"备受尊敬的人"

他到底有没有煽动革命？

克伦威尔是否煽动了巴拿马革命，关于他在这一事件中所扮演的角色是争论最激烈的问题。国会议员亨利·T. 雷尼（Henry T. Rainey）是来自伊利诺伊州的民主党人，他将克伦威尔称为继艾伦·伯尔以来最危险的美国人。他确信克伦威尔是一位"职业革命家"。约瑟夫·普利策（Joseph Pulitzer）创办的《纽约世界》（New York World）和其他报纸以及此后的许多历史学家也是持相同看法。尽管菲利普-博诺-瓦里拉——他不是克伦威尔的朋友——宣称克伦威尔是无辜的，其实博诺-瓦里拉只想为自己辩护。

克伦威尔的长期法律合伙人威廉·柯蒂斯，他曾在巴拿马运河这件事上与克伦威尔密切合作。他在回忆录中坚称，他们两人没有做任何推动革命的事情。柯蒂斯的证词可能会被认为是有私心的，除此之外，他的回忆录没有流露出对克伦威尔的真情实感。柯蒂斯在克伦威尔的律所辛辛苦苦工作了这么多年，以至于患上了神经衰弱，一直没有完全康复。

亚瑟·迪恩是克伦威尔后来的一个合伙人，他在1957年写的一本令人钦佩的传记中声称，辛勤的研究"没有揭示任何……支持克伦威尔或他的助理以任何方式鼓舞、协助或教唆革命的论断"。尽管迪恩在二十年后向作家大卫·麦卡洛（David McCullough）透露了这件事，但他没有提及的是，克伦威尔本应完整的业务文件中有一处巨大的空白：令人奇怪的是，他们遗漏了任何与巴拿马有关的东西。

授权美国修建巴拿马运河的《斯普纳法案》要求与哥伦比亚签署一项令人满意的条约，授予美国对运河领土的永久控制权。如果在"合理期限内"没有满足这一条件，总统将获得授权继续建设尼加拉瓜运河。

与哥伦比亚通过谈判达成一项条约被认为是整个巴拿马故事中最曲折的一章。付出全部努力，最终却失败了，这致使罗斯福决定以炮艇外交取代更为传统的外交方式。

美国的官方谈判代表是国务卿约翰·海，与他地位相当的是哥伦比亚驻美公使何塞·维森特·孔查博士（José Vicente Concha）。私下里，克伦威尔是两国政府之间唯一的调解人。

一年前，克伦威尔在与孔查谈判的一项协议协商中发挥了主导作用，促成了1902年4月签署的《海–孔查条约》（Hay-Concha）草案。该草案仍需获得两国的批准，其规定美国必须先向哥伦比亚支付700万美元，以获得运河开凿权，每年支付的金额将在以后确定。美国有权控制运河的建设和运营，并在哥伦比亚同意的情况下，或在紧急情况下不经哥伦比亚同意，进行军事干预以保护运河。这项协议将持续100年。美国想要签订永久的协议，但是哥伦比亚坚持协议期限固定。克伦威尔打破了僵局，达成了一项为期百年的租借协议，美国可自行选择是否续租期限，这实际上使协议具备了永久性。

孔查是一个骄傲的、神经紧张的人，他几乎不会说英语，在哥伦比亚派他到华盛顿之前，他从未出过国。他强烈要求对1902年4月的草案进行各种修改，美国人认为所有这些修改都是不可取的。对克伦威尔来说，最令人担忧的是孔查要求推迟与美国达成的最终条约，直到哥伦比亚能够与法国投资者谈判，拿到他们将从美国那里获得的4000万美元中的一部分。法国运河公司已经将价格从1.09亿美元降至4000万美元，不愿让出这4000万美元的任何一部分给哥伦比亚。

克伦威尔说服海在这一点上坚定立场，美国不会屈服哥伦比亚修改条约的要求。1902年11月，海告诉孔查，除非下个月国会休会前签署条约，否则罗斯福将重新回到尼加拉瓜。哥伦比亚官员表示反对，并命令孔查在其目前状况下签署条约。孔查束手无策，灰心丧气，拒绝签订条约并且乘船返回哥伦比亚。

他的继任者，外交官托马斯·埃兰（Tomás Herrán）则更具有国际视野，更有文化涵养。他能说一口流利的英语和其他三种语言，曾就读于乔治敦大学，并在国外生活多年。他不像孔查那样是个急性子，但他也不是一个容易被说服的人。他做的第一件事就是把哥伦比亚的要价从700万美元提高到1000万美元，并且让美国每年再支付60万美元作为补偿。

在一次漫长的会议后，克伦威尔敦促海使美国提高出价。作为反击，海提出1000万美元的首付和10年后每年10万美元补偿的要求。埃兰当即拒绝了。海此时准备终止谈判，他告诉埃兰，罗斯福已将最后期限定在1903年1月5日，如果届时没有达成协议，美国将放弃巴拿马，转而支持尼加拉瓜。

克伦威尔处于绝望之中。谈判陷入僵局，参议员摩根几乎每天都在不停地要求罗斯福与巴拿马做最后的了断。1903年1月2日，克伦威尔和柯蒂斯在华盛顿会见了海，并在1月3日再次请求他把最后期限延长至1月5日。根据他们与埃兰进行的多次交谈，两名律师表示，如果再给他们一点时间，他们有信心让哥伦比亚达成协议。此时克伦威尔和柯蒂斯几乎24小时不停地穿梭在海和埃兰之间。

1903年1月21日深夜，克伦威尔促成了一项妥协，即美国一次性向哥伦比亚支付1000万美元，之后每年再付25万美元作为补偿。1月22日下午5点，克伦威尔带着埃兰来到海在拉斐特广场的家。在公使们交换签名后，海转向作为唯一证人的克伦威尔，为了表示感谢，他向克伦威尔赠送了钢笔。

克伦威尔代表的是一家拥有自己经济利益的外国私人公司，他怎么会被委以如此重大的责任，负责美国自路易斯安那购买案以来最重大的商业收购？作为一名律师，他的职责是对他的法国客户负责，而不是美国客户。但他在谈判中发挥了几乎与总统和国务卿一样大的影响力。

毫无疑问，他在这一点上的成功给白宫留下了深刻的印象。还有一个故事，也许是杜撰的，在马克·汉纳的建议下，罗斯福被说服了，给予克伦威尔充分的自由。据称，汉纳曾建议这位年轻的总统：“西奥多，你要非常小心。”"这是一件非常棘手的事情。你最好听从克伦威尔的指挥，他对这个问题和那里的人了如指掌。"罗斯福回答说："克伦威尔的问题在于他高估了自己与高斯的关系。""高斯，"汉纳说道，"我不认识他——那些南美洲人我一个也不认识，可是克伦威尔全认识，你得跟紧克伦威尔。"

1903年3月17日，美国参议院以73票对5票的压倒性优势通过了《海–埃兰条约》（Hay-Herrán Treaty）。参议员摩根绞尽脑汁提交了大约60条修正案试图破坏条约，克伦威尔和他的合作伙伴成功地挫败了这一企图。

为了让参议员们相信哪怕是最微小的改变都会危及条约，克伦威尔告诉了他们一个小秘密。事实证明，托马斯·埃兰在海的官邸签署条约三天后，他收到了哥伦比亚代总统何塞·曼努埃尔·马罗金（José Manuel Marroquín）发来的如下电文：

不要签署运河条约。您将在今天收到指示函。

在哥伦比亚，人们立即对运河条约表示强烈反对。许多哥伦比亚人认为，他们的国家为了"洋基帝国主义"牺牲了太多的国家主权。他们想要更多的钱，而不是1000万美元的预付款和每年25万美元的租金。哥伦比亚官员认为他们本该拿到2500万美元的预付款和每年100万美元的租金。此外，哥伦比亚希望美国大幅削减同意支付给法国运河公司的4000万美元，削减数额从1000万美元到2000万美元不等，大约占总支付金额的四分之一到一半。

克伦威尔知道该做什么决定。他向高傲的海强调说，出于道义，哥伦比亚已经作出承诺，并且出于国际善意，批准了条约的签署。罗斯福开始把生活在波哥大的哥伦比亚人视为"卑鄙小人"和"强盗"，他们过分的要求正在危及未来文明的一条高速公路。他对海说："我们可能得给那些杰克兔（暗指哥伦比亚人）上一课。"就连性情温和的外交官海也在私下里称哥伦比亚人为"贪婪的小类人猿"。克伦威尔在书面中非常谨慎，没有使用任何类似的称呼，但他的论点巧妙地迎合了罗斯福和海对拉丁美洲人的偏见。

1903年6月13日，应汉纳的邀请，克伦威尔与罗斯福进行了数小时的会谈。在会谈中，罗斯福明确表示，他打算在巴拿马修建一条运河，无论如何都要这样做。之后克伦威尔从白宫步行五分钟来到他在华盛顿时居住的新威拉德酒店，会见他的新闻代理人罗杰·L.法纳姆。两人交谈后，法纳姆来到街对面他的老东家《纽约世界报》的华盛顿分社，给了该报社一篇关于巴拿马运河的报道，但没有注明出处。他对《世界报》的记者说，巴拿马地峡地区可能会有一场暴动，时间可能会在11月3日，也就是美国的大选日，并且有五六个巴拿马公民正在前往华盛顿的路上，去与国务卿海和国务院的其他官员商讨他们的计划。

第二天，《世界报》刊登了一篇文章，报道说罗斯福决心在巴拿马修建一条运河，但哥伦比亚国会很可能会拒绝《海-埃兰条约》。报道中还说，如果那样的话，巴拿马将脱离哥伦比亚，罗斯福会迅速承认新的巴拿马政府，而且美国将与巴拿马签署运河条约。这篇文章被证明是有预见性的，让人们更加怀疑克伦威尔不仅提前预见了巴拿马革命，而且积极促成了这场革命。

到1903年6月中旬，克伦威尔意识到与哥伦比亚签的条约遇到了严重的麻烦，不太可能通过。他从他在地峡和波哥大的许多特工那里获悉了这一点，这些人中包括巴拿马铁路的官员（克伦威尔是该铁路的总法律顾问）。此外，他从他所知的美国国务院内部电报中也了解到了这一点。

预见巴拿马的叛乱并不需要特别的洞察力。巴拿马并不拥护哥伦比亚其他地区，多年来曾多次试图独立。不过，这一切都只是说说而已，直到有人站出来牵头进行了一场收购。也许最能证明克伦威尔与革命有关的是，组织这场运动的人——军政府——其正是克伦威尔经常联系的巴拿马铁路的雇员。

该事件的主谋是62岁的参议员何塞·阿古斯丁·阿朗戈（José Agustín Arango），他是巴拿马地峡铁路的律师，也是一位杰出的政治家。铁路上70岁的外科医生曼努埃尔·阿马多尔·格雷罗（Manuel Amador Guerrero）在地峡有很大影响力，他也参与了这场密谋。格雷罗个子不高，头发灰白，留着胡子，有一双特别敏锐的黑眼睛，眼睛里闪着愤怒的光芒。格雷罗、阿朗戈和其他铁路员工成为革命运动名义上的领袖。

同谋者知道他们的计划需要美国的支持，于是派了另一名铁路雇员，一名精明的货运代理人詹姆斯·比尔斯（英）前往纽约与克伦威尔会面。比尔斯的秘密任务是寻求"位高权重的人物"（指克伦威尔）的保证，即如果巴拿马发生暴动，美国将不会代表哥伦比亚进行干预。

据后来的报道，在会见比尔斯时，克伦威尔"向他承诺了一切"。当比尔斯于8月初返回巴拿马时，他告诉同谋者克伦威尔准备为他们"竭尽全力"。随后，他们派格雷罗前往纽约与克伦威尔会面，安排资金和弹药，并在可能的情况下，从海或罗斯福那里获得美国支持这场革命并承认新政府的直接保证。

1903年8月26日，格雷罗以要去马萨诸塞州探望生病的儿子为借口，乘船前往纽约，随身携带一份电报代码，用于他与巴拿马的同谋者进行通信。该代码将海标记为"X",将克伦威尔标记为"W",包含了格雷罗向军政府提交的30份不同编号的声明,涵盖了所有可能的意外情况。格雷罗可以与朋友交流的选项包括:

1.在我第一次开会时对海不满意。
……
6.克伦威尔表现得很好,并帮助我采访了一些愿意合作的重要人物。
……
11.克伦威尔迟迟不把我介绍给海,这让我怀疑他所说的都是凭空想象的事,他什么都不知道。
……
23.克伦威尔决心尽其所能,但他所掌握的手段不足以确保成功。

刚到纽约,格雷罗就在恩迪科特酒店订了一间便宜的房间。这家酒店位于遥远的住宅区,在第81街和哥伦布大道交汇处。但在与克伦威尔会面时,与他同行的一位乘客何塞·加布里埃尔·杜克(Gabriel Duque)抢在了他的前头。杜克是一位出生在古巴的地道的美国公民,掌握着巴拿马城的主要报纸和利润丰厚的进出口业务。

杜克在巴拿马事件中的动机尚不清楚,他的行为也难以解释。1903年7月,他参加了一个午宴,在那次午宴上,同谋者公开讨论革命。后来,他还组织并资助了一支由287名年轻人组成的虚假志愿"消防队",作为一支革命军事力量来协助叛军。但在此期间,他似乎一直是哥伦比亚政府的双面间谍。克伦威尔在《纽约世界报》最尖刻的评论员只是间接转述了杜克对自己活动的描述,这很重要,因为这是克伦威尔涉嫌参与巴拿马革命最具体的证据。

杜克坚称,他经常去美国出差,尽管他在旅途中与格雷罗打扑克，但他并不知道这位同行者要去纽约与克伦威尔讨论革命。当格雷罗在上城的酒店休息时，杜克顺便造访了位于炮台公园附近的安德烈亚斯公司的出口办事处，那里当时是纽约革命分子的前线。在那里，正如杜克令人难以置信地宣称的那样，他碰巧遇到了克伦威尔的公共设施维修工兼新闻代理人罗杰·法纳姆。据杜克说，法纳姆告诉他，克伦威尔想见他，而杜克当时几乎不认识克伦威尔，所以杜克和法纳姆一起去了克伦威尔在华尔街49号的办公室，路程大约10分钟。

据说，在他们的会面中，克伦威尔向杜克提议，如果他能在新成立的巴拿马共和国掀起一场革命，他就可以担任总统。根据《世界报》记者的证词，克伦威尔还告诉杜克，他将为叛军10万美元的贷款提供担保，以满足短期开支。（首先，他们需要钱去贿赂地峡上容易腐败的哥伦比亚士兵，这些士兵已经几个月没有领到工资了。）

然后克伦威尔用他不喜欢的方式——打电话告知美国国务院，为杜克安排了第二天上午（9月3日）与海会面的时间，并给了他一封介绍信。在法纳姆的敦促下，杜克同意乘坐夜间列车前往华盛顿，并在会议结束后立即返回，这样就不必在酒店过夜，以免留下他的访问记录。

杜克在华盛顿与海会面期间，揭露了革命分子的阴谋，并请求美国政府的支持。据说海曾告诉杜克，尽管罗斯福政府不能承诺直接援助革命分子，但其决心修建巴拿马运河，不会让哥伦比亚成为阻碍。

下午一点左右，杜克走出国务院，直奔哥伦比亚大使馆。在那里，杜克继续向大使馆负责人托马斯·埃兰透露海告诉他的一切。他还通知埃兰说，阿马多尔正在纽约打算与克伦威尔会面，策划分裂主义运动。

杜克当时是否与哥伦比亚政府秘密勾结，反对叛军，目前还不能下定论。更有可能的是，作为《海-埃兰条约》的坚定支持者，杜克希望埃兰向波哥大传达形势的紧迫性，以加快其批准。无论哪种情况，他都让同谋者和克伦威尔妥协了。

埃兰发电报给波哥大，提醒哥伦比亚官员注意革命分子的计划，然后写信给在纽约的克伦威尔，警告他哥伦比亚将追究他和他的客户策划的任何制造分裂主义的阴谋，他们需为此负全责。作为预防措施——或者是为了建立一个保护自己的案底——克伦威尔在9月10日给巴拿马的铁路主管詹姆斯·谢勒（James Shaler）发去电报，指示他不要参加任何起义运动，也不要做任何会给哥伦比亚提供借口取消法国特许权的事情。

与此同时，格雷罗在纽约与克伦威尔见了两次面，结果截然不同。在第一次极其友好的会谈中，克伦威尔向格雷罗提供了类似他给比尔斯做的保证。克伦威尔提出了"一千个协助革命的提议"，并邀请格雷罗几天后再来进一步讨论。但在他们的第二次会面时，克伦威尔的热情就消失了。那时，格雷罗不知道的是，克伦威尔已经被埃兰的严厉警告吓跑了。格雷罗也没有意识到埃兰已经让侦探盯上了。

当格雷罗出现在沙利文和克伦威尔律所的办公室时，有人故意告知他克伦威尔不在家。但这位老医生坚持要在接待处露宿，直到克伦威尔出来见他。克伦威尔告诉格雷罗，他们之间不能再有任何联系，而且他坚决不会回来。格雷罗医生最终被赶出了办公室。

格雷罗无法理解发生了什么，他不顾自己的电报代码，给同谋者回了一条简短的信息："失望。等待信件。"他计划坐船回巴拿马，空手而归。但后来他从朋友那里得到消息说，如果他在纽约毫无进展，另一方的人会提供帮助。他给巴拿马的朋友发了一条同样神秘的短信："希望。"他还没来得及解释，援助就从巴黎来了，他是来自法国热情的、身材不高的菲利普·博诺-瓦里拉。

博诺-瓦里拉总是说，他在法国待了7个月后于1903年9月22日抵达纽约纯属偶然，这是众多幸运巧合中的一次，似乎在希望渺茫之际拯救了巴拿马运河公司。他说，他是来参加家庭旅行的，在最后一刻决定和妻子一起去看他们13岁的儿子。儿子得了花粉热，正在西点军校附近的一个朋友家养病。

其他人则怀疑这并非巧合——克伦威尔或他手下的某个人一定给巴黎的博诺-瓦里拉发了电报，说克伦威尔的身份暴露了，同谋者需要新的策划者在美国接替他的位置。因为在那之前，两人的关系仍然很好。从1902年中期开始，在他们最后一次存档的通信中，他们互相写了亲切的信件。1903年7月，克伦威尔在回国途中送给博诺-瓦里拉一大篮水果，让他享用。这位法国人对此表示感谢，并称赞"法国和美国天才"的共同努力。一个月后在巴黎，克伦威尔表示希望他们二人能很快见面并共进晚餐，邀请上克伦威尔的妻子和博努-瓦里拉的兄弟。

但博诺-瓦里拉很快就改变了态度。9月24日，他在华道夫-阿斯多里亚酒店——一家法国人通常光顾的酒店里会见了格雷罗医生，该酒店当时位于第34街和第五大道交汇处。博诺-瓦里拉告诉医生，他一直愚蠢地信任克伦威尔。至于格雷罗，他觉得克伦威尔背叛了他，以至于正如博诺-瓦里拉后来所说的那样，格雷罗威胁说，如果革命失败，他的任何朋友都会被监禁和处决，他将对克伦威尔穷追到底并杀掉他。

博诺-瓦里拉告诉格雷罗不要担心，他会处理好一切，包括自己借给军政府的10万美元，并证明美国军队会保护这个新成立的共和国。博诺-瓦里拉非常自信，他给了格雷罗一套革命装备带回家，包括一份独立宣言、一部宪法和他妻子设计的国旗。

博诺-瓦里拉说，从他抵达纽约开始，他"从未见过克伦威尔的影子"，他指责克伦威尔"无情地"抛弃了那些同谋者。事实的确如此：克伦威尔不再对地峡发来的电报进行答复，并于10月15日乘船前往法国，在那里停留了三个星期。从表面上看，他去那里是为了和他的客户协商，但其他人会指责他怯懦——他逃到巴黎是为了否认与他认为即将到来的潜在暴动有任何联系，而这场暴动他也在其中起了推波助澜的作用。凑巧的是，直到11月17日，也就是革命结束两周后，他才回到纽约。

巴拿马革命是在1903年11月3日顺利进行的——正是罗杰·法纳姆在6月预测的那一天，这无疑是20世纪最出人意料的一次起义。美国炮艇"纳什维尔"（Nashville）号载着几十名海军陆战队员，于11月2日下午5时30分左右抵达科隆省。但在接近午夜的时候，一艘哥伦比亚军舰卡塔赫纳号（Cartagena）也抵达科隆，舰上有大约400名哥伦比亚神枪手。由于"纳什维尔"号的指挥官还没有收到来自华盛顿的电报，命令他阻止任何敌对武装部队登陆，因此哥伦比亚军队在11月3日上午顺利登陆。他们计划越过铁路到50英里外的巴拿马城去，有传言说那里正在发生起义。

铁路主管詹姆斯·谢勒说，不仅没有火车，豪华汽车和机车也只有一辆，这是专门用来护送哥伦比亚将军和他的高级助手到巴拿马城。谢勒解释说，普通汽车暂时短缺，但它们很快就会到达，用来运送普通士兵。谢勒没有说的是，他已经把所有的铁路车辆都送到了防线的终点——巴拿马城，这样部队就会继续留在科隆。

时年77岁的谢勒是肯塔基州的一名内战老兵，他是一个让人信服的人，给人留下深刻印象。他身材高大、瘦削、肌肉发达（"一位记者形容他是一个真正受过严格训练的人"），留着与众不同的大白胡子还有一头浓密的白发，所有这些特征都使他在当地人中脱颖而出。他关于地峡的言论具有法律效力。因此，当他坚持要求哥伦比亚将军和他的军官们如果想到达目的地，就登上专车时，他们服从了。当其中一人起了疑心，想跳下车时，谢勒亲自拉下缆绳，吹响了火车汽笛，送他们上路。

当哥伦比亚军方高层官员抵达巴拿马城的火车站时，他们受到了隆重的欢迎——所有这些都是事先排练过的，都是假的。几个小时后，他们被驻军指挥官逮捕。驻军指挥官同意支持革命，条件是他自己拿到6.5万美元，他的士兵每人拿到50美元。黄昏时分，杜克的"消防队"吹响了号角，宣告起义开始。市民们涌向大教堂广场，聆听独立宣言，观看新国旗升起的仪式。然而革命一枪未打就结束了。

1903年11月6日，政变成功三天后，美国正式承认新成立的巴拿马共和国。海和博诺-瓦里拉着手将与哥伦比亚的《海-埃兰条约》改为与巴拿马签订的《海-博诺-瓦里拉条约》，并于11月18日在华盛顿签署。

根据新条约，巴拿马获得了之前指定给哥伦比亚的全部1000万美元补偿和每年25万美元的租金，而哥伦比亚什么也没有得到。该条约复制了克伦威尔起草的《海-埃兰》的许多条款，但海和博诺-瓦里拉增加了一些对美国更有利的条款。最值得注意的是，美国获得了它将拥有的所有权利，就像它是这片领土上的最高统治者一样，"将巴拿马共和国行使任何此类主权的权利完全排除在外"。

博诺-瓦里拉知道，巴拿马人不会善待一个签字放弃巴拿马主权的法国人，所以他向海施压，要求他尽快签署条约。事实上，就在海和博诺-瓦里拉对条约进行最后的润色之际，一个由格雷罗率领的三名巴拿马革命家组成的代表团于11月17日上午抵达纽约，他们有权在条约问题上推翻博诺-瓦里拉。他们计划立即前往华盛顿监督谈判，但无处不在的法纳姆在船上与他们相遇，劝他们等克伦威尔，克伦威尔几小时后将从巴黎抵达。法纳姆护送他们到第五大道酒店，这是这座城市长期以来最讲究的酒店，他们在那里与克伦威尔进行了一整天的会议。让博诺-瓦里拉后来非常沮丧的是，格雷罗原谅了克伦威尔之前对他的回避，因为他听到克伦威尔解释说，他在被杜克曝光身份后变得非常谨慎。

博诺-瓦里拉迫切希望成为这一具有历史意义的巴拿马运河条约的签署人，他认为克伦威尔和格雷罗关系缓和是一种邪恶的行径，因为该行径破坏了条约谈判，是为了满足格雷罗自己成为签署人的"幼稚"想法。然而，具有讽刺意味的是，巴拿马代表团在11月18日下午登上前往华盛顿的火车之前一直与克伦威尔待在一起，因此来得太晚，未能阻止博诺-瓦里拉签署条约，博诺-瓦里拉在当天晚上7点左右与海签署了条约。

几个小时后，当博诺-瓦里拉在火车站遇到这些革命者，告诉他们他已经在条约上签字时，革命者目瞪口呆，大为愤怒。其中一人扇了他一记耳光。但最终，他们接受了现实，并尽职尽责地把条约带回了巴拿马。12月2日，巴拿马临时政府立即批准了该条约。2月23日，美国参议院以66票赞成、14票反对的压倒性优势批准了巴拿马条约。8天前，领导参议院争取巴拿马条约的马克·汉纳去世，享年66岁。

博诺-瓦里拉怀疑克伦威尔与巴拿马人密谋破坏条约，但这毫无意义。克伦威尔的主要兴趣仍然是完成其法国客户资产的出售，7年来一直如此，而《海-博诺-瓦里拉条约》保证了这一点。事实上，在11月18日条约签署几天后，克伦威尔在华盛顿向博诺-瓦里拉致意和表示祝贺。2月23日，在参议院批准后不久，克伦威尔再次来到华盛顿，在威拉德酒店遇到了博诺-瓦里拉，并握住他的手表示祝贺。所有这些都提出了一个有趣的问题：克伦威尔是否有意让巴拿马代表团在纽约忙得不可开交，以防止他们对博诺-瓦里拉施加压力？他们两人又在为同一个目标独立工作吗？

至少，在克伦威尔的合伙人柯蒂斯的私人回忆录中，可以找到一些支持这一猜想的内容，但这部分内容从未被载入史册。柯蒂斯指示那些找到了相关内容的人不要在当事人的有生之年将之公之于众，所以也许根本就不会公布。

1903年11月10日，当克伦威尔结束他在巴黎的逗留时，柯蒂斯在白宫会见了罗斯福和马克·汉纳。总统问柯蒂斯是否认识博诺-瓦里拉，当柯蒂斯回答认识时，罗斯福说："我希望你能告诉他闭嘴，不要说这么多话。"他指的是这位法国人在微妙的时期接受了大量自我夸大的报纸采访。罗斯福从椅子上站起来，俯身对汉纳说："参议员，用我们童年时代的话来说，我认为我们应该被允许'剥自己的臭鼬皮'。"这是一个习语，意思是干自己的脏活。

当天晚些时候，柯蒂斯给博诺-瓦里拉发了一条机密信件，传达罗斯福希望他避免发表任何公开声明或接受任何采访的愿望。然而，这封信件中更奇怪的部分是，柯蒂斯提到了由格雷罗率领的巴拿马代表团，该代表团定于一周后抵达华盛顿。柯蒂斯建议由博诺-瓦里拉确定代表团的确切全权证书，以明确地表明在条约的谈判中他与他们之间不可能存在权力冲突。然后柯蒂斯补充道："我们被告知他们拥有全部权力。我希望这可能是个错误。"

柯蒂斯的信件表明，即使到了那个时候，博诺-瓦里拉仍在与沙利文和克伦威尔律所沟通和协调战略。这也表明，柯蒂斯以及克伦威尔希望巴拿马代表团没有足够的权力，使他们能够在博诺-瓦里拉与海的谈判中拆他的台。

1903年11月17日，克伦威尔与巴拿马革命者进行了详尽的会谈，克伦威尔得以与他们和解，讨好他们，并对格雷罗想要签署条约的愿望表示同情。但在这样做的同时，他也给了博诺-瓦里拉时间，以推动条约的签署，不用受上级的约束。克伦威尔并没有在最终一边倒的条约上留下任何痕迹。他知道，如果有人因为做亏本生意而激怒巴拿马，那将会是博诺-瓦里拉。

事实就是这样。尽管博诺-瓦里拉为巴拿马运河条约的签署做出了各种巧妙的努力，但他还是会遭到巴拿马民族主义者的谴责，因为他放弃了新国家的主权。多年后的一项立法决议将他列为巴拿马人民的外敌。

与此同时，克伦威尔受到巴拿马人的热烈欢迎，并受雇于他们。1903年11月30日，军政府委托他将新成立的巴拿马共和国的第一面国旗交给罗斯福总统。巴拿马人不喜欢博诺-瓦里拉夫人做的国旗，认为它看起来太像美国的星条旗，所以同为医生的格雷罗的儿子，设计了一面新的国旗。

然后，在1904年2月23日，也就是格雷罗就任新共和国首任总统的那天，他的儿子新任驻纽约总领事，在华道夫-阿斯多里亚酒店为当地人士举办了一场午宴。这些人是他和他的父亲认为新共和国最应该感激的人。他们的名字出现在菜单卡片上，克伦威尔的名字排在第一位，其次是柯蒂斯和另外两名沙利文和克伦威尔事务所的律师、新闻代理人罗杰·法纳姆，以及巴拿马铁路公司的几名官员或雇员。

当巴拿马需要用美国根据条约支付的1000万美元进行投资时，共和国选择克伦威尔来监督这笔资金并担任总法律顾问。他甚至名列巴拿马正式外交官之中。

克伦威尔还设法聘请了摩根公司的另一个客户担任财务代理人，来支付美国向法国运河公司支付的4000万美元的费用。这笔钱对法国人来说并不是一笔意外之财：根据之前的协议，4000万美元中的40%归新运河公司所有，在10年的投资过程中，该公司为包括博诺-瓦里拉在内的股东带来了3%的年回报率。这笔资金流向老公司的60%只够支付债券持有人10美分。公司的老股东什么也没有得到。不过，如果没有巴拿马运河，法国投资者就会彻底破产。

克伦威尔是否参与了巴拿马起义仍然没有答案。"职业革命家"的指控是言过其实的，因为没有证据表明他在11月革命之前与叛军有直接联系。但是克伦威尔的合伙人迪恩声称,克伦威尔和他的任何同事都没有"以任何方式"帮助或教唆革命的说法也站不住脚。无疑,克伦威尔很早就给了革命者很大的鼓励。而且,让人很难相信的是,对他负责的主要巴拿马铁路员工,尤其是主管谢勒,会在关键时刻没有得到他的默许就采取行动。

柯蒂斯承认,他和克伦威尔"非常愿意并很乐意看到革命的爆发"。他们知道,如果革命获得成功,它将保证他们的法国客户巴拿马运河项目的成功。但他们也知道,如果他们直接或间接与任何革命者联系在一起,哥伦比亚很可能会撤销他们客户的特许权,并没收他们的铁路财产。

正如罗斯福所观察到的那样,克伦威尔曾一度是"一个典型的革命者",他参与其中是"为了游戏的乐趣"。但当杜克向埃兰出卖他时,克伦威尔似乎意识到,革命是一件严肃而危险的事情。他需要从中退出,或者至少给自己一个更为合理的理由来推诿。

在革命阴谋的始作俑者——阿兰戈的革命回忆录中,克伦威尔的名字从未被提及,而只是称其为"受人尊敬的人",这并非巧合。《世界报》的记者们急于控告克伦威尔,将其翻译为"责任人",以促使军政府认为克伦威尔对革命负有最大的责任。但在西班牙语中,"受人尊敬的"翻译成英语是"声誉好的""有道德的"或"正直的"意思,这就是克伦威尔对自己的看法。卷入一场暴力推翻外国政府的阴谋,并不符合一个受人尊敬的白鞋律师的形象。

克伦威尔在晚年骄傲地称巴拿马运河为"我的运河"。然而,他从未正面回应革命指控,至少在公开场合对任何细节都未回应过,而且对试图就此向他提问的研究人员态度粗暴。迪恩写道,由于克伦威尔在戏剧方面的热爱和天赋,"他很可能更喜欢成为一个神秘的人"。

的确,迪安认为克伦威尔甚至可能很喜欢"最危险的人"这个称号。据罗斯福说,克伦威尔喜欢"在纽约四处走动,尽可能看上去像个阴谋家。每当世界指责他为'巴拿马丑闻'负责时,他就会欣喜若狂"。

不管克伦威尔因他在巴拿马做的事是声名远扬还是臭名昭著,他已然成为美国最受关注的律师。

第七章

一个棘手的问题

在美国参议院批准《巴拿马运河条约》三周后，美国最高法院对北方证券案做出了裁决。最高法院以5票赞成、4票反对的微弱优势做出裁决，哈里曼-希尔-摩根控股公司非法限制贸易，违反了《谢尔曼反垄断法》，所以必须解散。

尽管弗兰克·斯泰森为保护协议免受法律攻击，煞费苦心地完成了协议的文书工作，但一旦提起诉讼，他将对诉讼结果持悲观态度。他认为，最高法院将屈服主流舆论，并对富有的资本家做出裁决。事实证明他是对的。

这一决定是政府的巨大胜利，也是西奥多·罗斯福总统的个人胜利，却是华尔街的一次重大失败。最高法院具有里程碑意义的裁决使《谢尔曼反垄断法》更具效力，并结束了1890年左右开始的并购浪潮。值得一提的是，新泽西州的控股公司策略——威廉·克伦威尔的伟大发明不再像大企业所认为的那样，是抵御反垄断起诉坚不可摧的堡垒。法院认为，要认定违反《谢尔曼反垄断法》，政府不必证明业务合并是否会导致完全垄断。这足以表明，这种并购不可避免地会限制贸易或造成垄断，也会剥夺公众从自由竞争中获得好处的有利条件。

报纸称赞这一决定是进步运动的伟大胜利，明尼苏达州州长说，这对人民的意义比内战以来的任何事件都重大。罗斯福本人把它视为其政府的伟大成就之一，因为此举表明："这个国家最有权势的人也要在法律面前承担责任。"

斯泰森当然不这么认为。他认为这一决定反映了一种施用私刑的暴民心态，仅仅因为大公司的规模和影响力，他们就想要惩罚大公司及其律师。持不同意见的一个法官——奥利弗·温德尔·霍姆斯（Oliver Wendell Holmes Jr.）也赞同他的观点。他抗议说，法院只依据规模就谴责了大公司。正是在这个案件中，霍姆斯说出了他那句名言："顺手的案件同棘手的案件一样，都使法律无能为力。"

霍姆斯被普遍视为（如果不完全准确的话）一个自由主义者，但斯泰森与他不同，他倾向杰斐逊式的精英民主，通常不信任联邦权力。他一直认为《谢尔曼反垄断法》有点儿"愚蠢"——为商人的道德立法是一种错误的尝试，这些商人的本性是为了自己的私人利益，而且总是如此。他认为现有的州法律足以保护公众。

为了废除北方证券公司的裁决，斯泰森在幕后起草了一项法案，以供美国参议院审议，该法案将大大削弱联邦反垄断法的效力。当这一努力失败后，他与威廉·霍恩布洛尔和其他纽约市律师协会的领导者一起成立了宪法俱乐部，抨击罗斯福是一个独裁者，并反对他在1904以个人的名义竞选总统。

罗斯福认识并尊重斯泰森和霍恩布洛尔，在与他们私下通信时总是彬彬有礼，甚至十分友好，偶尔还会征求他们的意见。有一次，作为副总统的罗斯福为自己太忙而不能接受演讲邀请向斯泰森道歉，并补充说："我讨厌做你请求的任何事情，其中的原因有很多。"但作为总统的罗斯福发现他们是有用的公众挫败者。他实际上欢迎来自"大公司的人和律师"的反对："他们和斯泰森一样，都是好人，但除了公司的态度，他们什么也不能接受。"

不过斯泰森是一个现实主义者，在北方证券的裁决后，他开始告诫客户不要组建新的大型企业联合体。他曾经说过："你无法与一个群体抗衡。"他也给商人们提供咨询。"我的客户可以让我确信，这家公司永远都是好孩子，永远不会做错事。"他解释说，但这并不意味着它不会遭到垄断的指控。与此同时，他制订了一个计划，以减轻最高法院的裁决对他的客户摩根的不利影响。实际上，该计划将对哈里曼产生影响。

尽管最高法院已宣布北方证券公司无效，但法院将如何解散该公司的问题留给了该公司的董事会。最明显的做法是，将他们最初出资组建的已过期的公司股票返还给哈里曼、希尔和摩根这三方。哈里曼喜欢这种做法，因为想拿回他在北太平洋的股票，他必须在他先前通过市场收购获得的那条铁路拥有同样多的权益。随着各方的恢复，哈里曼理论上可以自由地恢复先前的收购出价。

但斯泰森想出了一个不同的主意。他的第一种计划是按照其在北方证券持有的股份比例，分给每一条铁路的各组成方相应的股份。第二种，即所谓的按比例分配法，这将使哈里曼在北太平洋和大北方铁路公司都拥有少数股权。哈里曼提出抗议并提起诉讼，以阻止斯泰森的计划得到实施。

哈里曼选择的第一个代表人是伊莱休·鲁特，这位时年59岁的纽约市律师协会的名人，几周前刚刚辞去罗斯福政府的作战部长一职就重新开始私人执业。鲁特最初是麦金利政府的作战部长，他使陆军现代化，扩大了西点军校的规模，并建立了美国陆军军事学院。他制定了美国对新殖民地的政策，支持美国镇压菲律宾起义，并支持在必要时干预古巴以维持其稳定。后来，他担任罗斯福政府的国务卿，维持了约翰·海的对华开放政策。在担任美国参议员期间，鲁特担任卡内基国际和平基金会的首任主席，帮助建立了国际常设法庭，并被授予1912年诺贝尔和平奖。

鲁特是一位数学教授的儿子，他以优等生身份毕业于纽约州北部汉密尔顿学院，并在纽约大学获得了法律学位。他开始在私人执业时是一名老派的法庭律师，然后由他的朋友切斯特·A. 阿瑟（Chest A. Arthur）总统任命为联邦检察官，最后转型为当时最杰出的公司律师之一。

鲁特作为一个备受尊敬的人，却为强盗式贵族做辩护。他建议哈夫迈耶家族（令人鄙视的糖业托拉斯的所有者）将该托拉斯重组为一家新泽西控股公司，以保护自己。这一举措后来帮助他们击败了政府的反垄断诉讼。他帮助交通巨头威廉·C.惠特尼和托马斯·福琼·瑞恩垄断了纽约的有轨电车系统。

鲁特也曾为声名狼藉的特威德老大辩护，先是作为刑事审判的初级助理律师，后来在特威德即将入狱的民事诉讼中担任初级助理律师。鲁特的母亲问他为什么要帮助"那个坏人。全世界都希望对他进行判决。你内心的想法也应该如此"。多年后，鲁特在一所法学院的毕业典礼上的回答是，"无论罪犯多么卑鄙"，他都有权根据宪法赋予的权利为自己辩护。尽管如此，特威德的代理案件还是会影响鲁特的整个职业生涯，也会影响鲁特作为公司律师的名声，这减少了他从事国家政治工作的机会。

鲁特更愿意把自己看作为公司客户服务的律师，而不是公司律师。他主要是一名法律技术人员，能够解决很多问题，并善于为看似棘手的问题找到折中的解决方案。他认为自己的主要任务是不让客户卷入诉讼。正如他曾经说过的那样："一个不错的律师大约有一半的工作是负责告诉潜在的客户，他们这么做像傻瓜，应该停止。"华尔街大亨们对这种观点的一种更为友好的解释是：一个好的律师应该像鲁特一样，不是告诉他的客户一些不能做的事情，而是告诉客户如何合法地做他想做的事情。

尽管鲁特留着略显年轻的刘海，但他举止严肃而认真，冷静的外表掩盖了一种强烈的斗志（他唯一的缺点就是喜欢抽雪茄）。他还以擅长诙谐的讽刺而著称。当罗斯福问他是否为自己窃取《巴拿马运河条约》的指控进行充分的辩护时，鲁特冷冰冰地回答说："你已经证明受控犯有诱骗罪，你也已经确凿地证明你犯了强奸罪。"

与罗斯福不同，鲁特并不是一个进步主义者。对于被压迫者所处的困境，他从未像罗斯福那样感受到强烈的不公。罗斯福关注的是普通民众和受压迫阶级,而鲁特不信任民意和多数人的暴政。他最看重的是稳定和秩序。

鲁特确实认识到需要进行改革来规范大企业。例如,早在1894年,他就敦促禁止企业竞选募捐。但鲁特倾向一种更加渐进的方法,他嘲笑罗斯福频繁地对公司制度表现得义愤填膺。在给他的一封求职信中附上了一篇社论,社论严厉批评了罗斯福作为纽约州州长的一个激进举措。鲁特冷酷无情地说:"鉴于所附的文章,我必须拒绝我们进一步的了解。"罗斯福一时被激怒了,直到他读到那篇社论才意识到鲁特是在开玩笑。

鲁特初次来到华盛顿时已经54岁了,他一直坚称自己没有追求过政府工作。"在纽约市当一名顶级律师是我唯一在乎的工作。"他在后来的几年里说道。1899年,在麦金利向他保证这基本上是合法的之后,他才担任了作战部长一职。然而,对于这次工作变动,他从来没有后悔过。因为他在华尔街当律师赚的钱已经多得不知道该怎么花了。当他去华盛顿时,"一千个新的兴趣"涌入了他的生活。他对拖着一个宅女妻子走遍世界而感到内疚,但他认为她"变得比待在家里更幸福了。这让她有了新的兴趣,新的社交"。

到1904年,鲁特可能是美国最受尊敬的律师兼资深政治家。两年前,他在解决无烟煤罢工问题上发挥了关键作用。随着寒冷的冬季临近,这场罢工有可能会引发社会动荡。因为大部分煤矿都归铁路工人所有,所以鲁特得到了在大型铁路公司持有股份的摩根的帮助。

在摩根的游艇"海盗号"上,两人想出了一个折中方案——中立的仲裁。罗斯福总统把这个想法强加给了那些不情愿的工业界人士。这是联邦政府第一次以公正的调解人身份而不是站在资方的立场介入劳资纠纷,这与格罗弗·克利夫兰动用联邦军队制止1894年普尔曼铁路罢工形成鲜明对比。克伦威尔领导了普尔曼罢工时北太平洋铁路公司的重组,他确实欢迎并积极寻求联邦当局的军事援助。他坚称:"没有合法罢工这回事。"但罗斯福的公平交易使国家在劳工、企业和反垄断问题上朝着进步的方向发展。

作为罗斯福内阁的一员,鲁特努力说服像哈里曼这样的商人。尽管总统花言巧语,但他最终还是把商人的最大利益放在心上。1904年,铁路工人哈里曼希望鲁特代表他处理北方证券公司的解散事务,但为时已晚。就在哈里曼请他担任律师的两个小时前,鲁特接受了7.5万美元的预付金,加入斯泰森的法律辩护团队。哈里曼随后找来了克拉瓦斯的合伙人威廉·古思里,让他提起诉讼,阻止斯泰森的分配计划。作为哈里曼的律师,古里思曾帮助起草北方证券最初的合并文件,并打赢了一场试图阻止私人股东交易的诉讼。

颇具讽刺意味的是,几年前,鲁特拒绝了古思里提出加入苏厄德律所的丰厚条件。他解释说,因为他已经是个有钱人了,他宁愿在别处少赚点,也不愿在"大型"律所(当时大约有12名律师)的高压氛围中工作。结果,鲁特选择留在麦金利的内阁,然后是罗斯福的内阁,担任作战部长。直到1904年1月,他才重回私人执业,接受了北方证券公司的聘用。

北方证券解散方式之争,也变得与最初哈里曼和希尔—摩根两大势力之间的收购战一样激烈。1904年4月,在有管辖权的明尼苏达州联邦法院举行的听证会上,双方都由一大批律师代表,这些律师的才华很少能有人与之匹敌。古思里的纯法律推理能力无人能超越,他代表哈里曼出庭。辩护一方是斯泰森、鲁特和来自费城的约翰·G.约翰逊(John G. Johnson)。约翰逊是一位上诉专家,《纽约时报》曾称他可能是"讲英语的国家里最伟大的律师"。

受人尊敬的约翰逊时年63岁,是摩根的另一位职业律师。他曾在1895年为反托拉斯被告在最高法院赢得著名的糖业托斯拉案件。和摩根一样,约翰逊也是一位了不起的艺术品收藏家。约翰逊隐遁到拒绝拍照的地步,是美国为数不多的在纽约市以外执业的知名企业律师之一。他因拒绝接受高额报酬而闻名。他身材高大，也以处理小案件而出名，即使涉案金额只有几美元。当然，这不是其中的个案。

因此，古思里面对的是一个强大的团队。然而，尽管他在人际关系上很有争议，但他在法庭上很有影响力。明尼阿波利斯当地的一家报纸形容他"身材矮小，脸上带着孩子气，说话温和。他就像年轻的大卫，要去迎接非利士人的勇士"。他的主要论点，即该报称之为"高明"的是——让哈里曼收回对北太平洋股票的控制权，比让希尔和摩根继续控制平行的、相互竞争的北太平洋和大北方铁路，以及芝加哥、伯灵顿和昆西铁路更有利于竞争。

但最终取得胜利的是斯泰森提出的论点，在法庭上坐在斯泰森旁边的鲁特和约翰逊有力地论证了这一论点。由于北方证券合并已被最高法院宣布为非法，因此导致合并的所有协议，包括哈里曼将其北太平洋股票交换为北方证券股份的协议，都是非法的。在这种情况下，哈里曼作为这些非法协议的一方，就公平问题而言，无权从法院获得任何救济。约翰逊称哈里曼利益集团为"共同的罪人"，他们戴着公众捐助者的面具来掩盖自私的目的。此案提交给了最高法院，一年后，最高法院一致裁定希尔和摩根胜诉。

哈里曼的损失——如果可以这么说的话，因为他在这笔交易中赚了5000多万美元——可能与他没有同情心有关。没有哪个铁路工人比他更有远见，他在铁路现代化改革和管理中展现的才能被其好斗的性格掩盖了，这让他很容易树敌。摩根也让许多人感到害怕和厌恶，但他是一个交易高手，至少在有必要维护秩序时宣称自己会根据公众利益行事，就像他和斯泰森在1895年的黄金危机中以及摩根和鲁特在1902年的煤炭罢工中所做的那样。

相比之下，哈里曼是一个华尔街骗子、一个投机主义者，只要符合他的利益，他就愿意让整个体系失灵。此外，他身材矮小，留着耷拉下来的胡子。他戴着眼镜,就像一个幕后文员一副温顺的外表掩盖了他对任何胆敢妨碍他追求权力的人傲慢的蔑视。他曾夸口说,他可以收买任何他想要的立法机构或司法机构的成员。正如罗斯福声称的那样,他开始鄙视哈里曼,哈里曼也深刻地感受到了。

正是这种尖刻、轻蔑的态度,才会让哈里曼在保罗·克拉瓦斯职业生涯里发生的一个有新闻价值的公开事件中与其展开交锋。

1905年1月31日,在一个寒冷的星期二晚上,也就是哈里曼在最高法院败诉的五周前,他参加了在雪莉餐厅为纽约上流社会精英举办的盛大化装舞会,这是一家位于第五大道和第44街的多层餐厅。虽然当时可能没有人知道此事,但这一事件很快导致了20世纪初的第一次华尔街丑闻。哈里曼、希尔和摩根,以及律师休斯、鲁特、古思里、克拉瓦斯、约翰逊和霍恩布洛尔也将再次卷入其中。

该丑闻涉及公平人寿保险协会(The Equitable Life Assurance Society),它是世纪之交占美国一半储蓄总额的三大保险公司巨头之一。公平人寿保险公司、纽约人寿保险公司(New York Life Insurance)和互助人寿保险公司(the Mutual Life Insurance Company)加在一起赚的钱比联邦政府还多。他们的总资产达12亿美元,几乎相当于美国储蓄银行存款的一半。在社会保障体系出现之前的年代,人寿保险是针对个人死亡或残疾保护的主要形式,它被认为是保险公司和投保人之间的一种"神圣的信任"。

冬季舞会是由时年28岁的詹姆斯·海森·海德(James Hazen Hyde)举办的,他是公平人寿保险协会的继承人。该协会是他父亲亨利·海德(Henry Hyde)于1859年创立的。1899年老海德去世后,他的儿子继承了公司的大股东控制权,成为公司的副总裁和董事会成员。他所在的董事会成员包括卡内基钢铁公司董事长亨利·克雷·弗里克(Henry Clay Frick)、铁路大亨詹姆斯·J. 希尔和E. H. 哈里曼、金融家小奥古斯特·贝尔蒙特(August Belmont Jr.)(后来因贝尔蒙特家族的赛马场而出名）、约翰·雅各布·奥斯塔（John Jacob Astor）（后来因泰坦尼克号而出名）和库恩·勒布公司的银行家雅各布·希夫（Jacob Schiff），该公司为哈里曼的大部分投资提供了担保。

突然间，海德受到了当时最伟大的大亨们的追捧，他们渴望与一家拥有巨额资金进行投资的保险公司做生意。哈里曼于1901年应海德的邀请加入公平人寿保险董事会，同一天，公平人寿借给哈里曼270万美元，哈里曼用这笔钱来收购北太平洋铁路公司（哈里曼称这种时机纯属巧合）。海德本人被邀请进入其他40多家大公司的董事会，并从中获得了巨额董事费。

但海德真正感兴趣的是花花公子的社交场合。他是纽约最富有、最英俊的单身汉，在位于曼哈顿和长岛的赛马场转悠。追求像罗斯福的大女儿爱丽丝·罗斯福（Alice Roosevelt）这样的妙龄女子，他留着山羊胡，穿着绸缎做成的时髦衣服，戴着黄色手套来搭配蓝色西装，一副炫耀的样子——这在当时是极其吸引眼球的。

他对法国的一切都很喜欢——法国服装、艺术、戏剧和歌剧。为了办好这场大肆宣传的化装舞会，他让雪利酒店的镜面舞厅按照凡尔赛宫花园的风格装饰。参加舞会的女人们穿着18世纪的服装，头发上涂着粉。一些男人也可以参加舞会，他们可以穿着狩猎俱乐部和教练俱乐部的服装参加。600名宾客欣赏了大都会歌剧院的管弦乐团、芭蕾舞团和法国女演员佳娜为这次舞会专门创作的独幕喜剧。晚餐有肉炖清汤、龙虾、野鸡和冰激凌，接着是跳舞和两顿夜宵，从晚上10点半这个"特别早"的时间开始的晚会在第二天早上7点结束。这是镀金时代最盛大的舞会之一。

很快，流言四起，说这场活动花费了20万美元，并且还说海德向公平人寿索要活动费用。尽管指控不实，但一些公平人寿协会的董事开始担心，海德不计后果的挥霍正在危及保险公司为50万投保人的利益所持有资金的稳健性。当一些指控浮出水面时，这些担忧加剧，因为海德曾有过或纵容各种涉及平衡人寿资产的违法的财务行为，如假公济私、混合资金、内幕交易、隐藏债务、非法政治献金和旨在掩盖上述事实的财务欺诈等。

海德和其他公平人寿的官员利用他们对投保人资金的控制，再加上他们与华尔街的关系，中饱私囊。最严重的问题集中在一个投资财团上，海德同他的副手作为中间人，代表公平人寿购买华尔街律所希望出售的公司证券。尽管海德参与该财团在当时是合法的，但这造成了明显的利益冲突，因为这使他能够为自己和他的副手从本应该流向公平人寿的资金中分得利润。

老海德去世前，让他的首席助理詹姆斯·W. 亚历山大（James W. Alexander）负责培训年轻的詹姆斯，直到他30岁能够接手管理公司时。但彼时，时年65岁的公司总裁亚历山大把矛头指向了海德。他批评海德在财团的交易和他"奢靡而铺张的娱乐活动，伴随而来的是轻浮、臭名昭著、廉价的丑名"。亚历山大要求海德抛售他在公平人寿的多数股权，并辞去副总裁和理事的职务。

亚历山大还在推动公平人寿的互助化，也就是说，赋予投保人而不是股东选举董事的权利。这一提议受到了公平人寿销售代理人的欢迎。他们可以将互助化吹嘘为投保人客户的额外利益，并经常获得他们的代理人投票。但海德却因此举失去了自己的权力，他反对该提议，进一步疏远了他的导师。

公平人寿董事会有52名成员，分成势不两立的两个派系。大约一半人支持亚历山大，另一半人，包括哈里曼和他的银行家希夫，则支持海德。亚历山大聘请了克拉瓦斯的合伙人古思里，以及霍恩布洛尔和休斯来代表他的利益；而海德则雇用了一个有权势的团队，其中包括鲁特和约翰逊，这两人刚刚在最高法院为希尔和摩根打赢了与哈里曼的官司。

报纸上每天都是关于董事会之争的头版报道，人们公开怀疑哈里曼企图获得公平人寿的控制权。在一次特别激烈的董事会会议上，反对互助化的哈里曼对亚历山大挥着拳头，并威胁要把他从七层高的公平人寿大厦的窗户扔出去（这是这座城市的第一座摩天大楼，也是第一座装有电梯的办公楼）。与此同时，有传言称，在纽约人寿持有主要股权的摩根大通正考虑收购竞争对手公平人寿，以便合并这两家保险公司。

随着危机的加深以及金融欺诈的每一次曝光，公平人寿似乎正走向破产。公平人寿委员会任命了一个由两个派系的律师代表组成的委员会，来研究互助化问题并寻求妥协。委员会成员有鲁特、古思里和霍恩布洛尔。但此举没有取得任何结果，当亚历山大自己也因为财务上的不当行为而受到越来越多的怀疑而突然改变立场并反对互助化时，古思里气愤地辞去了他的法律顾问一职。约翰逊曾为互助化委员会出谋划策，但后来拒绝为其支付任何费用，因为"与公平人寿有关的一切都会带来让人讨厌的丑闻"。鲁特被公平人寿的烂摊子搞得焦头烂额，以至他要求最高法院推迟他将在一个重要的宪法案件中的陈述。法官们同意了他的要求，因为他们意识到一个良好的公平人寿协会对国家经济的重要性。

董事会成员弗里克领导的一项内部调查谴责了海德和亚历山大在财务上的自我交易，并要求他们辞职。海德觉得哈里曼和希夫背叛了他，这两人在让海德相信报告对他有利之后，就支持了弗里克的报告。海德坚持自己的立场，拒绝辞职或抛售自己的股份。为此，他曾收到过几笔巨额现金收购，其中包括弗里克本人提出的500万美元的报价，据称是与哈里曼联手，但哈里曼否认了这一点。

这家群龙无首的公司似乎濒临倒闭。董事们纷纷辞职，避免让自己陷入困境。鉴于公平人寿与华尔街有着密切而广泛的联系，它的破产将威胁到整个美国金融体系。

就在1905年6月初，鲁特和克拉瓦斯共同的客户——托马斯·福琼·瑞恩进入了人们的视野。瑞恩五岁时失去双亲，在成为美国商界巨头之前，他曾做过干货店职员和股票经纪人。通过控制美国烟草业、公共事业和纽约市公共地面铁路（有轨电车）线路，他积累的财富和强盗式贵族一样多。

尽管如此，身高6英尺2英寸的瑞恩却鲜为人知。他很低调，因为他不希望公开他与纽约民主党坦慕尼集团的关系。他把自己描绘成一个迷人的、温文尔雅的美国南部州的人。《纽约时报》称他为"华尔街的狮身人面像"，而且只是简单地问起："托马斯·福琼·瑞恩是谁？"他的商业伙伴、曾任克利夫兰海军部长的威廉·C.惠特尼称瑞恩是"美国金融界有史以来最机敏、最温文尔雅、最安静的人"。

在19世纪90年代，鲁特帮助瑞恩获得了纽约电车系统的控制权，取代了老式的马拉汽车公司。在惠特尼的长期律师斯泰森的建议下，鲁特创建了一家控股公司，这是第一家使用掺水股票的控股公司。瑞恩后来认为，所有早期铁路公司和电车公司95%的股票都是掺水股票，没有投入一美元作为支撑。

在很短的时间内，瑞恩将一笔很小的原始资本投入变成了镀金时代最大的运输财富之一。然而，到了1904年，当第一个纽约地铁开通时，有轨电车和无轨电车已经落后于时代，瑞恩希望扩展他的地下交通帝国。瑞恩选择了克拉瓦斯作为他的代理律师。对于信奉新教的共和党人克拉瓦斯来说，瑞恩是民主党人，同时也是一名虔诚的爱尔兰天主教徒，这一点并不重要，就像克拉瓦斯经常代表希夫经营的库恩·雷波这家著名的犹太银行与非犹太人的摩根竞争。华尔街的"白鞋"律师几乎都是正宗英国移民的后裔，但他们一眼就能认出一个高薪客户。

1905年春天，就在公平人寿丑闻肆虐时，克拉瓦斯正在为瑞恩的大都会证券公司争取各种城市合同，以建造和营运计划中的地铁扩建工程。瑞恩提议的优势是，从他的地面线路可免费换乘到地下快速交通线路，反之亦然。正如瑞恩所吹嘘的那样，只要花5分钱，曼哈顿和布朗克斯区的人们就可以从家里乘车到上班的地方。而这种速度只有在地下快速交通线路与地面线路相结合的情况下才能实现，从而将"快速交通带到每一个居民的家门口"。

克拉瓦斯经常出现在纽约市快速交通委员会的公开听证会上，他支持大都会集团的投标，而不是由银行家小奥古斯特·贝尔蒙特领导的竞争对手集团的投标。贝尔蒙特资助了第一条地铁的修建。贝尔蒙特的区际快速交通（IRT）公司拥有地铁特许经营权，并出租了该市的高架铁路，但它不控制任何地面线路。来自曼哈顿最拥挤地区和布朗克斯区未经开发地区的代表们对瑞恩的提议表示高度赞赏。布鲁克林独立交通系统的利益集团在得到保证可以将线路连接到他们最近吞并的行政区后，都支持大都会而不是贝尔蒙特。贝尔蒙特曾经短暂享受的地铁垄断地位此时受到了威胁，而瑞恩也走上了通往荣耀的道路。

在他的伙伴惠特尼于1904年去世后，53岁的瑞恩开始思考他的遗产问题，并希望人们记住他是个一生中取得了更多成就而不仅仅是赚到钱的人（他在第五大道豪宅里的生活极为奢靡，有棕榈庭院和人造喷泉，有私人天主教礼拜堂，还有三尊罗丹的半身像）。尽管他此前与任何大型人寿保险公司都没有联系，但他对公平人寿日益混乱的局面感到震惊，而且认为如果不采取任何措施，它就可能会破产。他的结论是，需要有人制订一项计划，以防止"公平人寿的暴力解散可能造成的可怕损失"，以及防止出现"这个国家从未见过的最大的恐慌"。在与鲁特和克拉瓦斯商量之后，他们三人想出了一个他们认为能够吸引公众，甚至可以说服海德的想法。

1905年6月8日晚上，瑞恩邀海德到他位于拿骚街32号的办公室去见他，那里距离位于百老汇120号的公平人寿大厦大约一个街区。海德和他的一名律师塞缪尔·昂特迈耶一起来了。他们一到瑞恩的密室——一间被《纽约时报》形容为"贵族据点"的办公室，就受到了瑞恩和克拉瓦斯的迎接。

瑞恩解释了他的提议。他将以250万美元的价格买下海德在公平人寿的所有502股股票，这些股票代表其多数股权，然后将这些股票放入一个全权信托，由品行高尚的人管理：他的朋友、前总统格罗弗·克利夫兰，纽约州法院受理上诉的法官摩根·奥布莱恩（Morgan O'Brien），以及克拉瓦斯的长期客户乔治·威斯汀豪斯。克拉瓦斯曾说服威斯汀豪斯接受了他在电气公司的一份轻松工作。

三位受托人将对股票进行投票，并选出24名董事，而公平人寿的投保人将选出28名董事。瑞恩将没有管理控制权，他唯一的报酬将是有限的股票股息。

尽管瑞恩给出的250万美元远远低于别人给他的报价，但海德此时已经受够了公平人寿。他要卖掉股票，离开公司，逃去他深爱的巴黎。在他看来，牺牲自己的财务利益，让公司站稳脚跟，这是最好的出路。他同意了瑞恩的条件，克拉瓦斯负责起草文件。克拉瓦斯担任了领头律师的角色，因为鲁特备受争议——他曾代表海德个人、公平人寿董事会。瑞恩则继续保持着一家报纸所描述的模样，"他有着一双永远保持警惕的眼睛，随时准备在紧急情况下提供建议和指导"。

第二天，6月9日，公平人寿理事会同意了瑞恩的计划。海德、亚历山大和其他职位高的官员纷纷辞职。媒体对此反应不一，但大多是正面的。一些报纸，特别是约瑟夫普利策的《世界报》，批评瑞恩是一个机会主义者，利用"狼和小羊"的故事，为他的商业王国增加保障。不过，也有人对他助人为乐的救援行动表示赞赏。典型的例子是《纽约时报》的一篇文章，称赞瑞恩是"公平人寿纠纷中解决棘手问题的人"。

但有一个人持不同意见，他就是哈里曼。

第八章

"我背弃了克拉瓦斯"

1905年6月9日那个星期五的早晨,哈里曼在前往他位于公平人寿大厦的联合太平洋公司办公室的路上,得知了瑞恩-海德的交易。他从纽约州北部的乡间住宅搭乘第23街的渡轮赶来,刚一下船,就冲向他位于市中心的办公室。他打电话给瑞恩,询问他购买股票的传言是否属实。当瑞恩说传言属实时,哈里曼回应说,瑞恩作为一个保险新手,竟然控制了公平人寿保险,这"相当令人震惊"。

瑞恩邀请哈里曼来和他谈谈。十分钟后,哈里曼来到瑞恩的办公室,听他解释说,他有很多钱,从来没有做过什么引人注目的事情,他认为现在有机会做点大事。他告诉哈里曼,希望他们可以互相合作。

哈里曼相当怀疑瑞恩所说的动机,并告诉了他这一点。据哈里曼说,瑞恩承诺,如果没有哈里曼的同意,他将不再进一步推进他的计划,并询问当晚在哪里可以联系他。哈里曼说,他通常在周末会离开城市去他的乡间庄园,但那天晚上他会住在曼哈顿的大都会俱乐部,等待瑞恩的消息。然而,克拉瓦斯在深夜拜访了他。正如哈里曼后来证实的那样:

我去了那儿,一直等到晚上11点左右,克拉瓦斯先生过来见我,然后告诉我是瑞恩先生派他来的。他很抱歉他不得不在我不知情的情况下采取行动,他想先通知我他做了什么。我讨厌这种行为,并告诉克拉瓦斯先生,我讨厌被这样戏弄,这会剥夺我回家的权利而留在城里。我认为这是一种不守信用的行为,同时这也证明了瑞恩先生的意图,然后没有再说什么。我认为我拒绝了克拉瓦斯，然后就头也不回地走开了。

当哈里曼进一步讲述时，克拉瓦斯告诉他，这是板上钉钉的事。克拉瓦斯说，三位受托人已经被任命了，"鲁特先生坚持要求立即任命，并在纽约的报纸、晨报上宣布了此事，他说没有时间和我商议"。克拉瓦斯比身高5英尺4英寸的哈里曼要高，但这个小有权势的人并没有被吓倒。他对克拉瓦斯说："瑞恩先生的桌子上有一部电话，大都会俱乐部里也有一部电话，通知我这件事连5分钟都不用。"

哈里曼和瑞恩同意周一再次进行谈话。而那天他们之间发生的事情，可能是整个丑恶的公平人寿事件中最具戏剧性、最有趣的公开证词交换。

就在瑞恩的交易结束了董事会的斗争之后，纽约州立法机构任命了一个委员会来调查人寿保险行业的财务违规指控，包括公平人寿和其他两家主要人寿保险公司——纽约人寿和互助保险公司。克拉瓦斯受聘为特别法律顾问，就调查事宜向公平人寿提供咨询，他还帮助确保其他公司也将纳入彻底调查的范围内，这样公平人寿就不会成为替罪羊。

阿姆斯特朗委员会（以担任该委员会主席的州参议员的名字命名）的首席律师是查尔斯·埃文斯·休斯，他是克拉瓦斯在卡特律所工作时的老搭档。休斯当时43岁，比克拉瓦斯小一岁，但他比克拉瓦斯早几年去的哥伦比亚大学法学院，因为他13岁就高中毕业了。

休斯出生在纽约州北部的格伦斯·福尔斯（Glens Falls）。和克拉瓦斯一样，他是一个牧师的儿子，也是一个神童。据说他在8岁时就读过莎士比亚的所有作品。尽管父母希望他当牧师，他还是打算成为一名大学教授。从布朗大学毕业后，他在纽约北部的一家私立寄宿学校找到了一份工作，在那里他教授拉丁语、希腊语和数学。

他在法学院期间和毕业后的几年里都在卡特的律所做文员，后来去康奈尔大学教了两年法律，1893年回到纽约进行私人执业。

在1888年与卡特的女儿结婚后，休斯获得了分析客观、知识渊博、尤其擅长研究复杂问题等高度评价。作为一个能过目不忘的快速阅读者，他能够吸收和理解大量的材料内容，然后几乎一字不差地全部引用出来。就连精力无限的克拉瓦斯也惊叹休斯卓越的职业素养。"很多个晚上，我和休斯坐在一起阅读法律书籍，"克拉瓦斯回忆说，"但在凌晨2点，尽管有黑咖啡和湿毛巾，我通常还是会坐在沙发上打瞌睡，但休斯还在看书。"

许多人认为休斯过于虔诚和严肃，形成这一看法是由于他那精心整饰、长而显眼的胡子——照片中的胡子是深色的，但实际上是红色的。一位历史学家写道："他是知识分子道德主义者……他相信上帝，但也同样相信上帝是站在事实这一边的。"后来，作为最高法院的一名法官，休斯经常打断其他律师的发言，其中一名律师回忆说："我在说'如果'这个词的时候，他打断了我。"

休斯外表冷酷，但私下里更具魅力和风度。他的朋友们说他一点也不顽固，是一个讲故事十分吸引人的人，也是一个诙谐的健谈者。但他也会紧张不安，多年来，为了缓解压力，他过量抽烟，直到他戒掉了这个习惯以提高效率。休斯经常工作到精疲力竭，甚至精神抑郁，他还接受过一次电击治疗。在一个任务特别繁重的工作日后，他第二天通常在床上度过。他通过骑自行车、打高尔夫球以及每年到欧洲进行长时间度假来自我放松。

休斯是一位推崇改革的进步共和党人，不受制于控制奥尔巴尼立法机关多年的党魁，因此被视为委员会法律顾问一职的最佳人选。当他第一次收到邀请时，他不愿意接受，因为他当时一直在为詹姆斯·亚历山大提供关于互助化问题的建议，这可能会被人认为存在利益冲突。但在巴伐利亚阿尔卑斯山的一次登山度假期间，休斯无法专注欣赏风景，因为他担心自己会放弃。他告诉妻子，这份工作将是"美国最为艰巨的工作"。因此，当代表瑞恩的克拉瓦斯以及亚历山大和海德的律师同意任命休斯时，休斯接受了这一安排，匆匆赶回家赴任。

从1905年9月开始，一直到整个圣诞节假期，休斯领导了对"三大"人寿保险公司的调查。听证会在纽约市政厅的一个大会议厅举行，每天都挤满了记者和观众。根据一项研究显示，"丑闻和调查是20世纪80年代的收购战、垃圾债券潮和内幕交易丑闻结合为一体后的持续事件"。

尽管主题耸人听闻，但休斯还是冷静并有条不紊地从证人不经意间承认的贪污和渎职行为中读取到了有用的信息。许多出庭作证的人看不出有什么大惊小怪的地方，因为这是业内所有人多年来进行交易的方式。休斯还披露了一些令人惊讶的信息，这些信息揭示了本应正派的保险公司、华尔街投机者、证券承销商和他们的实业家合作伙伴之间的密切商业关系。为了寻求更高的回报，人寿保险公司将投保人的钱投入投机性、高风险的投资中。

一些最令人震惊的披露涉及向共和党及其候选人提供的数万甚至数十万美元的竞选捐款。但真正的丑闻是大量令人惊讶的做法，这些做法虽然在道德层面上并不光彩，但在技术上是合法的，这表明有必要进行立法改革。凭借顽强的毅力和清晰的头脑，休斯以一种普通的报纸读者都能理解的方式揭露了这些戏剧性的真相。他办事如此有效，以至于有权势的共和党人赋予了他纽约市长的候选人资格，想借机把他从当前职位上拉下来。但休斯觉得完成他的调查是职责所在，于是拒绝了。

休斯特别擅长让证人用自己的话使自己难堪。他询问了纽约人寿副总裁兼摩根大通银行合伙人乔治·W. 珀金斯（George W. Perkins），问他同时为两家公司服务时如何处理这其中所固有的利益冲突。在一个特殊的诉讼中，珀金斯通过向摩根大通公司虚假出售该人寿保险公司价值80万美元的证券，隐瞒了纽约人寿的不良投资，摩根大通公司暂时将其从该保险公司的账目中剔除。几天后，珀金斯又以同样的价格把这些证券买了回来。

"现在，"休斯说，"当你坐在书桌前的时候，所有的事情都可以在5分钟内完成，而在这5分钟里……你是否不再担任纽约人寿的高级职员，而开始担任摩根公司的合伙人？"帕金斯被公认为是摩根的得力助手，他能力过人，自信满满。他说，他会为两家公司服务。休斯接着说："根据你的判断，你什么时候在为纽约人寿做事？""一直都是，"珀金斯回答。"你什么时候开始为摩根公司做事？"休斯继续问道。"这取决于实际情况"是珀金斯能给出的最好的回答。

关于纽约人寿和摩根公司之间类似的债券交易，休斯问珀金斯："当你渴望得到债券时，除了你自己，你还和别人达成交易了吗？"珀金斯回答说："我想不起来了，但我想可能是我自己做的。"休斯后来让珀金斯承认，他把纽约人寿为罗斯福1904年总统竞选提供的5万美元捐款伪装成一张支票，支票上写的是他自己的名字，然后从保险公司获得报销。尽管对珀金斯的起诉最终被驳回，理由是他没有犯罪意图，但他最终还是自掏腰包连本带利偿还了纽约人寿的5万美元。

阿姆斯特朗听证会的高潮出现在1905年12月8日，当时瑞恩被传唤就他购买海德的股票一事作证。现在，代表他的只有克拉瓦斯，因为鲁特在海于7月去世后重新加入了罗斯福的内阁，这次是担任国务卿。当公平人寿的救星终于出庭作证时，听证室里充满了期待。

瑞恩先是冷静地解释了他购买股票的目的：防止恐慌，并将公平人寿的投票控制权交给品格高尚的人，使他们的动机不被质疑。他认为这次购买是一项伟大的公益服务，但他承认，他的部分动机是想要保护自己的经济利益。

然后，在他的证词陈述快结束时，瑞恩被问及是否有人想和他分享所有权。他犹豫了一下，并询问是否真的必须回答。当休斯告诉他需要回答的时候，瑞恩透露说："哈里曼先生想和我分享这次收购，但我拒绝了。"瑞恩已经下定决心，他不想要合作伙伴，他告诉哈里曼，他不希望任何人干涉他的受托人计划。他也不认为以前作为董事并与公平人寿有关联的任何人，比如哈里曼，应该在公司未来发展中获得利益。他补充说，几天以来，他和哈里曼的关系变得相当紧张。

但当休斯追问哈里曼所说的细节时，瑞恩的代理人克拉瓦斯表示反对。克拉瓦斯断言，这是瑞恩和哈里曼之间的一次"非正式"和"私人"性质的对话，不应该要求瑞恩透露。休斯和委员会主席却坚持要求瑞恩回答。"我的建议是，你不需要回答，"克拉瓦斯大声对瑞恩说，瑞恩转而回答休斯，"根据律师的建议，我拒绝回答。"休斯又极力要求了几次。"你还是拒绝回答吗？"他问瑞恩。瑞恩回答说："我是在法律顾问的建议下这样做的。"在法律顾问的建议下，瑞恩总共有十多次拒绝谈及哈里曼对他说的话。

第二天《纽约时报》的头条惊呼道："瑞恩不愿透露消息！"与此同时，休斯和委员会要求县地方检察官起诉瑞恩拒绝回答立法调查提出的问题，这一罪行可被判处最高一年监禁和500美元罚款。克拉瓦斯对鲁特说，委员会可能担心如果不逼问出瑞恩的证词，瑞恩就会被指控"包庇哈里曼，或者受到哈里曼施加的政治影响力的影响"。

克拉瓦斯是一位优秀的律师，他不会没意识到他反对休斯询问瑞恩是毫无根据的。瑞恩和哈里曼之间的对话不是律师与当事人之间的沟通，也没有任何例外情况，允许有人在合法的立法调查中保留私人对话（《纽约时报》认为"现在的保险公司没有什么机密可言"）。此外，瑞恩已经证实了谈话中他自己说的话，以及哈里曼告诉他的部分内容，因此他没有资格要求对其余内容保密。

那克拉瓦斯为什么劝他不要回答呢？可能瑞恩认为，作为一个南部绅士，他不应该把别人的丑事公之于世。克拉瓦斯可能不太想去说服瑞恩放弃这个职位，因为克拉瓦斯也不想让哈里曼过度难堪，哈里曼是克拉瓦斯的法律合伙人古思里的长期客户。

无论如何，克拉瓦斯必须知道他的反对是站不住脚的，事实也的确如此。当区检察官威廉·特拉弗斯·杰罗姆（William Travers Jerome）断定瑞恩必须回答这些问题时，他把克拉瓦斯叫来进行私谈，告诉了他这一点。在得到克拉瓦斯的保证后，杰罗姆告诉委员会瑞恩会在他们传唤他作证时回答他们的问题。克拉瓦斯做出了让步，这是明智之举。

12月12日，瑞恩再次出庭作证。在克拉瓦斯充分的指导下，他一开始就说他对委员会并无不敬之意，他只是想保守他和哈里曼谈话的秘密，直到他确信法律规定他必须回答，而现在他准备回答这些问题。然后，当被问及哈里曼对他说了什么关于分享购买股份的事时，瑞恩作证说，他们两人于6月12日星期一在瑞恩的办公室会面，当时鲁特和克拉瓦斯都在场。他的话让委员会和在场的人大吃一惊。

瑞恩回忆道，哈里曼说，因为他花了大量时间和工作来解决公平人寿的麻烦，瑞恩不应该在没有咨询他的情况下就介入其中。据瑞恩说，哈里曼随后要求让他为自己购买一半的股票。他还希望在管理中拥有平等的发言权，以及希望能在瑞恩选定的三位受托人之外，再任命两名受托人。

瑞恩进一步作证，哈里曼说他认为没有他的帮助，瑞恩的计划不可能获得通过，而且如果瑞恩不分享股票的收购，哈里曼的"所有影响力，无论是政治、财务或其他方面，都会对我不利"。但瑞恩向哈里曼明确表示，即使哈里曼反对，他也会按照他和律师们制订的计划进行。

第二天《纽约论坛报》（New-York Tribune）的大标题是"哈里曼想分一杯羹"。其他报纸大肆报道，瑞恩扬言被哈里曼挟持，并且哈里曼威胁要毁了瑞恩。克拉瓦斯私下告诉鲁特，如果会出什么意外的话，那就是瑞恩在描述哈里曼的威胁时过于温和了。现在不可避免的是，哈里曼将被召回，为同样的对话作证。

瑞恩作证三天后，哈里曼再次出庭，试图对这一情况轻描淡写。他一开始就对休斯说："我希望你和这个委员会以及所有人都明白，除了把时间花在人寿保险上，我还有其他事情要做……当一个人拥有16000英里的铁路和35~40艘蒸汽船时……他没有多少时间考虑人寿保险的事。我认为瑞恩先生也没有过多时间考虑。"

但随着询问的继续，哈里曼不得不承认，瑞恩表示的关于他们周一与鲁特和克拉瓦斯会面的大部分说法都是真实的。"当然，我对自己所受到的待遇感到愤怒，"哈里曼作证道，"这让我更加怀疑瑞恩先生的目的是否真诚。我想，我当时说了这样一句话：'你想要我跟你合作吗？'他说，'是的。'我说，'好吧，我来告诉你我想怎么做。我要你一半的股票。我不知道要花多少钱，也不在乎，只要你同意任命另外两名绝对独立的受托人。'"

当被问及他威胁要利用自己的影响力来对付瑞恩时，哈里曼承认："关于在各种方面利用我的影响力，我可能说了他们说的那些话。我不知道我说的是不是政治上的影响力。我可能已经这样做了。"休斯问哈里曼是否对瑞恩施加了影响，他回答说："还没有。"

阿姆斯特朗委员会在两周后结束了听证。休斯现在是公众英雄和政治明星，他发表了一份报告，建议进行立法改革。克拉瓦斯称赞该报告是公平公正的，尽管他在写给休斯的信中说"有些建议似乎相当极端"。

调查结束后，立法机构通过了更严格的规定，通过要求"互助化""终止保险资金投机"等保护投保人。人寿保险公司不得持有普通股、从事商业银行业务或承销证券。政治捐款也被禁止了。根据新的法律，官员和董事将对他们的行为负责。包括海德在内的几名前管理人员和董事被他们的公司起诉，要求收回非法所得。区检察官杰罗姆收到了56份起诉书，其中许多来自保险公司的高管，但最终没有人入狱。

根据克拉瓦斯在幕后提出的一些修改建议，最终的法规也变得温和了一些。在给前总统克利夫兰的信中，克拉瓦斯解释说，他寻求"满足人寿保险公司的实业家们提出的建议"。面对一些保险公司要求寻求联邦监管而不是众多相互冲突的州监管的呼声，克拉瓦斯说服公平人寿，表明支持国会提出的联邦保险法立法是不明智的。

古思里曾向克拉瓦斯提出了他的观点，认为这样的法案很可能是违宪的，因为它超出了国会管理州际贸易的权力。斯泰森为了与大家保持统一，支持联邦保险监管，但他也认为有必要通过宪法修正案赋予国会管辖权。公平人寿和大多数保险公司最终都接受了这一观点，这一观点在接下来的40年里一直在法庭上占上风。

正如公平人寿历史学家约翰·鲁斯曼尼尔（John Rousmaniere）所写的那样，阿姆斯特朗调查带来的改革是"美国金融业第一个普遍而严格的监管体系"。阿姆斯特朗的报告中关于国家监管的方法将成为保险业数十年的工作宝典，甚至在19世纪90年代，一位保险公司高管也表示，他时常把这份报告放在手边，来提醒人们保险公司为什么应该避免激进的投资行为。

阿姆斯特朗调查的结论是，克拉瓦斯是瑞恩值得信赖的私人法律顾问。1905年圣诞前夜，正当阿姆斯特朗委员会即将解散时，公众又收到了另一个关于瑞恩的晴天霹雳的消息。他的大都会有轨电车交通集团一整年都在努力拓展地铁建设业务，宣布将与竞争对手贝尔蒙特的地铁公司合并。结果是，两家交通公司之间的所有竞争都要结束了。

一位城市快速交通历史的早期记录者写道："整个社区大吃一惊……在竞争新的快速交通线路时，彼此之间相互牵扯的利益集团似乎不可能走到一起。"贝尔蒙特后来解释说，他之所以对这两家公司进行合并，是因为瑞恩提议修建地铁，并提供地面线路免费换乘的服务。他说："我们无法忍受这种竞争，所以我们与他们联合起来。"

事实上，这一直都是瑞恩和克拉瓦斯的计划。他们知道一旦地铁开通，大都会的地面线路就会失去业务，所以他们出价收购地铁专营权，让大都会要么出售股份给贝尔蒙特，要么迫使其进行合并。

这次合并受到了媒体的猛烈抨击，尤其是赫斯特的报纸和普利策《世界报》。1906年，威廉·伦道夫·赫斯特以民粹主义或进步工人阶级拥护者的身份竞选纽约州州长。10月1日，在布鲁克林举行的一场喧闹的集会上，赫斯特特别指出克拉瓦斯是腐败利益集团的"公司律师兼有偿政治代理人"之一。赫斯特怒斥道："保罗·D.克拉瓦斯是托马斯·福琼·瑞恩的公用事业人员，他戴上黑色面具，举起黑色旗帜，在政治强盗和金融强盗的要求下，大胆地进入法律或政治领域。"他指出，克拉瓦斯是休斯的前法律合伙人，后者是赫斯特竞争的共和党州长候选人。赫斯特最后说："我想公开感谢保罗·D.克拉瓦斯先生对我的反对。"

克拉瓦斯为休斯的竞选奔走效劳，得到了罗斯福总统的感谢，因为他是少数几个愿意支持公开的改革候选人的华尔街律师之一。1906年10月31日，也就是大选前一周，罗斯福在给克拉瓦斯的信中透露："那么多有钱人愤愤地拒绝帮助休斯的竞选，这令人沮丧，显然是因为他们认为以我为首的共和党和赫斯特主义一样糟糕。"根据罗斯福的说法，商界大佬们认为政府对他们的任何限制都是对阶级仇恨的呼吁，是对"暴民掠夺富人"的煽动。罗斯福写道，这种态度"在我看来既不爱国又很愚蠢"。

罗斯福感受到克拉瓦斯和自己是志趣相投的人，他是保守体系的保护者，认识到需要通过变革来防止来自下层掀起的革命。1900年，时任纽约州州长的罗斯福任命克拉瓦斯为一个州委员会的副主席，负责起草具有里程碑意义的法律，以确保纽约市多户住宅的光线、空气和卫生达到最低标准。1906年，克拉瓦斯成为纽约市慈善组织协会廉租住房委员会主席。雅各布·里斯是该委员会的成员之一，他的著作《另一半人如何生活》（*How the Other Half Lives*）发起了住房改革运动。

到1906年10月收到信时，罗斯福不仅开始重视克拉瓦斯的建议，而且很享受他的陪伴。总统在给他的信中写道："我从巴拿马回来后，你愿意来这里和我共进午餐或晚餐吗？我有几件事要跟你商量。"

在休斯以微弱的优势击败赫斯特之后，克拉瓦斯向罗斯福表示祝贺，并提出了自己的政治观点，这与总统的观点不谋而合。克拉瓦斯写道："在我看来，调解富人和穷人之间的误解，使赫斯特主义成为可能，将是未来几年重要的政治工作。""这只是因为你奉行的政策和你在工人中激起的信心……我们仍然有机会在一个处理公共事务保守的政府下，而不是在一个由赫斯特所代表的影响势力主导的政府下，找到劳资之间进行调整的办法。"

克拉瓦斯继续指责他所代表的这类人：

那些代表大公司和其他资本集团的人如果不尽快意识到，在国家事务中，他们必须依靠你来保护自己免受不公正的伤害，而接受这种保护必须愿意毫无怨言地接受正义，那么他们将非常愚钝……作为一名公司律师，我愿意尽我所能，使我的朋友们对如此紧密相关、悬而未决的问题改变态度。

克拉瓦斯在信的结尾代表他自己和他在白鞋律所的兄弟们向总统道歉。"我很抱歉写了这封信，"他解释说，"因为我承认，有时我对你的政策有一些偏见，对它的公正性和明智性有一些怀疑，这是一个华尔街律师所面临的问题。"

"我不知道你是否意识到，你11月7日给我的信写得有多好"，罗斯福回答说，"它让我很高兴，我打算明天给鲁特看。现在我要对你施加伤害，以换取你的好意。我希望你能在我回信后，从我们的角度出发，坦率地告诉我它的缺陷和不足。也就是说，如何调整穷人和富人之间的误解，使赫斯特主义成为可能。你介意这样做吗？"

正如克拉瓦斯和罗斯福所希望的那样，休斯最终在他在奥尔巴尼担任纽约州长的两届任期内推行了一项改革议程。他的标志性成就之一是通过了《莫兰德法案》（*Moreland Act*），该法案允许州长亲自或通过他任命的其他人调查该州的任何部门、委员会或办事处，提出指控，并建议纠正立法。他还扩大了该州公共服务委员会的权力，并通过了多项儿童劳工法案。休斯作为一名推崇改革的州长所取得的成功最终助力他进入了最高法院，并差点进入白宫。

克拉瓦斯现在也成了公众人物。那一年，许多报纸刊登了一篇文章，标题是"现代一些百万富翁公司律师"，上面放了斯泰森、克伦威尔、霍恩布洛尔和纽约有影响力的白鞋律师协会的一些代表人物的照片。作者称克拉瓦斯和他的合伙人古思里是"50岁以下聪明的法律合伙人"之一。文章中写道："克拉瓦斯举止'端庄'，他的身材加上仪态，使他在人群中引人注目……他被称为'是一个慢条斯理而且极具魅力的人'。他从不表现出惊讶或恼怒，姿态从容，口才良好。他是一流的盘问官，仪表典雅，而且着装令人印象深刻。"

尽管这位报社记者还不知道这一点——古思里于1906年4月30日退出了与克拉瓦特的合作。正如律所历史学家罗伯特·斯温所写的那样，古思里精神紧张，"让他身边的每个人都紧张不安"，并且已经开始产生影响。他变得越来越不体谅人，让人无法与他共事。有一次，他从市中心散步回来走到他的办公室，汗流浃背，但发现经常帮他擦身的秘书不在，于是他找了一个律师来履行这一职责。

克拉瓦斯精力充沛，他"有无限的体力"，斯温写道，"虽然他也让许多助理筋疲力尽，但他们的疲惫完全是因为跟不上他的步伐。"古思里开始对克拉瓦斯的工作能力和他作为公司律师的声誉感到不满，于是两人的关系变得紧张起来。古思里最终决定离开律所，专注案件审判和其他事务。

克拉瓦斯现在是亨德森和戈斯多夫（Cravath, Henderson & de Gersdorff）律所的首席合伙人。古思里的离开让他可以自由地发展律所管理中采用的"克拉瓦斯体系"。这是一个古思里从来没有关心过的体系，至少他没有主动干预过该体系。现在在克拉瓦斯的管理下，他将把他的律所打造成了所有大型白鞋律所效仿的典范。

第九章

"不过是一个受雇的律师"

克伦威尔在经历巴拿马运河事件后，无论他走到哪里，似乎都会引起争议。事实上，他也陶醉于此。

1906年2月27日，《纽约时报》的标题写道：克伦威尔和摩根因运河问题而勃然大怒。《纽约时报》报道了参议院洋际运河委员会对克伦威尔的审讯，该委员会传唤克伦威尔让他证实自己在运河工程中所扮演的角色。首席审查员是摩根。这位亚拉巴马州参议员曾支持修建一条穿过尼加拉瓜的运河，但却因选择了巴拿马航线而遭到挫败，他认为克伦威尔该对此负责。

摩根正在企图让买方感到懊悔。在1903年至1904年那段令人兴奋的日子之后，美国占领了运河并签署了条约，但由于事故、疾病、机械设备不足、人员变动、官僚主义的繁文缛节以及对设计（海平面与船闸系统）的分歧，挖掘工作陷入停滞。尽管巴拿马运河的交易已是不可逆转之事——不能再开凿尼加拉瓜运河了——但摩根决心让他的主要对手克伦威尔成为运河冒险中所有问题的替罪羊。

这两个人无法忍受对方。尽管两人都是律师，都曾支持修建美国洋际运河，但他们几乎没有其他共同点：克伦威尔这个顽固的共和党人，是一个靠自己努力取得成功的布鲁克林男孩，他的父亲将自己的生命献给了联邦事业；而摩根是一个南方民主党人，是前南部邦联将军，还曾是奴隶主，以及狂热的种族隔离主义者。内战使他对共和党和整个北方都很反感，他对这位能说会道的纽约律师的鄙视显而易见。

摩根从前一年该项目备受重视的总工程师约翰·芬德利·华莱士（John Findley Wallace）辞职开始追溯。1905年6月，华莱士突然辞职，到私营企业找了一份薪水更高的工作，这标志着该项目进入一个低谷。作战部长威廉·霍华德·塔夫脱（William Howard Taft）受罗斯福委派来监督挖掘工作，因华莱士让政府陷入困境，他对此感到十分愤怒。

八个月后，在摩根委员会举行的听证会上，华莱士作证说，他辞职的一个主要原因是克伦威尔干涉了他的工作。令摩根感到欣喜的是，华莱士作证称，他认为克伦威尔是一个"危险的人"。

华莱士说，这并不是因为克伦威尔好战。据他所知，克伦威尔的动机可能是单纯并且具有爱国主义色彩的。关键是在巴拿马问题上，克伦威尔身兼数职：巴拿马政府的财政代理人、巴拿马铁路公司的主管、地峡电力公司的股东、塔夫脱的顾问。事实上，当塔夫脱出城时，临时居住在华盛顿的克伦威尔实际上掌管着与运河有关的陆军部。华莱士解释说："这个人（克伦威尔）没有担任任何官职，但政府会听取他的意见。他的一言一行都可能打乱我的计划或政策，或者导致政府下达我可能不愿意执行的指令。"

1906年2月26日，当克伦威尔来到委员会时，他已经准备好出击了。克伦威尔说，华莱士给委员会的辞职解释与他辞职时给塔夫脱的解释完全不同。当时，在与克伦威尔和塔夫脱的一次会面上，华莱士只提到了他有更好的工作机会和健康问题。克伦威尔拿出一封华莱士在辞职前三周写给他的信，信中他赞扬了罗斯福和塔夫脱对运河的处理，以及"他们的'私人法律顾问'（克伦威尔）的智慧"。在同一封信中，华莱士称克伦威尔为"有经验的、优雅的外交官"，并在结尾处写道："亲爱的克伦威尔，请允许我向你致敬。"

这是摩根无法忍受的。他毫不掩饰自己的敌意，不断追问克伦威尔与华莱士和塔夫脱谈话时具体说了什么。克伦威尔回答说，他只能回忆起要点，他没有"把每一次谈话都一字不落地记录下来"的习惯。随后，双方展开了一系列的舌战。

摩根：换句话说，你喜欢在谈话中添加自己的解释，而不是按照它原本的样子进行叙述？

克伦威尔：我没有，先生。我也不会接受你的解释。

……

摩根：所以你向我们展示的是本质而不是事实？

克伦威尔：我已经把事实告诉你了，这就是本质。

……

摩根：有一些话题你似乎表现得漫不经心。

克伦威尔：有些事情值得轻拿轻放。

克伦威尔接着讲述了上一年6月在与塔夫脱的一次会面中，他和华莱士是如何握紧对方的手，并且两人眼里都含着泪水的。克伦威尔称这是一个痛苦的时刻，因为很明显，华莱士放弃了获得不朽名声的机会，而且他们为之付出的一切都将化为乌有。听到这个证词，摩根指责克伦威尔讲大道理、感情用事。

克伦威尔作证说，幸运的是，几乎就在华莱士签字之后，一位接替他的工程师出现了——约翰·F.史蒂文斯。他曾为詹姆斯·J.希尔创建了大北方铁路公司。史蒂文斯正要随塔夫脱前往菲律宾，为该国的铁路建设提供建议，这时罗斯福通过塔夫脱给他提供了巴拿马的工作机会。他本想拒绝，但克伦威尔说服他接受了。大卫·麦卡洛在他关于运河的书中称："这可能是这位聪明伶俐、能言善辩的律师提供的最有价值的服务。"

当克伦威尔作证说，他是在为巴拿马共和国提供免费的投资服务，因为他认为这是"一种荣誉"，摩根似乎却不相信。另一位参议员问克伦威尔为什么在没有报酬的情况下为巴拿马服务，克伦威尔回答说："因为我天性善良，这促使我为这一事业做了这么多贡献。参议员，我有这种考虑的另一个原因是，我拥有很多钱，远超自己所需。"克伦威尔的净资产已超过1亿美元。

摩根继续调查克伦威尔在各个方面与运河利益的联系，克伦威尔基于律师–当事人特权一再拒绝回答，这让摩根断言他在回避问题。"参议员，你必须改变对我的看法，我没有逃避任何事情。"克伦威尔愤怒地回答。摩根回答说，"你在逃避，除此之外几乎没做什么。"摩根威胁他，如果他不回答，就让参议院判他藐视法庭。私下里，克伦威尔和他的搭档柯蒂斯完全预料到如果克伦威尔拒绝回答会导致他被判藐视法庭，因此他们向费城的约翰逊寻求建议。在没有提起藐视法庭诉讼的情况下，他们试图补偿约翰逊的服务，但他拒绝接受任何因帮助兄弟律师而提供的报酬。

媒体认为，再去责骂克伦威尔是没有意义的。不是年迈的参议员，而是这位机智的律师在这场辩论中占了上风。《纽约时报》反问道："折磨克伦威尔对国会和总统的伟大事业有什么帮助？"《纽约论坛报》也发表了类似的社论："让已逝的过去埋葬它自己吧。"

与此同时，克伦威尔找到了一个新的陪衬者，这个人留着黑色的胡子，与克伦威尔的白色胡子形成对比，但他将继承道德高尚者的衣钵，而不是克伦威尔的。

在20世纪初，华尔街几乎没有一家公司律所，也没有一家著名的纽约律所是犹太人创立的。尽管这个城市中的律师有很大比例是犹太人，但他们大多被称为"低级律师"。精英律师认为低级律师过于商业化，到处都是打事故官司的律师。以伊莱休·鲁特为例，这些律师"在素质和修养上都处于较低水平"。

塞缪尔·昂特迈耶是一个公认的例外，他是一名活跃的犹太复国主义者，在当时的华尔街律师中，他是最著名的法律牛虻和自由主义活动家。有点矛盾的是，他通过组建、代理和亲自投资大公司和其他企业获得了巨大的财富。然而，他对通常被称为"高端金融"的东西却进行激进、尖锐的批判。

昂特迈耶是一位比较罕见的南方犹太人，他是一个德国犹太商人的儿子，在内战期间移民到弗吉尼亚，为南方联盟生产军装。当联邦军队进入他的出生地林奇堡市时，还是个孩子的昂特迈耶喊道："杰夫·戴维斯（Jeff Davis）*万岁！"

1866年，老昂特迈耶破产去世后，小昂特迈耶和他守寡的母亲搬到了纽约。塞缪尔在纽约的公立学校接受教育，15岁时在一家律所做办公室文员。1878年从哥伦比亚大学法学院毕业后，他与两个兄弟合伙成立了一家律师事务所。这是华尔街唯一的犹太公司的律所。与白鞋律所的老前辈们不同，昂特迈耶与纽约民主党坦慕尼协会机构结盟，这带来了许多新业务。尽管坦慕尼因政治腐败而臭名昭著，但昂特迈耶认为，"在坦慕尼的爱尔兰领导人和另一边高调的、憎恨犹太人的长老会教徒之间，我认为坦慕尼对我们这个种族的人来说没有那么邪恶。"

到昂特迈耶28岁时，他的年收入已达10万美元，并在东92街为母亲建造了一所大房子。他不到30岁就成了百万富翁，并主要在英国资本的帮助下，成功地建立了德裔美国人酿酒厂。那些伦敦银行家们一开始不愿意与他会面，因为昂特迈耶很喜欢滔滔不绝地讲述自身经历，所以他未经通知就参加了他们的董事会议，为了让他们相信他的建议是有价值的。

昂特迈耶的专长是审讯工作，为此他每天凌晨4点就起床，在吃早餐之前阅读数小时长文件。昂特迈耶是一名出色的盘问者，在证人席上只和一个人打了平手——老约翰·D. 洛克菲勒，当时他发现了五六个问题，表情中流露出认可的光芒，这意味着他预料到了昂

---

* 杰夫·戴维斯，全名杰弗逊·汉密尔顿·戴维斯（Jefferson Hamilton Davis）在1861年至1865年南北战争时期担任美国南方蓄奴州成立美利坚联盟国（简称邦联）"总统"。——编者注

特迈耶的未来。

但事实证明，昂特迈耶在公司法方面也很擅长，在北方证券案之前的并购浪潮中，他帮助组织了工业信托和控股公司。其中最重要的一家是国际蒸汽泵公司（International Steam Pump Company），是由雷曼兄弟（Lehman Brothers）家族资助的，他们是昂特迈耶的密友。

早在1900年，一位白鞋律师就表示："昂特迈耶先生的律所，虽然由希伯来人组成，但以实力雄厚和影响力巨大而著称。"该律所的客户包括剧院老板大卫·贝拉斯科（David Belasco）和舒伯特三兄弟，纽约巨人棒球队的威廉·伦道夫·赫斯特，以及矿业大亨丹尼尔·古根海姆（Daniel Guggenheim）和他的兄弟们，其中一人后来创立了同名的纽约市艺术博物馆。

昂特迈耶打造了自己的名人地位，并利用报纸广告和公共关系积极地宣扬自己律所的名声，这种方式为当时的精英律师所鄙视（后来这种方式为律师协会的规则所禁止）。在一个案件中，他获得了77.5万美元的报酬，安排两家互为竞争对手的铜公司合并。当克拉瓦斯被要求对此事进行评论时，他只是惊呼了一声"哟"，并补充说，他认为自己从未收过这么高的费用。

然而，昂特迈耶并没有被列入"社交界名人录"，该名人录是留给正宗英国移民后裔家族成员和上流社会成员的。某些俱乐部、度假村和旅馆也不欢迎他。他在自己位于纽约扬克斯的113英亩的庄园格瑞斯通种植稀有的兰花，培育冠军犬，俯瞰纽约扬克斯的哈德逊河，心满意足。该庄园以英式城堡和塔楼为特色，里面的印度-波斯天堂花园令人印象深刻，昂特迈耶每周向公众开放一次。

昂特迈耶早期一些投资项目的合法性令人怀疑。在一个案件中，新泽西州的一家法院认定，他是一家利用欺诈手段成立的垄断草纸公司幕后的"管理天才"。该公司用谷物生产纸张，而不是木材，并在破产前向公众抛售其毫无价值的股票。法院发现，作为此次交易的委托人、发起人及律师的昂特迈耶，起草了一份具有误导性的公开招股说明书。这份说明书对股票估值所起的作用：该公司作为一家垄断企业，将能够打压竞争对手。

也许是法庭的谴责，也许是做贼心虚，激发了昂特迈耶后来作为反华尔街传教者的热情。又或者是他的财富给了他成为一名以事业为导向的"人民律师"的自由。昂特迈耶坚持认为，一名年轻律师在执业初期需要赚足500万美元才能确保自己的独立性。

昂特迈耶对华尔街发起的第一次重大攻击是在1903年，这与美国造船公司（the United States Shipbuilding Company）的倒闭有关。前一年，作为大型造船公司合并的一部分，美国造船公司收购了伯利恒钢铁公司的全部股票，钢铁巨头查尔斯·M. 施瓦布（Charles M. Schwab）（与著名的股票经纪人没有关系）持有该公司的控股权。施瓦布曾是安德鲁·卡内基的前门徒，后来成为摩根大通成立的美国钢铁控股巨头公司的总裁。通常认为，施瓦布是在曼哈顿大学俱乐部的一次晚宴后，把具有争议的美国钢铁交易的主意灌输给了摩根（尽管克伦威尔声称是他给了摩根这个主意）。无论如何，在交易完成后，施瓦布以私人投资的形式收购了伯利恒钢铁公司，并决定将其换成新造船公司的股票和债券。

施瓦布喜欢赌博。据报道，在输掉赢来的大部分钱财之前，他就已经在蒙特卡洛的轮盘赌桌上破产了。在安排与美国造船公司的交易时，为了对自己有利，他动了点手脚。用他所持有的伯利恒钢铁公司的股票进行交换，他得到了这家新造船公司价值2000万美元的股票，外加由伯利恒钢铁厂和宾夕法尼亚州房产担保的债券抵押品，其价值为1000万美元。因此，如果新公司成功了，他的股票将给他带来巨大的利润；但如果公司拖欠他的债券，他将重新获得伯利恒的资产。他的债券还得到了造船公司其他资产的二次抵押贷款的进一步保护。

伯利恒钢铁公司现在是美国造船公司的子公司，在合并后经营良好，但整个造船公司完全失败了。当其财务困难越加明显时，由克伦威尔担任其法律顾问的重组委员会成立了。该委员会提出了一项重组计划，美国造船公司的股东和债权人认为，该计划以牺牲他们的利益为代价，对施瓦布有利。根据该计划，施瓦布提供了急需的200万美元新流动资金。作为交换，他的第二抵押贷款债券将被新的第一抵押贷款债券取代，从而使他在造船公司拥有的所有资产享有优先留置权。该公司的一群债权人聘请昂特迈耶提起诉讼，以阻止重组计划。昂特迈耶代表他们接受了接管人的任命，负责处理造船公司的事务，直到达成更公平的协议。

虽然昂特迈耶和克伦威尔在争论中处于对立的一方，但真正的论战发生在昂特迈耶、施瓦布和施瓦布的法律顾问古思里之间。昂特迈耶设法让报纸上充斥着针对施瓦布欺诈和阴谋的指控，而白鞋律师们认为这种策略是不合适的。古思里在给克伦威尔的信中写道："在媒体上看到他（昂特迈耶）的表现几乎是荒谬可笑的。"古思里再次对昂特迈耶不满，他写信给另一名律师说："不幸的是，在我们这个曾经充满了荣誉的职业中，现在却出现了一些没有绅士风度的人。"

在1904年1月的一次听证会上，昂特迈耶对施瓦布进行了长达4个小时的激烈盘问。古思里指控昂特迈耶骚扰证人，并要求暂停诉讼。令古思里沮丧的是，喋喋不休、和蔼可亲的施瓦布一直无视他的指示——即昂特迈耶提出的许多尖锐问题不必回答。施瓦布坚持自己决定应该回答什么问题的做法，让古思里只能哀怨地喊道："求你了，施瓦布先生。"

施瓦布有时看起来很愚蠢，但由于他的个人魅力，他给人的印象是一个谨慎地、努力地讨价还价的商人，而不是昂特迈耶试图描绘的普通罪犯的模样。尽管如此,在昂特迈耶施加的公众压力——一份接管人严厉批评施瓦布的报告,导致一个月后双方通过谈判达成了和解。施瓦布接受了对一家新组建的公司减息,该公司将由他担任总裁和董事长。在20世纪的大部分时间里,这家公司一直被称为伯利恒钢铁公司。

具有讽刺意味的是,在那些相信施瓦布有能力扭转公司局面的人当中,昂特迈耶也是其中一员。由于深信伯利恒钢铁厂的重要作用,昂特迈耶自己购买了15000股新公司的股票。事实证明,这家公司在施瓦布的领导下取得了巨大的成功。第一次世界大战期间,股票价格暴涨,昂特迈耶从中赚了数百万美元。他称施瓦布是一个足智多谋、有远见的钢铁制造商和推动者。

还有一位著名的华尔街律师,从伯利恒钢铁公司进行重组中获益颇多。当施瓦布需要选择一家公司律所来处理公司事务时,他选择了古思里的合伙人克拉瓦斯。伯利恒钢铁公司在未来几年里仍是克拉瓦斯律所的重要客户。当大公司分崩离析,然后重新组合起来时,总有赢家和输家。律师通常可以算作赢家。

尽管克伦威尔和昂特迈耶在美国造船公司之战中避免了直接对抗,但1906年克伦威尔在参议院委员会作证后,他们又展开了至少两次对峙。第一次冲突涉及著名的富国银行(Wells Fargo)*,该公司很快被铁路巨头哈里曼控制。

在1906年炎热的夏天,富国银行的争议成了纽约的头条新闻。富国银行的小股东抱怨说,尽管富国银行的年回报率高达30%~40%,但它只支付了8%的股息。在那些年,股息对股东来说尤

---

* 美国富国银行创立于1852年,总部设在旧金山,业务范围包括社区银行、投资和保险、抵押贷款、专门借款、公司贷款、个人贷款和房地产贷款等。——编者注

为重要，因为许多小投资者都把股息作为稳定的收入来源。因此，一群富国银行的股东提起诉讼，要求哈里曼支付至少16%的股息，并要求获得查看公司账簿和记录的权限，而这些是哈里曼一直未对外公开的。

为了找到在纽约州法院代表他们的人，股东们聘请了昂特迈耶。昂特迈耶一直在提升自己作为小股东权利捍护者的声誉，并在前一年为海德在公平人寿的诉讼中获得了公众的关注。为了打赢这场诉讼，哈里曼选择了克伦威尔。

克伦威尔说服哈里曼允许发布富国银行的资产、负债和收益的财务报表，除此之外，他还提出了向股东公开公司账簿的建议。克伦威尔的合伙人柯蒂斯说服纽约法官以技术问题为由拒绝了股东查看账簿的要求。富国银行是在科罗拉多州成立的，所以即使账簿在纽约，当地法院也没有权限查看。

这场斗争随后转移到定于8月召开的公司年度大会上，以昂特迈耶为代表的小股东希望在会上选举出一批富有同情心、承诺支付更高股息的新董事。选举的结果取决于哪一方召集了更多的股东代表来为其候选人名单上的董事投票。

克伦威尔认为获得必要选票的最好方法就是花钱买选票。他派了一个带着现金的采购代理团队，走遍了新英格兰大部分持有股票的地区，征求代理，并向拒绝提供代理但可能愿意出售股票的股东提供溢价。他们的股票在市场上的交易价为275美元，而在这场争斗开始时，股票的交易价为175美元。

一年一度的富国银行大会于1906年8月9日在百老汇51号的公司大楼举行。通常会议的出席人数很少，这次却吸引了数十名股东、律师和记者。尽管夏天很热，他们还是不得不关上窗户，因为电车和高架火车发出的噪音震耳欲聋，以至于到场的人在会议中都听不到声音。

这是典型的克伦威尔作品。他坚持所有动议都要经过实际计票，而不是口头表决，因此从上午10时开始的会议一直持续到下午6时多，才宣布对所有问题的第一次投票结果。参与者不得不在获悉投票结果的情况下继续新的交易。由于其中一项动议要求休会，他们甚至不知道这样休会是否合法，就继续开会了。股东的动议大多是为了迫使公司支付更高的股息。克伦威尔反对所有这些提议，并将所有股息决定权交给了董事会。

《纽约时报》将这次大会描述为"塞缪尔·昂特迈耶代表的少数派与克伦威尔代表优胜者哈里曼之间进行的一场简短的智力竞赛"。最终，正如《泰晤士报》（*The Times*）在一篇题为《哈里曼扼杀富国银行少数派》的头版报道中所报道的那样，哈里曼的竞选团队以压倒性的票数当选。所有要求提高股息的动议都被否决了。

很难鉴定克伦威尔在会议上的华丽演讲是否起到了作用，但其中一次演讲被第二天的报纸广泛引用。他认为，富国银行快递业务的成功完全归功于哈里曼的铁路关系和"管理天赋"。哈里曼"无可取代"，克伦威尔说，"因为他生活在一个我们无法进入的更高的世界"。然而，在接下来的几个月里，克伦威尔所谓的"更高的世界"这一评论会给他和哈里曼当头一击。

富国银行之争结束后不久，克伦威尔和昂特迈耶又在一场类似的较量中再度交锋，这一次是关于纽约人寿董事的选举。与公平人寿这家股份公司不同，纽约人寿是一家互助公司，这意味着由投保人来选择董事。克伦威尔再次代表公司及其候选人名单上的董事，而昂特迈耶则受到一个名为国际投保人委员会的反叛组织的雇用。

这是在阿姆斯特朗委员会的调查之后，在纽约州新保险部门的监督下，根据纽约州新通过的保险法进行的第一次选举。这项保险调查由休斯负责推进，它受到了密切关注。该调查让纽约人寿首当其冲地受到了批评，相关管理人员受也到了刑事指控。

克伦威尔知道纽约人寿的选举将受到密切监督，所以一开始他行事谨慎但讲求实效。他建议纽约人寿向州保险部门公布投保人名单，以供反叛分子使用。他指出，这将给媒体和州保险监管机构留下良好的印象。

但这场竞争不会持续太久。在被投保人委员会雇用后，昂特迈耶抛出了有人操纵选举的指控。他认为，纽约人寿正在进行一场击败叛乱分子的运动，方法是用公司资金支付员工和代理人，让他们分发有标记或残缺的选票。也就是说，有投票权的投保人得到的选票已经被标记为支持政府的选票，并划掉了反对派的名字。昂特迈耶向纽约州法院提起诉讼，要求法院下达禁令，阻止纽约人寿继续这一行为。这导致了《纽约时报》所称的"保险之争带来的一个热闹的法庭日"，克伦威尔和昂特迈耶之间展开了多次激烈的交锋。

克伦威尔在回应昂特迈耶的指责时说："我这位博学的朋友，有着丰富的想象力，应该去写中篇小说。"克伦威尔的做法张弛有度，并坚持认为，如果有违规行为，那也是由独立的保险代理人在收取佣金的基础上主动地、自费地发出选票。他出示了来自公司官员的多份宣誓书，声明公司的资金或员工的时间都没有花在这张行政选票上。

克伦威尔宣布，公司将保护自己免受昂特迈耶的攻击，而不会"像市政厅公园纳珊·海尔（Nathan Hale）的雕像一样无助地站在这里，双手被绑着，任由别人从背后开枪——更确切地说，让那些有名有姓的行刺者从背后捅一刀"。克伦威尔直接指责对手，断言昂特迈耶"带着这个诉讼上法庭是他职业生涯中最大的错误"，然后略微修改了他的声明，说犯错的是昂特迈耶的客户。

昂特迈耶以牙还牙，他说："任何试图反对这些金融强盗的人都会受到辱骂和虐待，而这些人在六个月前还在竭尽全力地避免入狱。"他建议将整个案件提交给一个公断人来判断事实，克伦威尔表示反对，称这样的行为将构成非法调查。昂特迈耶回应说："我也会找到一些重要信息。"

法院裁定纽约人寿胜诉，认为没有充足的证据可以支持昂特迈耶的指控。一份支持保险行业的贸易出版物幸灾乐祸地称，该指控被证明是不成立的。昂特迈耶又输了。在没有禁令的情况下，选举在双方都被指控存在欺诈的情况下继续进行，在对有争议的选票进行了数月的计票后，选举以政府阵营的压倒性胜利告终。同时举行的互助保险受托人选举也带来了管理层的胜利。在选举中，昂特迈耶代表投保人委员会提出了类似的欺诈指控。

几年后，新成立的州保险监督机构在一份报告中得出结论：1906年，互助保险在选举其管理人员时花了大量投保人的钱。这部分证明了昂特迈耶的说法是正确的。该报告发现，在选举期间，互助保险公司将预支给代理人的金额增加了一倍，实际上是收买了代理人的支持。这与昂特迈耶指控纽约人寿的严重欺诈行为不同，但这足以促使他称人寿保险公司的选举是一场"闹剧"。

不过，对克伦威尔来说，纽约人寿的选举就像富国银行之争，以及他在运河听证会上的侥幸一样，都是一场胜利。他可以像评价哈里曼那样评价自己，说他在"一个更高的世界里"生活。在这些战斗中，他又卷入了另一场同样痛苦的战斗，这次代表的是那个和他一起生活在同样"更高的世界"里的人。

哈里曼之所以能成为铁路大师，很大程度上要归功于伊利诺伊州中央铁路公司（Illinois Central Railroad）的斯图伊文森特·费什（Stuyvesant Fish）。哈里曼在1879年涉足铁路业务之前，曾是一名办公室文员和华尔街股票经纪人。哈里曼和他的朋友费什一起成为纽约州北部一条通往尚普兰湖（Lake Champlain）小铁路的主管。四年后，当时伊利诺伊中央银行副总裁兼董事会成员的费什为哈里曼在该银行董事会谋得了一个席位。到1887年，哈里曼已经是财政委员会主席和伊利诺伊中央银行副总裁，费什已经升任总裁。在世纪之交，他们一起努力让一条从五大湖到新奥尔良的铁路线实现现代化并且对其进行扩建。

到那时，哈里曼已远超费什，成为铁路行业的巨头。哈里曼控制着联合太平洋铁路公司，1901年他将该公司与南太平洋铁路公司合并，组建了世界上最大的铁路公司，因此他成为布奇（Butch）和桑德斯（Sundance）等不法分子的目标。随后是对北太平洋铁路公司进行的大胆的突袭，结果导致了命运悲惨的北方证券公司在1904年被最高法院裁定为非法。哈里曼在巴尔的摩和俄亥俄铁路公司（Baltimore & Ohio）、艾奇逊-托皮卡和圣菲铁路公司（Atchison, Topeka & Santa Fe）以及其他航线的重大利益也将随之而来。但哈里曼总是想要得到更多。这位身材矮小的富豪有一个拿破仑式的梦想，那就是经营一个庞大而协调的铁路系统。这让他想到要控制伊利诺伊中央银行，这就需要把他的朋友费什从总裁的位置上赶下来。

那时的费什已经五十多岁了，他以自己是一个老派的铁路人而自豪，他把自己的铁路线置于独立、局部、保守的管理之下，这与哈里曼和希尔等人寻求建立铁路帝国形成了鲜明的对比。他享受着大量分散的小股东对他的忠诚，甚至包括那些从公司定期获得股息的寡妇和孤儿。多年来，他们一直乐意委托他在年度会议上投票选举董事，包括选举他本人。

费什是纽约州前州长、美国参议员兼格兰特政府的国务卿汉密尔顿·费什（Hamilton Fish）的儿子，高大、威严的费什被新闻界普遍认为是"林肯型"的人——一个说话直率的人，他经营铁路是为了股东的利益，而不是为了自己的利益。尽管如此，伊利诺伊中央铁路公司还是让他变得非常富有，成为镀金时代社会的领袖。他拥有三座豪宅：纽约麦迪逊大道上的一栋巨大的联排别墅，哈德逊河北部的一栋乡村别墅，以及罗得岛新港的一处海滨豪宅。尽管费什本人对社交场合没什么兴趣，但他的妻子玛米却以奢华而古怪的方式招待客人。她让自己的私人宫廷小丑举办令人惊讶的主题派对，其中有一个派对，她让参加宴会的客人猜测她邀请的神秘欧洲王子的身份，结果发现是一只系着白色领带、穿着燕尾服的猴子。

哈里曼和库恩·雷波公司的银行家雅各布·希夫一起，从1905年到1906年年初，开始大量买入伊利诺伊中央银行的股票。有很多传言说哈里曼打算把伊利诺伊中央铁路公司并入他庞大的铁路帝国。到了1906年2月，哈里曼和费什之间的冲突已经不是什么秘密了，哈里曼打算把他的导师赶下台。

尚不清楚究竟是什么原因导致了双方的不和。普遍的说法是，伊利诺伊中央银行的斗争与共同人寿保险公司内部正在进行的斗争交织在一起。费什是该公司的受托人，1905年年底开始鼓动一个特别委员会对该公司的管理层进行全面的独立调查。但共同人寿的新总裁、商业律师查尔斯·A.皮博迪（Charles A. Peabody）更喜欢用循序渐进的方式抵制委员会获取信息。费什愤怒地辞去了特别委员会和互助保险信托人的职务。随后，他成立了国际保单持有人委员会，在即将到来的选举中挑战互助保险的行政阵容，并雇用了昂特迈耶代表叛乱组织。

皮博迪（Peabody）是伊利诺伊中央铁路公司和哈里曼旗下联合太平洋铁路公司的董事，他与哈里曼的关系越来越好。据说，皮博迪为了惩罚费什干预互助银行的事务，在一项计划中支持哈里曼，将费什逐出他所钟爱的伊利诺伊中央银行。

其他人则认为哈里曼攻击费什的原因另有不同。哈里曼了解到费什在利用伊利诺伊中央银行的资金进行一些可疑的自我交易，表面上是为了支付他的名媛妻子的奢侈消费。尽管哈里曼一开始试图保守秘密以保护他的老朋友，但当费什不能或不愿停止不道德的交易时，哈里曼决定让他必须离开。还有一种说法（其准确性值得怀疑）认为，费什冷落了哈里曼的妻子，没有邀请她参加在新港举行的社交茶会，因为她觉得哈里曼的妻子太沉闷了，这让哈里曼感到不高兴。

不过，最简单的解释是，哈里曼想要伊利诺伊中央银行，而且他不是那种会让个人友谊阻碍其宏伟计划实施的人。有一次，他背叛了一位亲密的心腹，使用了他答应保守秘密的机密信息。当这位朋友抗议时，哈里曼回答说："在这些事情上，是非对错必须由我来判断。"

为了对抗费什，哈里曼需要一个同样精明的人来帮助自己。所以他再次求助克伦威尔。

如果哈里曼能获得伊利诺伊中央银行13位董事中7位的支持，他就能迫使费什辞去总统职务。哈里曼得到了6个人的支持，包括他自己。另外6个人支持费什，或者没有投票。有一票空缺，所以控制权转向了负责填补这个空缺的人。

在费什、哈里曼和皮博迪公司于7月签署的和平协议中，费什承诺让其余多数董事填补空缺。作为交换，哈里曼同意费什可以在年度股东大会上投票表决哈里曼及其合伙人所持的股份。但当董事们提名哈里曼在南太平洋的同事亨利·W. 德福里斯特（Henry W. de Forest）填补这一空缺时，费什违背了该协议。他说，德福里斯特是哈里曼的工具，他将把伊利诺伊中央铁路公司的控制权移交给哈里曼的联合太平洋公司。费什宣布，他打算不惜一切代价保持伊利诺伊中央银行的独立性，这让他进一步赢得了媒体的喜爱。

在10月17日的爆炸性的年度会议上，费什提名了自己的人选和另一个人选来填补这个空缺，这使克伦威尔指责费什不守信用。克伦威尔瞪着费什说："我要求你履行你的协议。"费什回答说："我绝不会投一票给德福里斯特先生。"就在这时，一位在会议上支持费什大部分提案的股东宣称，克伦威尔"不过是个受雇的律师"。克伦威尔回答道："你是谁？你不是律师吗？"当那个人说他是作为股东而不是受雇的律师来参会的时候，克伦威尔说："你真是一个非常务实的股东，每次费什先生拥有真正的控制权的时候，你就跳出来附议并提出问题。"这位股东告诉克伦威尔，他有意对克伦威尔表示尊重，克伦威尔回答说，对他客气是白费功夫。

当计算代理人数时，费什为他的阵营赢得了胜利，但这是短暂的。由于费什拒绝履行他先前的协议，董事们开始转而支持哈里曼。11月7日，董事会以8票赞成、4票反对的投票结果将费什移出总裁职位。

哈里曼在克伦威尔的帮助下赢得了这场战斗，但他因为罢免了广受欢迎的费什而失分。"E.H.哈里曼先生再次举起了海盗式的巨额融资的骷髅旗。"《里士满时报》（*Richmond Times-Dispatch*）宣称。在《费城新闻》（*Philadelphia Press*）看来，哈里曼的胜利是"无情地行使数百万人的权力的情形之一，他削弱了公众对铁路投资的信心，使小投资者感到没有安全感，没有足够的权利保护他们，也没有有效的方式来行使他的投票权"。

《华尔街日报》称哈里曼为"道路上的巨像"，并提醒他"罗德岛的巨像被地震摧毁了"。有人建议他记住，尽管美国人民钦佩卓越的领导，但他们的"意识已经被唤醒，到了反抗资本过度集中的地步。"

没有人比罗斯福总统更了解这种进步主义情绪。他准备对哈里曼发动一场大战来证明这一点。奇怪的是，这一次哈里曼的法律辩护人之一竟然是克拉瓦斯，哈里曼曾经毫不客气地拒绝过他。

第十章

"巨额融资"

1906年年底，保罗·克拉瓦斯来到了这里。在担任了一年的律所负责人之后，克拉瓦斯成为在纽约执业的最知名、最富有的六名公司律师之一。他也进入了上流社会的高层。

早些时候，他还是新剧院（New Theatre）的联合创始人，这是一家致力于推进美国戏剧艺术的非营利剧目剧院。他和他的妻子收到邀请，参加罗斯福总统及其夫人等人出席的婚礼，以及参加诸如长岛障碍赛等独家活动。虽然古思里已经离开了律所，但克拉瓦斯和仍然是他在豪华的长岛蝗虫谷（Locust Valley）的邻居。1907年1月，他们买了一个200英亩的农场，毗邻他们的乡村庄园。克拉瓦斯成为蝗虫谷的主要支持者，不仅帮助创建了风笛岩俱乐部，还帮助创建了当地的消防区、该地区最大的马展，以及数百英里的马术步道。他还推动了合并村运动，赋予地产所有者分区权，以保护他们的郊区飞地。

作为白鞋律所道德精神的一部分，纽约的杰出律师，包括克拉瓦斯，通常都积极参与慈善和社会事业。例如，斯泰森资助的慈善机构包括他深爱的母校威廉姆斯学院（Williams College）、阿尔法·三角洲兄弟会（Alpha Delta Phi fraternity）、圣公会教堂（Episcopal Church）、大都会艺术博物馆（Metropolitan Museum of Art）和位于布朗克斯的纽约植物园。克伦威尔支持救济罗马尼亚儿童、当地律师协会和盲人项目（海伦·凯勒是他的私交）。

克拉瓦斯后来活跃在大都会歌剧院，但他最早的市政活动是为了改善纽约市糟糕的公寓住房环境。1901年，根据克拉瓦斯担任副主席的委员会起草的法案，纽约颁布了具有里程碑意义的住房法案。当时，一群纽约市的房地产业主对其进行抨击，认为这是对他们私有财产权利的侵犯。克拉瓦斯住在公园大道附近的东39街，住得很舒适却在谈论租房问题，因此遭到了业主们的指责。

但事实证明，克拉瓦斯是改善廉租房的坚定倡导者。1906年年底，慈善组织协会委员会发现纽约有35.7万间房间没有窗户，这违反了法律。他公开抱怨道："三代人将睡在这些不通风的闷热房间里。"他以"难以形容的恶劣条件"为由，要求市长为该市的廉租房部门雇用更多的检查人员。多年来，克拉瓦斯继续积极参与住房改革运动，在此期间，住户的居住条件得到了显著改善。

1906年中期，克拉瓦斯代表库恩·雷波公司向宾夕法尼亚铁路公司提供了5000万美元的法国银行贷款，这为他的职业生涯锦上添花。铁路需要资金进行雄心勃勃的扩张计划，其中包括在哈德逊河和东河下修建通往曼哈顿的隧道。宾夕法尼亚州已经耗尽了美国可用的资本，各方都寄希望于法国人。

这笔交易被吹捧为第一次完全在法国市场发行的美国证券，人们视其为法国进一步大举投资美国公司的先兆。由于法国法律的复杂性，双方花了数周时间在谈判和文书工作上，交易才得以完成（克伦威尔深谙法国法律和商业，是巴黎放贷银行的代表）。对克拉瓦斯来说，重要的是，这是他第一次接触国际金融，激发了他对外交事务的兴趣，并且这种兴趣在之后的几年里不断增长。

由于这些原因，1907年伊始，一切都似乎按照克拉瓦斯的方式进行。但他即将进入他职业生涯中最困难和最具争议的阶段。

克拉瓦斯以前从未想过会与像哈里曼这样不受欢迎的资本家联系在一起。他是威斯汀豪斯和瑞恩的律师——他们都是非常成功的商人——但他们又有所不同：威斯汀豪斯打败了爱迪生，给数百万人带来了光明，而瑞恩在保持低调的同时改善了公平公司的混乱局面。然而，用罗斯福的话说，哈里曼被认为是寻求"享受恶行果实"的"巨额财富的罪犯"之一。

1906年11月，就在哈里曼罢免费什的伊利诺伊州中央铁路公司总裁的消息传出一周后，州际商务委员会（Interstate Commerce Commission）宣布对铁路合并展开调查。国际刑事法院（ICC）成立于1887年，是根据《州际商法》（Interstate Commerce Act）成立的独立机构，它使铁路成为第一个受联邦监管的行业。国际刑事法院负责确保铁路和公路的价格公正、合理以及不受歧视。但早期的法院判决削弱了该机构的权力，使其几乎失去了效力。

直到罗斯福上台，把加强铁路和公路监管作为美国国内立法的首要任务，新的法律才给国际刑事法院注入了活力。1903年的《埃尔金斯法案》（Elkins Act）打破了铁路公司向其最忠心和最有权势的客户（如洛克菲勒的标准石油信托公司）发放或被勒索发放回扣的惯例。接下来是1906年在罗斯福的大力支持下颁布的《赫本法案》（Hepburn Act）。《赫本法案》是南北战争以来联邦铁路立法中最重要的一项，它赋予了国际刑事法院制定最高铁路费率（受有限的法院审查）的权力，要求统一铁路审计制度，并有权查看铁路的财务记录。

根据其扩大的权力，1906年年底，国际刑事法院决定更仔细地审查铁路的合并与联合，包括它们的费率、设施和业务。从表面上看，这听起来像是对整个行业的全面调查。尽管他后来矢口否认，但显而易见的是这是罗斯福针对哈里曼一个人进行的追踪。

这两个人最近大吵了一架。过去，尽管罗斯福抨击了北方证券的合并，但总统和哈里曼一直保持着友好关系。哈里曼是一个坚定的共和党人，1904年他应罗斯福的要求为纽约州共和党筹集了20万美元，其中包括他自己的5万美元。但是，罗斯福没有履行任命哈里曼的朋友、纽约州参议员——昌西·德皮尤（Chauncey Depew）为美国驻法国大使的承诺，哈里曼感觉遭到了背叛。因此，当1906年民主党要求为罗斯福自己挑选的纽约州州长、改革派候选人休斯筹集资金时，哈里曼说他不会为竞选出一美元。

然后，令罗斯福懊恼的是，哈里曼和其他铁路工人一起，通过他们自己的宣传运动极力反对《赫本法案》。由于哈里曼的公众声誉因公平人寿丑闻，以及他从伊利诺伊中央电视台罢免了受欢迎的费什受到影响，罗斯福认为这是一个政治上的好时机，让国际刑事法院对"道路巨人"进行审判。国际刑事法院调查的主要对象是哈里曼公司1901年合并联合太平洋公司和南太平洋公司的事件，以及联合太平洋公司收购其他铁路公司股票的事件，其中一些股票被重新出售，获利颇丰。

当国际刑事法院的听证会于1907年1月开始时，哈里曼的代理律师是他的内部铁路法律顾问罗伯特·罗维特（Robert Lovett）和布法罗的著名律师约翰·G.米尔本（John G. Milburn）。米尔本最近刚加入纽约卡特和莱迪亚德律师事务所（Carter & Ledyard）。同年，年轻的富兰克林·罗斯福开始在该事务所担任助理。克拉瓦斯以库恩·雷波的律师身份出席听证会，雷波在哈里曼的所有重大交易中都扮演着银行家的角色。

严格来说，克拉瓦斯并不是哈里曼的代理律师，但随着听证会的进行，他的角色扩大到被称为哈里曼的律师的地步。具有讽刺意味的是，这是国际刑事法院过度关注哈里曼的一个规模较小、不足轻重的交易的结果：他收购了芝加哥和奥尔顿铁路公司（Chicago & Alton Railroad），这将成为整个进步时代最受公开谴责的交易之一。

当哈里曼1899年买下奥尔顿铁路时，它显然是一条运行稳健的铁路，但这条铁路实际上运营多年来一直遭受忽视。在过去的17年里，它没有增加一英里的道路，也没有对现有的物业做太多的改进。哈里曼通过雷波组织的一个财团，以约4000万美元的现金买下了奥尔顿，并通过发行债务再注入5000万~6000万美元。

哈里曼承认，这条铁路过度资本化，其股票通胀到了票面价值，超过了标的资产的实际价值。但他表示，根据他改进的计划，业务将有足够的增长，以支持新的资本结构，并履行所有利息和合理股息的义务。事实证明，哈里曼在这一点上是正确的，因为他成功地经营了几年的铁路，在增加客流量、改善设施、降低客运和货运价格的同时，利润翻了一番。在1904年到1907年间，他逐渐把控制权让给了另一条铁路——岩岛铁路，此后奥尔顿铁路的财务状况开始急剧下滑。

1907年，使奥尔顿的交易成为一项轰动事件的是它最初的融资。哈里曼和财团成员在收购铁路后，通过重新调整账目，成功地向自己支付了一大笔早期红利。通过以65美元的价格将债券卖给自己，然后再以90多美元的价格转手，他们获得了丰厚的利润。哈里曼说，该财团在奥尔顿重组中总共赚了2400万美元。实际上，他和财团成员提前收回了部分投资，没有把更多的钱留在公司，以缓冲未来的经济低迷。

在1899年收购时，这笔交易几乎没有招致任何批评。奥尔顿铁路算不上是一条主要铁路。但到了1907年，当它在新管理层的领导下遭遇财政困难时，公众的情绪发生了转变。在国际刑事法院的听证会上，最初的融资受到抨击，有人称其"站不住脚"，该集团被指控接受哈里曼的阴谋，"损害""抢劫"和"破坏"铁路。奥尔顿被认为是过去铁路融资罪恶的典型例子，这是像哈里曼这样的人在罗斯福上任之前轻率从事的最恶劣的贪婪行为。

虽然克拉瓦斯本人没有参与最初的奥尔顿交易，但他承担了在国际刑事法院为其辩护的重任。在某种程度上，这是因为他的前合伙人古思里为这笔交易做了法律工作，而克拉瓦斯的老客户雷波则在很大程度上参与了这笔交易。此外，克拉瓦斯比好斗的哈里曼更适合做发言人，哈里曼自己有时难以解释这笔交易。当国际刑事法院的律师就这笔交易的某些财务异常向哈里曼提出问题时，他不止一次回应说，一定是有某种错误。

克拉瓦斯比任何人，包括哈里曼的私人律师，都能更好地解释交易的细节，并正确地看待这笔交易。克拉瓦斯承认，奥尔顿的情况确实说明，公司很容易会因库存不足而超负荷运转。这种做法一旦被滥用，就会成为欺骗毫无防备的投资者和债权人的手段，因为他们一直将规定的票面价值（通常是每股100美元）作为实际价值的指标。事实上，票面价值是一个虚构的、人为的数字，与股票的实际市场价值没有关系。

但正如克拉瓦斯所指出的，在20世纪初前后，股票注水是一种常见的做法。为了筹集所需的资金，公司的发起人经常人为地夸大他们向公众出售的普通股的价值，有时称之为"商誉"或"服务"。他们相信，通过创新和努力工作，随着时间的推移，他们可以增加资产的盈利能力，足以承担债务并支付股票股息。

克拉瓦斯大胆地说，尽管有许多弊端，但在过去，当国家处于发展阶段时给股票注水是有帮助的，通过激励"有能力、有勇气、对未来有信心的人，去开发他们购买的财产，然后寻求使其变得更有价值"。就连反对华尔街的斗士昂特迈耶也为这种做法辩护，认为它是必要的。在职业生涯早期，他通过成立公司，凭借注水股票赚了数百万美元。他说，如果没有注水股票，"你就不可能修建铁路"。

克拉瓦斯说，尽管事后看来存在疑问，但奥尔顿的融资与其他数百家公司的融资并无不同，都是按照当时流行的方式进行的。此外，这笔交易是公开透明的，没有向投资者隐瞒任何事情。该交易既不违法也不具有欺诈性，唯一改变的是公众舆论和在道德层面对巨额融资更加严格的审查。

尽管如此，克拉瓦斯随后发表了一系列不同寻常的声明，这些声明可能反映了他的许多公司律师同行的个人想法，但他们中很少有人公开发表过这些声明。克拉瓦斯称这只代表"我个人的判断，而不是代表我的客户"。他说，他同意对新证券的监管应该比过去更严格，必要时包括对联邦监管。如果国际刑事法院认为奥尔顿交易所代表的交易类型应该被禁止，或者只允许在国际刑事法院的监督下进行，那么他不会有异议。他接着说，

也许辩护的律师无权就经济政策问题发表意见，但我十分同意，我们国家发展的时机已经到来。在权衡利弊的同时，有利的一面是对股票和债券发行实行更严格的监管，实行比过去盛行的更为保守的法律……然而，我们不能忽视这些证券发行时的条件。

克拉瓦斯在一份直接提交给罗斯福总统的简报中，详述了他对奥尔顿局势的分析。国际刑事法院的最终调查报告反映了克拉瓦斯的观点。它的结论是，应该对从事州际贸易的铁路公司发行证券实施合理的监管，以使其投资更安全、更可靠，并增强公众对它们的信心。报告还建议，禁止相互竞争的铁路公司拥有共同的董事或官员。尽管国际刑事法院对奥尔顿融资和哈里曼的铁路合并持严厉批评态度，但它表示，没有发现哈里曼或其他与奥尔顿或哈里曼其他铁路股票交易有关的人存在违法行为。

通过积极地保护他的客户，同时仍能设法听起来合理，克拉瓦斯使这一案件取得了有利的结果。几年后，在相关的联邦铁路监管的公开听证会上，他继续重复同样的主题，认为过去"公司过于自由地做他们想做的事"，需要联邦法律要求"完全披露股票的含义"。他还认为，宣传将在很大程度上消除企业内部人士低价买入股票，然后以更高价格出售给自己公司的弊端。克伦威尔也敦促他的企业客户在年度报告中披露更充分的信息，主要是为了激发投资者对他们试图出售的证券的兴趣和信心。

克拉瓦斯对联邦证券监管的倡导是超前的。直到1920年，第一次世界大战期间收归国有的铁路重新转为私人经营，国会才通过了联邦政府对铁路发行证券的规定。对一般从事州际贸易的公司发行证券的监管直到1933年才开始，这是1929年股市崩盘后通过的新政立法的一部分。

与此同时，最优秀的公司律师认识到，至少在州一级，需要找到某种解决注水股票问题的办法。他们所追求的理念是发行"无面值"股票，这种股票由斯泰森首创并大力倡导。它摒弃了票面价值代表股票实际价值的虚构，这样一来涉世不深的投资者就不会再被误导。以为以面值100美元购买的股票实际上值100美元，这只是公司全部净资产和收益中的一小部分权益。

在斯泰森的推动下，纽约州律师协会于1907年起草了一项法案，允许纽约公司发行无面值或名义面值（0.1美元）的股票。该法案最终在1912年成为法律，使纽约成为第一个允许无面值普通股的州。很快，几乎所有其他州都纷纷效仿。无面值股票的广泛使用并没有消除公司内部人士在发行证券时存在欺诈行为的可能性，但它改善了注水股票所带来的问题。

尽管国际刑事法院没有发现奥尔顿交易中的非法行为，但这一问题一直困扰着哈里曼，直到他去世。此外，罗斯福不打算放过这个身材矮小的家伙。在卸任总统之前，罗斯福指示他的司法部部长提起反垄断诉讼，终止哈里曼联合太平洋和南方太平洋铁路公司的合并。这一举动更多是出于政治和敌意，而非逻辑或公共政策，因为这两条铁路并不服务同一地区。

哈里曼很容易树敌，有时反而是他自己招致别人的敌意。他并不喜欢政府，在国际刑事法院作证时，有人问他，如果可以的话，他是否会把圣达菲、北太平洋和大北方铁路公司加入联合太平洋-南太平洋铁路帝国中。"如果你允许的话，我会这么做"，这是他的犀利回答。

最高法院最终在反垄断诉讼中做出了有利于政府的裁决，下令解散联合太平洋和南太平洋铁路公司。克拉瓦斯曾在反垄断案中代表雷波的合伙人雅各布·希夫和奥托·卡恩，后来联合太平洋公司聘请他制订解散计划，以遵守最高法院的裁决。

到1912年最高法院做出对哈里曼不利的判决时，哈里曼死于胃癌已经三年。他的遗属包括他的儿子阿维里尔（Averell），他以政治家和外交官的身份而闻名，这两件事没有人会指责哈里曼。哈里曼去世后，他的长期银行家希夫说："当我们把这个身材矮小的男人安葬在安静的乡村教堂附近的坟墓里时，一种难以替代的力量被埋葬了。"

哈里曼6000万美元遗产的相关内容为公平人寿丑闻提供了一个具有讽刺意味的附文。哈里曼曾试图通过毫不含糊的威胁，获得瑞恩从詹姆海德手中买下的一半股票，但以失败告终。但事实证明，在公平人寿的事情尘埃落定后的某个时候，哈里曼确实说服了瑞恩出售其一半的公平人寿的股票。后来，瑞恩把剩下的一半股权卖给了摩根大通。摩根大通又从他的遗孀手中买下了哈里曼在公平人寿的股份。摩根因此获得了对公平人寿的控制权。在1905年的丑闻发生时，有传言说他正在寻求对公平人寿的控制权。

就在国际刑事法院对哈里曼的调查接近尾声时，另一项涉及克拉瓦斯的调查也在加紧进行中。这起案件涉及纽约市的交通系统，克拉瓦斯在其中扮演了不可或缺的角色，先是帮助瑞恩将他的有轨电车版图扩展到地铁建设领域，然后是将他的利益与贝尔蒙特的地铁公司合并。但与国际刑事法院进行的调查不同的是，如果有什么能提升克拉瓦斯的声誉的话，交通调查将使他面临个人渎职的指控。克拉瓦斯被指控与瑞恩合谋掠夺，他一度成为"贪婪的资本的象征"——《纽约客》后来这样评价他。整个经历让克拉瓦斯感到痛苦和大失所望。

尽管瑞恩的大都会铁路公司和贝尔蒙特的区际快速交通公司的合并最初引起了轩然大波，赫斯特的报纸也对瑞恩和克拉瓦斯进行了恶意攻击，但1906年公共铁路局的调查并未发现任何非法交易。纽约法院同样驳回了几起股东指控这些交易欺诈的诉讼。但1907年7月，纽约新成立的公共服务委员会发起了一项新的调查。其推动力是公众对城市交通服务的普遍不满，公共服务委员会很快开始关注合并的财务情况。

1907年10月，大都会公司（The Metropolitan，负责合并后公司的一半地面运输业务）破产并进入破产管理程序，财务方面的问题变得更加重要。事实证明，地铁并没有如瑞恩集团所希望的那样增加地面线路的业务，而是大幅削减了大都会的收入。贝尔蒙特公司旗下的地铁部门城际快速交通得以独立运营，避免了破产。

随着大都会公司系统的崩溃，公共服务委员会将注意力转移到了复杂的公司结构上。该结构是克拉瓦斯和古思里与雷波的银行家合作，为瑞恩于1902年建立的。他们建立了一个复杂的网络，由地面交通公司的子公司、租赁和运营协议组成，所有这些都被置于大都会证券控股公司的保护伞下。由于古思里在1906年离开了律所，现在轮到克拉瓦斯来维护大都会公司的结构，以及他作为雷波和大都会证券公司的法律顾问负责的大量公司间交易，他成为大都会证券公司的董事。

公共服务委员会的法律顾问兼首席调查员是威廉·M. 艾文斯（William M. Ivins），他是一位改革派政治家，在1905年竞选纽约市长时失败了。据《纽约时报》报道，埃文斯是仅次于休斯的第二大调查员。他揭露出的一系列事实，不仅让大都会难堪，也让克拉瓦斯难堪。

首先揭露的是艾文斯所寻找的大都会公司十年的账簿和记录在

1905年被毁，这些账簿和记录涵盖了1902年公司成立之前的这段时间。该公司的财务秘书穆尔黑德（Moorhead）先生承认，他把这些账簿以117美元的价格卖给了一个捡垃圾的人。损毁发生在克拉瓦斯担任公司法律顾问期间，因此，他对任何暗示他当时宽恕或知晓此事的说法都很敏感。事实上，对律师来说，没有什么比被指控破坏证据更让人感到震惊，或更对职业生涯构成威胁的了。

后来，在听证会上，艾文斯指控"这些绅士故意毁掉他们自己的账簿"，克拉瓦斯显然变得敏感起来。当克拉瓦斯反对艾文斯的陈述时，艾文斯提醒他穆尔黑德之前关于销毁记录的证词。克拉瓦斯请求纠正他的言辞。"你说'这些先生们'"，克拉瓦斯插嘴说，"他（摩尔黑德）是一位绅士，不是'这些绅士'"。艾文斯反驳道，穆尔黑德是一个"非常服从指令的下属"，如果没有上级的许可，他绝不会毁掉这些账簿。由此产生了以下的对话：

克拉瓦斯：这是你的断言。

埃文斯：这是我研究所有这些公司会议记录得出的结论。

克拉瓦斯：证据里没有。

艾文斯：好吧，如果你愿意，我发誓可以把它作为证据。

克拉瓦斯：我不会让律师出庭。

艾文斯：好吧，我会。

销毁记录的问题很快被一个更严重的指控所掩盖。1902年，大都会证券公司以96.5万美元的价格从安东尼·布雷迪（Anthony Brady）手中买下了一条尚未修建的铁路的特许经营权——该铁路连接曼哈顿下城的华尔街和科兰特的街渡口。克拉瓦斯律所对公司记录进行搜索，并宣布了交易的合法性。

然后，在1907年的公共服务委员会调查中，艾文斯从布雷迪那里得到证词，称他之前曾以25万美元的价格将同样的铁路经营权卖给了瑞恩的长期商业伙伴惠特尼。这次交易被取消了，而当布雷迪把经营权卖给大都会时，惠特尼指示他在购买价格的基础上再加近70万美元。收到96.5万美元后，布雷迪自己留了25万美元，并按照惠特尼的指示，把其余的钱给了惠特尼、瑞恩和大都会其他一些著名的共同资助人，由他们自己平分。事实证明，这些款项是用来偿还他们在1900年竞选中代表大都会向共和党和坦慕尼当地民主党政客提供的秘密政治捐款。这些交易的净效应是，布雷迪赚了25万美元；瑞恩、惠特尼和他们的同伙在未经授权的竞选捐款中获得了全额补偿；大都会为这条未建成的铁路多支付了70万美元。这被认为是对大都会交通公司资产赤裸裸的掠夺。

没有任何迹象表明克拉瓦斯当时知道这些事实。他别无选择，只能建议大都会的其他董事们有责任代表公司提起诉讼，从收受款项的个人那里收回这笔非法款项，其中包括克拉瓦斯的重要客户瑞恩。这场诉讼最终在庭外得到了全额赔偿，大都会证券公司收回了多支付给布雷迪的70万美元。

瑞恩否认他知道偿还他的钱来自布雷迪的交易。惠特尼显然知道，但他已经死了。地区检察官威廉·特拉弗斯·杰罗姆曾召集一个庞大的陪审团进行调查，他以律师为当事人保密特权为由，拒绝就自己与瑞恩的谈话作证，称克拉瓦斯藐视法庭。杰罗姆以亲自带领警方突袭城市赌场而闻名，他用斧头破门而入。1906年，百万富翁哈里·肖（Harry Thaw）因他的舞女妻子伊芙琳·内斯比特（Evelyn Nesbit）与建筑师斯坦福·怀特（Stanford White）有不正当关系，谋杀了怀特。杰罗姆也是这场"世纪审判"的公诉人。

杰罗姆正是在1905年说服克拉瓦斯允许瑞恩在公平人寿事件中的证人，尽管他主张享有特权，但之后瑞恩也受到阿姆斯特朗委员会带有蔑视的威胁。然而，这一次克拉瓦斯并没有退缩，并反对藐视法庭的指控。律师协会的其他成员为他辩护，包括美国律师协会会长奥尔顿·B. 帕克（Alton B. Parker），他是1904年与罗斯福竞争总统的民主党候选人。由于他们认为克拉瓦斯使用保密特权是正当的，所以纽约州法院支持克拉瓦斯拒绝作证，并严厉谴责了杰罗姆。

杰罗姆毫不畏惧，继续进行调查，并把克拉瓦斯带到另一个大陪审团面前，请他提供一份大都会从1902年成立以来的历史概况的文件。这一次，克拉瓦斯没有拒绝回答任何问题。杰罗姆后来得出结论，无论是在布雷迪的交易中，还是在大都会的其他交易中，克拉瓦斯都没有犯罪行为。杰罗姆因为他的不作为和胆怯而受到媒体的嘲笑，并被指责与商业利益关系过于密切。大都会的股东委员会请求州长休斯解除杰罗姆的地区检察官职务，但经过长时间的独立调查，休斯拒绝了。杰罗姆认为，尽管他所调查的许多交易在道德上是可疑的，但它们并未被证明属于犯罪行为。

尽管没有任何刑事指控，但克拉瓦斯的名声已经被玷污，因为他与许多人认为不道德的交易有着密切的联系。1907年10月17日，纽约社会党日报刊登了一篇文章，文章标题如下：小报上的名人速写，将克拉瓦特斯在当地的交通"诈骗"中列为"谁是谁？"他被认定为是一位公司律师，此前享有盛誉，也是"骗子之王"瑞恩的私人律师，后者在公平人寿事件中发挥的有利作用已逐渐失去光环。就在这一天，几个月来一直嚷嚷着要断绝与华尔街各种关系的瑞恩宣布，他将不再对城际快速交通——大都会交通系统感兴趣。

对克拉瓦斯来说，大都会传奇最糟糕的时刻尚未到来。与此同时，一场新的危机正在酝酿之中。这件事关系到另一个长期客户威斯汀豪斯，最终以他们的分道扬镳而告终。

在许多方面，1907年10月的美国人完全有理由对未来感到乐观。科技似乎为人类进步提供了无限的机会。10月11日，英国远洋客轮路西塔尼亚号在离开爱尔兰海岸，4天20小时后抵达纽约，打破了横渡大西洋航行的所有速度纪录。10月14日,《纽约时报》报道,一位法国外科医生认为他发现了一种治愈癌症的方法。10月17日,第一个无线媒体信息通过马可尼系统从伦敦发送到纽约,跨越大西洋。该系统向公众开放了跨大西洋的导线系统。

相比之下,美国的金融体系依然很陈旧。由于缺乏中央货币管理机构,这个国家注定要经历周期性的繁荣、低迷和恐慌。接着是严重的经济萧条,如1873年和1893年开始的那样。到1907年10月中旬,美国经济再次陷入低迷,失业率上升,股市较前一年的峰值下跌了50%。10月22日,纽约第三大信托公司尼克博克信托公司(Knickerbocker Trust Company)不得不关门,以避免出现储户挤兑、股市彻底跌入谷底的局面。尼克博克银行的倒闭(其行长查尔斯·巴尔尼自杀)导致了纽约乃至全国其他银行的挤兑。这被称为是1907年的大恐慌。

由于没有中央银行向金融体系注入活力,遏制恐慌的工作再次落到了一个人的肩上:摩根。甚至像哈里曼和瑞恩这样的金融巨头也在向摩根寻求解决方案。众所周知,摩根曾把纽约的主要银行家召集到他位于麦迪逊大道的私人图书馆,把他们锁在里面过夜,直到他们同意为一项2500万美元的救援计划捐款。第二天下午1点,另一家重要的金融机构美洲信托公司(TCA)告诉摩根,如果在下午3点关门前没有收到紧急贷款,它将不得不倒闭。两位彻夜研究TCA账目的银行家向摩根报告称,尽管TCA摇摇欲坠,但仍有偿付能力,而且是可以挽救的。摩根转而对他的银行家同事说:"那么,这就是应对麻烦的地方了。"凭借300万美元的贷款,TCA渡过了眼前的危机。

对摩根来说,这并不完全是利他主义:作为救援计划的一部分,他提出收购境况不佳的田纳西煤炭、钢铁和铁路公司(Tennessee Coal, Iron & Railroad Company,简称为"田纳西煤炭公司"),这是摩根旗下美国钢铁公司的主要竞争对手。由于收购引发了严重的反垄断担忧，摩根寻求获得罗斯福总统的批准。罗斯福总统曾告诉摩根，他不会起诉美国钢铁公司，除非他发现该公司做错了什么。尽管罗斯福公开反对大型信托公司，但他（在鲁特的支持下）同意不反对摩根收购田纳西煤炭公司。罗斯福被指责虚伪，这一事件后来在他和继任者塔夫脱之间的冲突中起到了关键作用。

多亏了摩根的私人融资以及由他支配的相应的美国财政部贷款，银行危机才过去了。在斯泰森的法务建议下，摩根还制订了一项计划，以防止纽约市拖欠工资和不履行借款义务，走向破产。在金融危机期间，摩根把自己逼得几乎筋疲力尽。他每天工作19个小时，还因为重感冒吃含片，每天大口抽20支雪茄。

股市很快就恢复了，尽管许多工业公司因财政紧缩和持续的萧条而破产。大都会的地面交通系统受到了这场恐慌的影响，许多铁路公司的情况也是如此。它们的所有者指责罗斯福的费率监管立法使他们的财产贬值。但这场恐慌中最大的受害者可能是威斯汀豪斯。

纽约尼克博克发生挤兑事件的第二天，威斯汀豪斯的几家公司被临时接管，包括西屋电气在内的几家总部位于匹兹堡的公司。这些公司没有资不抵债，也没有亏损。正如《纽约时报》所写的那样，这种情况"并不涉及破产——用这个词来形容乔治·威斯汀豪斯似乎有点自相矛盾"。但巨额债务负担迫使该公司进行重组。当紧张不安的匹兹堡银行和摩根旗下的纽约银行集团无力或不愿救助其主要竞争对手摩根控股的通用电气公司时，危机进一步恶化。

克拉瓦斯赶赴匹兹堡亲自视察情况。他告诉媒体，如果债权人有耐心并表现出宽容，他们将得到全额偿付。克拉瓦斯与银行、债权人、债券持有人和重组委员会合作，成功地稳定了局面。在幕后谈判中，他一度指出，在一次委员会的会议记录草案中，"克拉瓦斯这个名字出现得太频繁了，我已经把它划掉了"。

取消破产管理程序大约需要一年的时间。克拉瓦斯写信给他的一位合伙人说，这件事让他的神经非常紧张，他打算第二天早上去匹兹堡的卡内基学院欣赏绘画和建筑，以恢复正常的精神状态。多年后，他会说西屋电气的重组在很多方面都是"我所熟悉的最引人注目的资本自愿调整的结果"。

但这一决议最终让威斯汀豪斯失去了对他公司的控制权，也失去了他与克拉瓦斯的亲密友谊。作为重组的一部分，威斯汀豪斯同意董事委员会选举一个董事会主席，这是一个新的职位，而威斯汀豪斯将继续担任总裁。但当董事会任命了一位新总裁，并修改了《公司法》，让他兼任首席执行官时，威斯汀豪斯抨击这位新总裁无能，并发起了一场夺回控制权的运动。威斯汀豪斯的夺权企图遭到了克拉瓦斯的反对，最终以失败告终。

当克拉瓦斯给威斯汀豪斯写了下面这封信时，他们就分道扬镳了："我对西屋电气公司负有义务，我认为你违背了你同意的安排。我认为，我的责任是对董事会、对公司、对重组计划负责。重组计划得到了你们的同意，我在实施过程中发挥了重要作用。"

威斯汀豪斯担任总裁一职数年，身体每况愈下，于1914年去世。十年后，在西屋电气公司的一次晚宴上，克拉瓦斯称赞他是个天才，说："我所认识的人当中，没有人能像乔治·威斯汀豪斯这样，集如此多的伟大品质于一身。"克拉瓦斯说，由于他的勇气和胆识，他曾遭受过经济挫折，但从未在经济上失败过。"如今，他创立的所有企业都壮大繁荣，其财务结构……有赖于他打下的坚实基础。"克拉瓦斯可能会补充说。他早年当律师的时候，代表威斯汀豪斯与爱迪生就灯泡和电流的问题进行了斗争，这为他自己卓越的职业生涯奠定了基础。然而，这一职业正受到越来越多的恶意攻击。

第十一章

"我希望我是一个更聪明的人"

即便是斯泰森也无法将克拉瓦斯从大都会公司交通事件的悲痛中拯救出来。

1908年1月，克拉瓦斯被起诉，原因是在他监督的一笔大都会公司间交易中存在欺诈行为。纽约城市铁路公司是大都会证券公司破产的子公司，联邦破产接管人对该公司提起了300万美元的诉讼，将大都会公司及其几名董事列为被告，其中包括克拉瓦斯。克拉瓦斯在他的职业生涯中从来没有受到过个人起诉，而且向来很少出庭的斯泰森同意担任辩护律师的这一事实表明，这起诉讼是一个很严重的问题。

事实上，早在1902年，在解决该诉讼指控过程中，克拉瓦斯和其他董事就迫使纽约城市铁路公司从其母公司大都会证券公司获得了约600万美元的贷款，然后迫使这家铁路公司的子公司在一两个月后偿还了900万美元的贷款。这为大都会证券公司带来了300万美元的高额利润，一笔短期贷款利率高达30%。[1]诉讼称该交易剥夺了纽约城市铁路公司的债权人300万美元的资产，以支付其母公司从纽约铁路公司无偿取得的债权资产。

通常在这类事情上，真相要复杂得多。正如克拉瓦斯作证时说的那样，斯泰森让他上证人席时，这笔交易是出于税务原因和结算公司间账户的目的，而不是出于任何欺诈的目的。而且，由于大都会公司的所有子公司，包括纽约市铁路公司，都是单一公司企业的

---

[1] 专业地来说，纽约市铁路公司以70美元的折扣价向大都会证券公司发行了大约900万美元的债券，票面价值为100美元，大都会证券以票面价值赎回，即比发行价格高出30个百分点。

一部分，没有任何利益冲突。因此，这些公司的资产如何在相互之间转移，也没有什么区别。

就目前而言，这是对的，但诉讼中的原告接收方确实有自己的道理。他们代表纽约市铁路公司的债权人，这些债权人有权从该公司的资产中偿还其索赔权，这些资产与大都会其他实体的资产是分开的。如果纽约城市铁路公司在1902年偿还贷款的时候已经资不抵债，那么大都会证券公司获得的300万美元利润就是非法的，必须返还给城市铁路公司。即便如斯泰森所坚称的和克拉瓦斯所作证的那样，董事们的行为是无辜的，而且他们在偿还贷款的时候，也不知道城市铁路资不抵债的状况，但5年后，该公司还是启动了破产管理程序。

但是，在骇人听闻的指控中，所有这些细微差别都消失了。指控称，因为被告实施了阴谋诡计，纽约市铁路公司的资金遭到"掠夺"，他们为了自己的利益，在债权人无法触及的范围内转移公司资产。这些华丽的辞藻大多出自原告律师、法律界的巨头约瑟夫·霍奇斯·乔特（Joseph Hodges Choate）之口。

现年76岁的乔特是早期的庭审律师。这类庭审律师在法庭上展现的口才和机智比他们的法律辩论更出名。"乔特的方法直抵人心"，《纽约论坛报》曾说，并注意到他说话时经常把手插在口袋里。在法庭上他总是很放肆，例如，在一个涉及一名皮草商人是否诚信交易的案件中，乔特多次将其称为"皮肤商人"。早在斯泰森还在做庭审工作时，乔特就曾因他的插嘴而指责他。乔特向法官解释说，那天是冬至，是一年中白昼最短的一天，他需要尽可能多的时间。

乔特曾任美国律师协会主席、纽约州和纽约市律师协会主席。1897年，他曾竞选纽约州共和党参议员提名，但最终落败。1899年，麦金利总统任命他为美国驻英国大使，一直担任到1905年。"有些人认为，如果乔特的公开声明有那么一点点政治手腕，他就很可能已经成为美国总统了"，斯泰森律师事务所的法律合伙人之

—艾伦·沃德威尔（Allen Wardwell）回忆说。

乔特最擅长的是盘问证人。"他很有魅力，非常平易近人，非常和蔼，"沃德维尔说，但"你不知道他什么时候会出手"。即使在76岁的时候，他仍然保持着往日的活力，而且他会直接将矛头对准克拉瓦斯。

在一桩500万美元的相关诉讼中，乔特将大都会的情况与哈里曼公司对芝加哥和奥尔顿铁路公司的重组进行了比较。考虑到奥尔顿资本重组所带来的恶名，这些都是搬弄是非的言辞。乔特在法庭上说，每个人都会记得，"一帮资本家是如何闯进奥尔顿，使自己获得了1000万美元或1500万美元"。他说，大都会洗劫和布兰特画派荷兰大师画作的被盗是同一伙盗贼干的。

代表大都会的克拉瓦斯愤怒地抗议乔特对参与奥尔顿交易的人的"诽谤"。他指出，在国际刑事法庭对涉及奥尔顿一案人员的调查中，他曾为这些人辩护，并有责任捍卫他们的名誉，因为他们没能出庭为自己辩护。克拉瓦斯非常不高兴，在开庭后，他不愿就此罢休，而是硬要乔特在旁听席上就这个问题进行了一次长时间的谈话。有人无意中听到乔特说，当他严厉批评奥尔顿重组时，他不知道克拉瓦斯曾在国际刑事法院为他辩护。无论如何，乔特坚持认为，他对奥尔顿交易的界定有充分的事实依据。

在针对克拉瓦斯等人偿还300万美元贷款的诉讼中，乔特的指控更加尖锐。在克拉瓦斯就交易的原因作证后，乔特在盘问中问道："克拉瓦斯先生，你不能为你自己和你的同事的行为提供比现在更好的借口吗？"当克拉瓦斯试图详细说明时，乔特又说："你不能给出其他或不同的借口或解释吗？……没有别的了吗？"

乔特在结案陈词中说，他的客户是寡妇和孤儿，这些人对纽约市铁路公司的索赔仍不满意。他说，这是纽约发生的最严重的金融诈骗案。他的言辞更加夸张："我想是罗龙夫人在走向断头台的路上说过,'哦,自由女神,以你的名义犯下了多少罪行!'当灾难——斯泰森先生如此恰当地称呼它——到来时,这些不高兴的债权人完全可以大叫:'噢,巨额融资,他们以你的名义犯了多少罪啊!'"

乔特转过身,指着坐在斯泰森旁边的辩护律师克拉瓦斯,继续说道:

问题依然存在:你为什么要这么做?克拉瓦斯先生做了很多解释,但还不如不解释。他非常勇敢,勇敢地走进了(中世纪的格斗场),脸上带着悲伤的表情,但却有着真正的骑士精神。他放下面罩,放下长矛,向我们冲过来保护他那些毫不在乎也不敢出现的同伴。他坚持说没有别的,只有最真诚的意图……斯泰森还说,这是出于善意……现在,我不怀疑克拉瓦斯先生的好意……但我们都知道,阴暗的地方也充满良好的意图。

《纽约时报》认为乔特"是在与比他职位低很多的人"进行辩论。在乔特结束演讲后,出现了一个奇怪的场景:除了克拉瓦斯,房间里所有的律师都围在乔特身边,向他充满激情的表现予以祝贺。斯泰森虽然是对方辩护律师之一,却是第一个和他握手的。

这起300万美元的诉讼连同之前的500万美元诉讼一起达成和解,和解金额共计550万美元。在不承认任何过错的情况下,被告个人拿出了总额中的150万美元,另外400万美元来自合并后的区际–大都会公司。尽管雷波公司的雅各布·希夫反对克拉瓦斯为和解支付任何费用,但据报道,克拉瓦斯还是向法庭支付了10万美元现金。

解决一桩他认为毫无价值的诉讼已经够糟糕的了,但对克拉瓦斯来说,最大的打击是他的前搭档古思里站在原告一边。1902年,古思里和克拉瓦斯一样参与了建立大都会复杂的公司间结构的工作,这种结构后来被认为是奥尔顿式的。然而,在大量证据面前,古思里坚决否认称，他对这笔有争议的300万美元贷款交易一无所知，这令人难以置信。他暗示说，如果1902年有人跟他商量，他就不会同意克拉瓦斯的看法，认为这笔交易是合法的。克拉瓦斯在给古思里的信中写道："我认为你不知道这些交易是你的记忆出了问题。"

他们的争论并没有就此结束。两年后，克拉瓦斯遭遇了所有律师的梦魇——一份向律师协会申诉委员会提交的投诉。投诉来自一位退休的律师兼铁路投资者，他声称大都会公司的衰败阻碍了城市和地铁的发展。

起诉书援引乔特的结案陈词，指控克拉瓦斯作为大都会公司的法律顾问和董事，积极参与了大都会公司资产的"融资通胀，"并以个人名义获利。尽管这项指控与公司的成立有关，古思里对公司负有同等的责任，而不是300万美元的贷款偿还，古思里继续在给申诉委员会和律师协会的信中攻击克拉瓦斯。古思里随后将这些信件放入了律师协会的图书馆，以示公开。

申诉委员会认为没有必要对克拉瓦斯采取任何行动，就连乔特也公开表示，没有对其进行惩罚的任何依据。乔特开玩笑地告诉记者，他不应该为他在法庭上可能说过的关于克拉瓦斯的话负责。威廉·M.艾文斯在1907年的委员会调查中与克拉瓦斯有过冲突，他也给克拉瓦斯写了一封表示深切同情的信。但这件事对克拉瓦斯和古思里的关系造成了永久性的伤害。几年后，古思里告诉克拉瓦斯的合伙人罗伯特·斯温，他深情地回忆起过去的日子时，认为他和克拉瓦斯应该弥合分歧。"但在克拉瓦斯看来，"斯温写道，"古思里的'背叛'是'不可原谅的。'"

古思里背叛克拉瓦斯的动机仍不清楚。斯温推测，古思里认为克拉瓦斯在为他们在大都会公司工作的律师费辩护时不够积极。正如艾文斯在公共服务委员会（PSC）调查中所指出的，这些费用总计43.5万美元。在PSC作证时，克拉瓦斯选择不详细说明他和古思里所提供的法律服务的性质和范围。随后，古思里给克拉瓦斯写了一封长信，称克拉瓦斯"对公众、对这个行业、对我们自己"应该给出一个更好的解释。但由于艾文斯曾公开表示，鉴于所提供服务的复杂性，他认为这笔费用不仅合理，而且适中，因此很难理解为什么这个问题会激起古思里对克拉瓦斯的敌意。

1906年，古思里退出了与克拉瓦斯的合作关系，之后他自己继续从事法律执业。但古思里一直嫉妒克拉瓦斯在商业上取得的更大成功，所以这可能是古思里决定攻击他的原因之一。古思里成功超越克拉瓦斯的唯一领域是房地产：克拉瓦斯在英国长岛的乡村豪宅维拉顿以他的女儿维拉（他唯一的孩子）命名，虽然豪华，但不如他的邻居古思里的默东庄园宏伟。令人惊叹的是，默东庄园有80个房间，是仿照法国国王路易十四在巴黎郊外的城堡而建造的。

此外，政治分歧也可能恶化了克拉瓦斯和古思里的关系。古思里痛恨进步运动，反对联邦政府对商业的各种监管，也反对许多州的监管。他反对所得税、遗产税、反垄断法、最长工作时间法，甚至联邦童工法。他认为所有这些都是对财产所有者的阶级斗争或对契约自由的侵犯。后来，作为纽约州律师协会的会长，他反对"移民及其后代"成为协会中的一员，因为他们对"律师界的精英和佼佼者"构成了"严重的威胁"。尽管古思里是一名虔诚的天主教徒，但在当时，这是一种不受欢迎的宗教，在白鞋律师事务所的最高阶层中，天主教徒几乎和犹太人一样罕见。[1]

---

[1] 在律师协会的精英成员中，这种本土主义情绪并不罕见，特别是在20世纪前十年的美国移民浪潮之后。例如，伊莱休·鲁特在1916年表示，法律行业需要减少来自"与我们在法律和个人自由的基本概念上存在巨大差异"的国家的大量移民的影响。乔治·威克沙姆警告律师协会，不要让大批不会说英语的移民成为会员。当时，"移民"一词是东欧犹太人的代码，他们在大城市的律师中所占的比例越来越大，作为被认为是"下层律师"的一部分进行执业。

古思里不会欣然接受克拉瓦斯关于有必要对证券市场进行更严格的联邦监管的观点。在古思里看来，任何这样的言论都标志着一个人对社会主义持软弱的态度，是其所在阶级的叛徒。克拉瓦斯算不上社会主义者，他是一个温和保守的共和党人，从来没有参加过进步运动。当他认为提出的改革方案太过分时，他会毫不犹豫地批评。

但克拉瓦斯在奥尔顿重组和大都会公司交通业务系统瓦解等公开抨击的交易中的经历让他受到了磨炼。他不再相信（如果他曾经相信过的话）公司和他们的领头人应该被赋予当家作主的权利。而古思里却从未放弃这种观点。

在大都会公司的经历让克拉瓦斯有些愤世嫉俗、孤僻，对个人忠诚的幻想也破灭了。公开的指控甚至引起了克拉瓦斯律所一些理想主义的年轻律师对律所诚信的质疑。1909年，尼古拉斯·凯利（Nicholas Kelley）来到这家律所。他回忆说："当我进入这家律所时，我自然会睁大眼睛，看看这一职位是否值得尊敬，他们帮助客户的目的是否正确。"他认为这个职位"非常光荣"，而他们所做的事情——帮助陷入财务困境的公司，使它们变得更好，从而使它们能够运营和生产，是"一件有用的事情"。凯利大学时就加入了社会党，在克拉瓦斯律所工作了6年，之后跳槽去了一家规模更小的律所。他后来在财政部工作，成为克莱斯勒公司（Chrysler Corporation）的主要律师，为克莱斯勒大厦的建设进行谈判，后来成为凯利·德莱和沃伦律师事务所（Kelley Drye & Warren）的主要合伙人。该律所是纽约历史最悠久、最有声望的律师事务所之一。

克拉瓦斯从大都会公司事件中学到的一个教训是，一个律师担任企业客户的董事会成员是错误的。这对律师要求保持客观性造成了太大的压力。因此，克拉瓦斯体系规定，该公司的任何合伙人或助理不得担任客户公司的董事，不得持有任何客户公司的股票，也不得在律所担任顾问的任何交易中获得经济利益。

"你对我'既当法律顾问又当董事的判断有误'的批评，比实际情况温和得多，"克拉瓦斯在回复艾文斯的一封措辞友善的信中这样说，"我希望我比十年前更聪明。"①

---

① 不过，无论是在克拉瓦斯律所还是其他律所，"不得担任客户董事"的规定通常都会有例外。随着时间的推移，当一家大型律师事务所成为一家公司的固定外部法律顾问时，要么应客户要求，要么应律师希望巩固这种关系的需要，资深合伙人都会进入公司董事会。在经历了不愉快的大都会公司事件后，克拉瓦斯放弃了在大部分公司客户的董事职位，继续留在了西屋电气旗下多个公司的董事会，甚至在 1927 年至 1929 年间成了西屋电气董事会的执行主席。

第十二章

一个保守派律师的良心

当斯泰森在为克拉瓦斯在大都会公司一案中的庭审辩护做准备时，他像往常一样抽出时间，专注于他在妻子和律师业务之外的生活中最大的爱好：他的母校威廉姆斯学院。凭借法律培训和商业技能，许多华尔街律师将自己的时间奉献给志愿组织，因律师的判断力和专业知识，这些组织欢迎他们加入董事会，斯泰森就是一个很好的例子。

由于没有孩子，斯泰森对待威廉姆斯学院就像对待自己最宠爱的儿女一样。从1899年起，斯泰森就成了学校的理事，他深入参与学校管理的方方面面——财政、课程、教师招聘、宿舍和厂房。多年来，他几乎每天都与学校官员保持通信。当他经常卧病在床的妻子没有陪在身边时，一位日本贴身男仆会陪同他回去参加学校的理事会议和年度毕业典礼。

威廉姆斯学院的任何一件事都备受斯泰森的关注。他在一些细枝末节的问题上提出了自己的意见，比如，毕业典礼季节钟声的频率，以及为他的老兄弟准备一张新餐桌的尺寸。1907年金融危机中期，尽管他忙着给摩根提供建议，但他还是写信给学校的总承包商，指出校园里已经枯死的榆树需要更换，并建议在哪里种植新榆树。

为了在校园里建造一所新的校友宿舍，斯泰森写信给学校的财务主管说："我对雇用日本人作为公共场所的服务员可能带来的好印象越来越深刻，我已经雇用他们很多年了，他们非常能干、温顺，特别渴望扩展他们的教育设施。"他认为，日本学生"如此习惯于将贵族与家庭服务混在一起，以至于他们与同学在一起时不会感到失去了等级"。

因为他一直提供合理的建议并向学校捐赠了数十万美元，所以斯泰森的观点被视为权威。1908年，当学院开始担心过度强调体育运动时,他请斯泰森起草了一份校际体育政策的修订书。斯泰森提议将体育比赛限制在新英格兰地区的学校,且距离威廉姆斯学院不超过200英里,任何一项运动每个赛季最多只能举行两场比赛。这个提议获得一致通过。他提到了大学体育运动如何培养男子气概、坚韧不拔以及合作精神、"在失败中保持幽默感和冷静"等品质。但他解释说,威廉姆斯学院和其他地方一样,有限度是必要的,因为"在我们民族的气质中,也有很多倾向过度的东西"。

威廉姆斯学院经常向斯泰森寻求指导,律师事务所的同事们也是如此。他帮助美国律师协会起草了第一份全国范围内的律师道德准则(11个州都有自己的准则)。通过斯泰森任职的一个特别委员会,美国律师协会制定了一套包含32条道德准则的法典。这部法典在1908年的美国律师协会大会上获得批准,后来几乎为每个州的律师协会所采纳。

据报道,新的《道德准则》主要是为了将"不择手段的律师"赶出法律行业,特别是那些"不适合进入法律行业的人"(暗指犹太和天主教移民律师)。其中一条准则禁止律师打广告,这是昂特迈耶的毕生事业。[①]但这些准则出台的同时,公众,甚至一些律师事务所的成员,都认为像斯泰森这样的精英律师是大公司的工具,这些大公司已经失去了道德导向。

1907年,公司律师约翰·R. 多斯帕索斯(John R. Dos Passos)(小说家多斯帕索斯之父)写道,现代律师"仅仅是一个商业代理人——一个灵活而实用的中间人"。他"在自己的办公室里工作,远离公众的视线——他的阴谋诡计是在黑暗中进行的,是阴险密谋的"。哈佛大学的法学教授、后来的最高法院大法官路易斯·D. 布

---

① 1977年,联邦最高法院推翻了许多州的法律道德规则,裁定律师享有第一修正案赋予的为自己的服务做广告的权利。

兰代斯（Louis D. Brandeis）认为，公司律师逃避了行使权力"保护人民"的义务。与昂特迈耶一样，布兰代斯也是欧洲犹太移民的后代，他在南部出生，积极参与犹太复国主义运动。和昂特迈耶一样，他在公司律师的职业生涯早期就赚了数百万美元。布兰代斯也成了一名反对华尔街及其代表人物的理想主义改革者。

布兰代斯是波士顿人，他批评华尔街律师在代表一个私人客户对抗另一个客户，以及在代表企业客户游说或作证反对旨在遏制企业行为的立法时，未能区分他们的道德义务。布兰代斯写道，在前一种情况下，律师有权利用一切正当的法律优势，为他们的客户争取有利的结果。但布兰代斯坚持认为，在寻求获得或反对立法时，律师也有义务考虑公共利益。他觉得令人不安的是，企业及其律师经常大声反对通过旨在解决社会和经济问题的法律，并在法庭上挑战法律的颁布。布兰代斯用一句简洁的话总结了他的观点："我们听到了太多'公司律师'，而很少听到'人民律师'。"

曾担任哈佛大学法学院院长长达30年的罗斯科·庞德（Roscoe Pound）和普林斯顿大学校长伍德罗·威尔逊（Woodrow Wilson）等法律学者也表达了类似的担忧。最高法院大法官费利克斯·法兰克福特（Felix Frankfurter）讲述了他作为一名年轻律师参加国际刑事法院关于哈里曼铁路利益的听证会时，如何对公司法实践产生反感的故事。法兰克福特回忆说，当被问到棘手的问题时，哈里曼会求助他的律师，问了律师一两个问题。"哈里曼先生对他的律师说话的方式，以及唯律师马首是瞻……要我说：'如果这意味着你应该成为那种卑躬屈膝的人才能拥有最理想的客户、全国最大的客户，如果这就是律师行业领导者的意义，我永远都不想成为律师行业的领导者。入场代价太高了。'"

然而，斯泰森并没有为自己的工作道歉。他认为公司法律顾问是一种崇高的职业，其主要法律顾问是抵御多数人暴政的必要堡垒，这一点在过度立法中得到了体现。在斯泰森看来，律师的唯一职责是尽可能充分地维护他的当事人的利益，无论是公司还是个人的利益，除非法律或律师自己的道德良知特别要求禁止这么做。因此，他坚持认为，律师没有义务建议客户尊重法律的精神而非文字。如果某件事没有被明确禁止，它就是被允许的。在反驳布兰代斯援引的公共利益时，斯泰森断言，律师必须履行他们对当事人的义务，"不要被公众或媒体的喧嚣所吓倒"。

斯泰森的观点得到了约翰·W. 戴维斯的赞同，后者在竞选总统前接替斯泰森成为斯泰森律所的负责人。"当时我从未想过，改革法律是我的职责，"戴维斯回忆起自己在世纪之交的律师生涯时说，"我的职责是弄清法律是什么，并告诉我的当事人他必须遵守什么样的生活规则。这是我的工作。如果规则改变了，那很好。"

与这些观点一致的是，斯泰森采用了一套准则。其中明确规定，在一项新法规得到法官的最终支持和解释之前，企业律师可以在法庭上自由质疑其有效性，并对其含义提出自己的解释。斯泰森提出的第32号规则将这一观点编纂成法典，这在当时的法律道德规范中是独一无二的。它被写入了1908年美国律师协会（ABA）法规，保留了近60年。1908年的准则最终为一系列更新的规则所取代，但直到今天，律师的主要道德责任仍然是在法律范围内积极地为当事人辩护。布兰代斯认为，代表私人当事人的律师对公众负有同等的责任，这一观念从未写入法律文书。

然而，如果认为20世纪早期公众对大公司及其律师的不信任对律师的执业方式没有影响，那就错了。克拉瓦斯谈到，有必要教育客户，让他们认识到在股票交易中不误导公众的道德责任和法律责任。鲁特承认，律师们出于本能的保守和反对变革，往往忽略了他们帮助执行的法律已经变得不公正的事实。他在1906年的一次演讲中说："我意识到，我自己也曾严格按照法律进行过辩护、起草文件和提出建议,我从来没有想过要质疑这些法律的智慧,但在思考了多年'法律应该是什么'之后,我现在应该谴责这些法律。"

斯泰森坚持认为,大多数商人无意违反道德律法。尽管如此,他认为"公司律师提出的明智而有益的建议"可以推动他们的客户朝着社会理想行为的方向发展。他说:"如果在勤勤恳恳地履行这一职责时,我们能够机智而坚持不懈,那么我们就可以帮助我们的公司建立更高标准的方法和道德水准。这样一来,在经营中,它们至少应符合关于有灵魂和良心的普遍观念。"白鞋律师协会逐渐变成了美国企业的一种更加亲切的润滑剂。

1908年,斯泰森的另一个重大项目使他参与了一项全国性的行动——修订联邦反垄断法。那时,没有人对已经生效了20年的《谢尔曼反垄断法》感到特别满意。商人和他们的律师,包括斯泰森,认为这是对自由企业的侵犯。更重要的是,他们对它所带来的不确定性感到绝望。由于不知道公司扩张或收购何时会招致反垄断诉讼,企业家们发现很难筹集到新的资本。许多人指责《谢尔曼反垄断法》和罗斯福的反商业立法造成了1907年的恐慌。克拉瓦斯的客户雅各布·希夫写道:"只要我们的政治领导人继续对企业进行诱导并且发表反资本主义的言论,我们就不会看到工业的普遍复兴。"

公众和揭发丑闻的媒体批评了他们认为有选择性、武断地执行反垄断法的做法。例如,为什么政府起诉了北方证券公司和标准石油公司,却没有起诉规模更大的美国钢铁公司?[1]同样,尽管最高法

---

[1] 只要公司规模变大,同样的问题就会继续被提出:为什么政府在20世纪90年代末起诉了比尔·盖茨的微软,但最迟至2019年没有起诉马克·扎克伯格的脸书,或者分别主导互联网搜索引擎和电子书行业的科技巨头谷歌和亚马逊?2017年4月22日,《纽约时报》的一篇评论文章问道:"现在是解散谷歌的时候了吗?"参见伊丽莎白·科尔伯特(Elizabeth Kolbert)的《无内容的内容:大型科技公司是否过于强大?》,《纽约客》,2017年8月28日。

院的反垄断判决明显对政府有利，但缺乏一致性和可预测性。

《谢尔曼反垄断法》最大的批评者是农民和工会。农业合作社限制了农作物的供应，并使农产品价格保持在高位，这可能与反垄断法相抵触。至于有组织的劳工，尽管大多数法院都支持工人拥有集体谈判的权利，甚至罢工反对雇主的权利，但工会仍然会因抵制第三方等非法行为而受到起诉。1908年2月，美国最高法院裁定康涅狄格州丹伯里的一个制帽工会违反了《谢尔曼反垄断法》，组织了一场全国性的抵制皮帽制造商的活动。该制造商宣称自己是一家开放的商店（即不要求工会成员在那里工作）。后来，制帽工会的领导人被要求个人承担20多万美元的损害赔偿责任，这在当时是闻所未闻的一笔数目。

最后，就连罗斯福也得出结论，认为《谢尔曼反垄断法》需要修改。尽管罗斯福数落大企业的种种罪恶都是夸夸其谈（其中很大一部分只是作秀），但他从来不相信"大就意味着坏"。在新兴的工业化世界里，大是不可避免的。罗斯福想要惩罚不良行为，而不仅仅是规模。

可以肯定的是，一些大公司的合并应该受到谴责，如那些故意破坏竞争、提高价格、降低服务质量的公司。但是，还有一些公司虽然在一定程度上限制了贸易，却服务于公众利益。①托拉斯是"好"还是"坏"需要根据每个案例来决定——不是由对商业和经济知之甚少的法官决定，而是由该领域的专家决定。正如罗斯福所

---

① 例如，大公司享受规模经济和创造效率，其利益可以传递给消费者。他们比小公司更有条件投资能产生技术创新的研发。其次，以现代公司为例，亚马逊是一个好东西，是因为消费者觉得它可靠、容易使用，还是它的主导地位人为地让电子书价格居高不下？脸书对社交媒体无可争议的垄断（它还拥有Instagram、WhatsApp和Messenger）是好（因为它可以免费连接所有人）还是坏（因为它可以规定隐私条款和广告价格）？

设想的那样，这些专家将是联邦行政部门的一部分。

在罗斯福和其他人看来，《谢尔曼反垄断法》的问题在于最高法院孤注一掷的做法。在《谢尔曼反垄断法》之前的普通法（即法官制定的而不是成文法）中，只有"不合理的"贸易限制是非法的。但是，正如北方证券案所阐述的那样，当时最高法院的裁决是，所有直接的贸易限制，无论合理与否都是违法的。北方证券案在当时对罗斯福来说是一个巨大的象征性胜利，但它让政府要么未能执行法律（这一政策在十年后的禁酒令下被证明是灾难性的），要么将大量商业、劳工和农业社区作为罪犯进行起诉。

此外，考虑到司法部的资源有限，断断续续地提出个人诉讼是无效的。要起诉的大公司太多了，即使政府倾向这样做。而且法庭程序缓慢。更重要的是，根据新的联邦公司法，为了国家利益对不良合并进行监管，把它们消灭在萌芽状态。更具体地说，罗斯福希望联邦政府为公司颁发许可证，提前公布和审查它们提出的交易。如果发现合理，就予以批准；如果不合理，就予以起诉。

制定新法律以实现这些目标的任务最初落在了全美公民联合会（National Civic Federation）的肩上，这是一个由商界、劳工和公众的杰出代表组成的私人、无党派组织。该组织还包括宗教界和教育界的领袖、记者、农民和政府官员。NCF被认为是一个温和的进步组织，劳工领导人塞缪尔·冈珀斯（Samuel Gompers）和社会改革家简·亚当斯（Jane Addams）都是成员，但它主要由其商业和金融代表及其律师控制。为了证明这一点，NCF求助于两位著名的公司律师，请他们起草一份提交国会的法案。这两位律师在成立美国钢铁公司时都曾为摩根出谋划策。

其中一位是维克多·莫拉威茨（Victor Morawetz），他当时是一个身材娇小、善于交际、文化程度很高的单身汉，也是古思里和克拉瓦斯律师事务所的前身——苏厄德律师事务所的前合伙人。莫拉威茨出生在（美国马里兰州）巴尔的摩的一个奥地利移民医生家庭，是精英公司律师界为数不多的犹太成员之一。他曾在欧洲接受教育，在那里他学会了几种语言，并在索邦大学学医。16岁时，他前往西班牙比利牛斯山脉，在对抗西班牙君主制的战争中担任卡列斯特军队的副官。在那里，他为《巴尔的摩公报》（Baltimore Gazette）报道了这场战争。莫拉威茨后来成为一名专业的小提琴家和猎狐爱好者。

莫拉威茨年轻时就在他的专业领域内取得了卓越的成就，写了第一部关于公司法的现代权威论文。他的名声让安德鲁·卡内基聘请他当了自己好几年的私人律师。莫拉威茨于1887年加入苏厄德律所，并在三年后与古思里一起成为冠名合伙人。在该律所工作期间，莫拉威茨经常与斯泰森合作，帮助摩根大通重组摩根持有大量权益却资不抵债的铁路公司。

由于成功重组了艾奇逊-托皮卡和圣菲铁路公司，莫拉威茨于1896年离开了苏厄德公司，成为摩根钦点的纽约铁路公司总法律顾问，后来又担任董事会执行委员会主席。作为一名具有改革思想的铁路法专家，他在帮助罗斯福制定1903年《埃尔金斯法》和1906年《赫普本法》方面发挥了重要作用。这两部法律旨在加强联邦政府对铁路的监管。另外，他还帮助斯泰森和古思里起草了许多组建美国钢铁公司的文件。斯泰森称他"可能是我接触过的头脑最聪明的人"。

1908年年初，莫拉威茨和克拉瓦斯一起获得了荣誉，他被威斯康星州参议员罗伯特·拉福莱特（Robert La Follette）称为"控制了这个国家的工业和金融生活的100人之一"（当然这并不是恭维）。不过，他在名单上的时间是短暂的。那时，莫拉威茨已经从艾奇逊、托皮卡铁路和其他他曾帮助重组的公司的股票中赚了足够多的钱，他可以退出铁路公司和忙碌的私人法律业务。他想把更多的时间花在自己的业余爱好上：法律学术写作、政治科学以及男孩俱乐部和学校。几年后，52岁的他与一位比他小20岁的妇女参政权主义者结婚，因为他对她的一幅画一见钟情。

作为一个有实践经验的法律理论家，莫拉威茨正是全美公民联合会（NCF）所需要的那种人。他以客观著称，被认为是一个明智的温和派。他创建了大公司，并从大公司中获利。他相信资本主义制度，但他也认识到公众希望通过扩大政府监管来约束公司的愿望。莫拉威茨原本是民主党人，但逐渐与共和党商业精英结盟，他是那些在自由放任的资本家和想要颠覆体制的社会主义者之间寻求中间道路的企业人士之一。

NCF求助的另一位企业律师是斯泰森。他和莫拉威茨合作得很好，虽然斯泰森没有参与改革运动，但两人在哲学思维上分歧不大。

斯泰森和莫拉威茨在1908年2月起草了一份法案草案，其中反映了罗斯福的想法，尽管形式较为温和。该草案将修改《谢尔曼反垄断法》，只禁止不合理的贸易限制。虽然这是一个模糊的术语，但企业可以获得政府的指导，为他们提供更大的确定性。他们可以自愿选择在联邦公司机构注册并获得许可，公开提交有关财务和股票发行的详细信息，并向相关政府机构提交合同以获得事先批准。

如果被批准为公平合理，这些协议将根据《谢尔曼反垄断法》免除诉讼；否则政府或私人当事方可以起诉使协议失效。选择不注册的公司也可能因违反《谢尔曼反垄断法》而被起诉，尽管他们可以通过证明其合同的公平性和合理性来打赢官司。与此同时，劳工在法案草案中获得了一些额外的保护，尽管不能完全豁免《谢尔曼反垄断法》。

对于像斯泰森这样的杰斐逊主义者来说，这是对政府参与私营部门的相当大的补贴。但罗斯福对斯泰森–莫拉威茨草案并不满意，因为他认为该草案对企业的监管过于宽松。它他没有对《谢尔曼反垄断法》进行浅显的、无条件的修正以允许合理的贸易限制，同时加上自愿许可，而是坚持要求公司服从登记和许可条款，作为获得更宽松的合理性标准的条件。否则，有太多的公司可能会完全放弃注册，因为它要求广泛的宣传，而在法庭上碰碰运气，带着一种新的"合理性"辩护，他们在最高法院现有的裁决中没有享受到这种辩护。

包括斯泰森和莫拉威茨在内的全美公民联合会成员在白宫举行了一系列会议，旨在消除这些分歧。罗斯福的国务卿伊莱休·鲁特旁听了其中一些会议，而总统本人则密切关注着这些会议。罗斯福认为，适当修改《谢尔曼反垄断法》，将是共和党在即将到来的总统选举中的一个政治优势。

随着法案草案一次又一次的修订，斯泰森和莫拉威茨不断地试图淡化它，而罗斯福则极力加强该草案。他说，他将否决任何没有严格根据联邦许可和行政部门批准对贸易进行合理限制保护的法案。"我想得越多，"他说，"我就越相信，通过斯泰森–莫拉威茨的法案，比什么都不通过还要糟糕。"公众会认为，这是公司律师的作品，是他们向大客户的权力屈服。

罗斯福的观点占了上风。在1908年3月底提交给国会的法案的最终版本，即《谢尔曼反垄断法》的赫普本修正案①中，立法更加有力。它赋予了总统——而不是行政机构负责人——规定注册的公司公开提供信息的权力，以及在合适的时候改变要求的权力。法院对行政部门决定的审查将受到极大的限制。它实际上让美国总统成为公司的独裁者，每一次重大商业合并的合法与否都要经过总统的批准。这被商业历史学家马丁·史嘉那（Martin Sklar）描述为一种"中央主义"的解决方案。它将有效地将大型私营企业转变为公共事

---

① 该法案以提出它的众议院主席的名字命名，不要和之前制定的有关铁路费率的赫普本法案混淆，赫普本法案也是以同一个人的名字命名的。

业，将资本家转变为公仆，这种尝试比另一个比罗斯福的堂弟富兰克林——在一代人之后的新政下提出的任何公司监管尝试都更激进。

随着国会就该法案举行听证会，斯泰森和莫拉威茨与该法案保持了距离。他们认为，罗斯福所支持的该法案过于强化了联邦行政权力，而且可能违反宪法。斯泰森在写给罗斯福的密友詹姆斯·R. 加菲尔德（James R. Garfield）的私人信件中游说反对该法案。加菲尔德是已故总统的儿子，也是威廉姆斯学院的校友，20年前曾在斯泰森的办公室工作。

尽管议员们呼吁斯泰森和莫拉威茨出庭并作证，但他们从来没有这样做过。很可能，该法案的发起人知道他们的证词不会有什么帮助。罗斯福认为他们对该法案"态度冷淡"。

具有讽刺意味的是，尽管最初的斯泰森-莫拉威茨草案在提交给国会时已经成为罗斯福的一个更加激进的法案，而且几乎没有引起他们的注意，但国会的反对者利用这两位公司律师的"作者身份"，尤其是他们与J. P. 摩根的美国钢铁公司的关系，对整部草案进行诽谤。为了避免总统在法案遭到强烈反对时遭遇耻辱性的政治失败，罗斯福的盟友几乎没有纠正人们的错误想法，即斯泰森和莫拉威茨在起草最终法案的过程中起了很大作用。

赫普本修正案在委员会中被否决了。除了资本主义领导人反对该法案过于极端，小型制造商之所以提出该法案，是因为他们不想削弱《谢尔曼反垄断法》对工会抵制的禁令，因为工会抵制对他们的威胁比大公司更大。反过来，工党要求根据反垄断法获得完全豁免，但没有成功，因此只提供了有条件的支持。农场领导人意见不一，要么保持沉默，要么表示反对。由于罗斯福当时处于困境，他已经宣布不打算谋取连任，因为他缺乏在竞选年强行通过该法案的政治影响力。他最终将政府对法案的公众认同降至最低。

最终，全美公民联合会的各个选区无法就任何一项法案达成一致意见，《谢尔曼反垄断法》没有被修改。这使法律只能维持现状，由最高法院逐案进行解释。执行工作将取决于下任总统和他的司法部部长。垄断主义者会冒着不被起诉或在法庭上获胜的风险。在可预见的未来，所谓的"信任问题"——大型商业组织与受欢迎的政府之间的适当关系，仍将是美国法律和政治的主要问题。

罗斯福的总统任期即将结束。他选择的继任者是他的好朋友、作战部长塔夫脱。塔夫脱曾担任政府律师和联邦法官，与商界和法律界有着密切的联系。但是，斯泰森和他的公司律师同事认为，在反托拉斯法案的框架内，新的政府将比反托拉斯的老罗斯福总统对待客户更为温和，那么他们最终将大错特错。

第十三章

"华尔街的祸害"

塔夫脱在某些方面可能比罗斯福更进步，首先表现在他拒绝接受克伦威尔在1908年给他的用于总统竞选的资金。在当年6月被共和党大会提名后，塔夫脱宣布他不会接受公司的捐款。但当他的朋友克伦威尔向他提供5万美元的个人支票时，塔夫脱也拒绝了。正如塔夫脱所承诺的那样，他确信克伦威尔的动机是纯粹的，但一旦公开，这份礼物就会被误解。

正如塔夫脱向克伦威尔解释的那样，他担心自己会被克伦威尔与企业利益的关系影响，特别是他在各种案件中为哈里曼高调辩护时。塔夫脱要求克伦威尔收回捐款，如果他愿意，可以少捐一点。

罗斯福曾在1904年自己的总统竞选中欣然接受哈里曼和其他商人的大笔政治捐款，他对塔夫脱说，他太敏感了。最后，塔夫脱的竞选团队从克伦威尔那里接受了1.5万美元，克伦威尔是捐款最多的六个人之一。克伦威尔还在塔夫脱的公共咨询委员会任职，负责筹集竞选资金，准备立场文件，并在争吵不休的竞选官员之间进行调解。克伦威尔称竞选工作是他的"假期"，也是最愉快的一个假期。有传言说他想要国务卿的职位（他否认了），但塔夫脱私下明确表示，克伦威尔与企业的关系使他在政治上不可能以任何官方身份加入政府。

塔夫脱与罗斯福和鲁特就他的提名演讲进行了协商，然后与克伦威尔一起审阅了演讲稿，根据他们各自提出的建议做了一些修改。今天读来，这份演讲稿显示了自麦金利时代以来，共和党取得的进步。塔夫脱通常被认为是一个保守派，他未能实现罗斯福的改革议程，这让罗斯福感到失望，但塔夫脱的言论完全是罗斯福式的。他谴责企业"违反信任""铁路公司的回扣和歧视""违反反托拉斯法案",以及"过度使用州际铁路的股票和债券,以非法获取董事财富"。他说,所有这些都"唤醒了人民的良知,给他们带来了道德觉醒"。

他决心确保"法律面前人人平等",并"将国家从财阀政府的危险中拯救出来"。他希望减少金钱对政治的影响,并承诺继续推行罗斯福对商业滥用监管措施。他主张在赫普本反托拉斯修正案中加入公司许可和宣传条款,罗斯福曾推动这些修正案,但没有成功。塔夫脱甚至支持在法院不倾向这样做的情况下,立法将工会罢工排除在反垄断法之外。

尽管这些对美国的企业巨头来说都不是好事,但他们正逐渐朝同样的方向前进,部分原因是克伦威尔、克拉瓦斯和其他华尔街律师等人的微妙推动。"在纽约,与商人打交道的律师同情他们的客户,但我认为他们通常不像商业客户那么保守",斯泰森的律师合伙人艾伦·沃德威尔表示。对于企业界和法律界来说,塔夫脱的政治主张是可以接受的。尽管他想惩罚违法者,但他无意干涉合法的商业活动,也无意为了自己的利益而攻击大企业。相比之下,其他候选人则被企业人士所厌恶:塔夫脱的民主党对手威廉·詹宁斯·布莱恩(William Jennings Bryan)被视为激进的、破坏商业活动的人,工业大亨们当然也不需要第三党候选人、社会主义者尤金·V.德布斯(Eugene V. Debs)。

毫不奇怪,甚至有点讽刺意味的是,当时塔夫脱最大的赞助人之一(2万美元)是摩根大通,他被罗斯福对北方证券的诉讼激怒了。塔夫脱的其他捐赠者包括共和党律师克拉瓦斯(5000美元是以他妻子的名义捐的)、鲁特、威克沙姆和乔特、政治独立人士维克多·莫拉威茨以及克伦威尔的搭档柯蒂斯——一个保守的、反对布莱恩的民主党人。商人托马斯·爱迪生、约翰·雅各布·阿斯特、科尼利厄斯·范德比尔特（Cornelius Vanderbilt）、库恩·雷波公司的雅各布·希夫和奥托·卡恩，也赞助了塔夫脱。

斯泰森和霍恩布洛尔是忠诚的民主党人，他们没有给塔夫脱捐款。但与1904年不同的是，当时他们积极反对罗斯福，支持民主党人奥尔顿·B. 帕克。而在1908年，他们却无法说服自己支持布莱恩。塔夫脱在上一年11月的选举中轻松击败布莱恩后，斯泰森私下称选举结果"令人欣慰"。

那年秋天，鲁特当选纽约州参议员，休斯再次当选州长。国内政治现在由共和党领导人主导，他们虽然天性保守，但支持一定程度的商业监管。华尔街的男人和白鞋律所的律师与这种新的政治中心———一种"保守的进步主义"步调一致。

克伦威尔在过去几年的大部分时间里都在华盛顿为塔夫脱提供巴拿马运河建设方面的建议，并帮助塔夫脱竞选。选举结束后，克伦威尔结束了在华盛顿的所有工作，回到纽约，重新从事他的律师业务。1908年12月29日，他在他最喜欢的上流社会餐厅戴尔莫尼科餐馆为他的合伙人、前助理和新员工举办了一场晚宴。这是美国第一家采用法语名称"restaurant"的餐厅，提供印有法语的菜单、单独的酒单和白色桌布。20名律师聚集在楼上的私人餐厅里，画了漫画，克伦威尔把它们挂在了办公室的墙上。晚宴变成了一年一度的活动，该活动是由克伦威尔建立沙利文和克伦威尔律师协会所捐赠的1万美元资助的。

塔夫脱选择罗斯福的前司法部部长菲兰德·K. 诺克斯接替鲁特担任国务卿。诺克斯曾是安德鲁·卡内基的公司律师，曾帮助罗斯福实施了反托拉斯的议程。正是诺克斯对北方证券公司提起了著名的诉讼。对于塔夫脱的司法部部长，他也会采取类似的做法，深入私人企业法律界寻找他的首席执法官员。事实证明，他选择的这个人在反垄断案件上比他之前或之后选择的任何人都要积极得多。事实上，威克沙姆后来被称为"华尔街的祸害"。

乔治·伍德沃德·威克沙姆1858年出生于匹兹堡，他通过做电报员和动物园管理员养活自己。他最初就读于宾夕法尼亚州的利哈伊大学（Lehigh University），打算成为一名土木工程师。19世纪70年代是一个对实用科学和技术感兴趣的时代，正如他后来回忆的那样，那个时代的大趋势是走向"纯粹的唯物主义"。但一位文学教授发现威克沙姆喜欢文字，劝说他"放弃微积分，去学习法律"。1880年，他获得了宾夕法尼亚大学的法学学位，在为宾夕法尼亚州的一名法官工作了一段时间后，于1882年搬到纽约市，在张伯伦-卡特和霍恩布洛尔律所（Chamberlain, Carter & Hornblower）担任职员。该所后来更名为卡特-霍恩布洛尔和伯恩的律所，与克拉瓦斯和休斯开始他们在卡特门徒生涯是同一家律所。

在卡特的律所里，威克沙姆和后任总统的弟弟亨利·W.塔夫脱成为朋友，两人之间开始了长期的交往。不久后，威克沙姆离开了律所，在成立于1792年的斯特朗和凯威莱德律师事务所（Strong & Cadwalader）任职，该律所是纽约最古老的律所。亨利·塔夫脱很快就跟着威克沙姆去了斯特朗和凯威莱德律所，两人都成了冠名合伙人。

在这两名律师中，亨利·塔夫脱实际上是在斯特朗和凯威莱德律师事务所专门从事反垄断工作。威克沙姆的业务重点是银行、铁路和运输公司，包括贝尔蒙特的区际快速交通公司，该公司建造了纽约市第一条地铁。但是威克沙姆已经成为纽约最有才华的律师之一，而且凭借他与塔夫脱总统弟弟的关系，他获得了司法部部长的职位。正如塔夫脱在谈到他选择威克沙姆时所说的那样："他是一名公司律师，但我不知道为什么美国政府不应该像公司那样有一个优秀的律师。"

威克沙姆被公认为是在国内事务方面最强大的总统内阁成员。他的外表给人一种安静而威严的感觉：留着浓密的胡子；戴着一副小而圆的眼镜；身体瘦弱、头发花白；穿着保守的、剪裁合身的西装。但是，正是他那迷人的、和蔼可亲的性格使威克沙姆深受朋友和同事的喜爱。

在成为圣公会教徒之前，威克沙姆出生在一个贵格会家庭，他觉得法律是一个崇高的概念，认为它是"上帝通过他的子民表达意志的方式"。基于他对历史和文学的深刻理解，他为公共服务带来了广泛的人文主义和智慧的思维模式。他也许是所有白鞋律师中学识最渊博的，他研究古希腊罗马、文艺复兴、法国大革命以及英美制度和传统。他可以随意引用历史学家希罗多德（Herodotus）、托马斯·卡莱尔（Thomas Carlyle）和阿克顿勋爵的话，也可以引用荷马、塞万提斯和爱默生的话。他对英国的法律史和民众对垄断的反感尤为了解。早在1436年，英国就试图通过法令来遏制垄断的弊端。

威克沙姆认为，在美国工业发展时期，律师们通过设计允许公司扩张的法律机制，满足了时代的需要。但是他认为法律在允许积累巨额财富方面做得太过了。他说，法律没有考虑到那些在整个蛋糕中"只占微不足道份额"的人的利益。企业被赋予了巨大的权力，几乎不需要为自己的行为负责。律师们与他们的商业客户和利益联系得太密切，损害了自己的声誉，并以招致公众的批评为代价获得了物质上的成功。

威克沙姆指出，从积极的一面来看，正是律师们为大公司存在的弊端提出了补救措施，并通过立法遏制了其滥用行为。他说，通过提供这样的解决方案，律师可以"将这一职业从一些专家的指责中拯救出来，而这些专家仅仅是由自私势力培养出来的"。

威克沙姆寻求救赎。在塔夫脱担任总统期间，威克沙姆提起的反垄断诉讼的次数是罗斯福政府任期内的两倍——在塔夫脱担任总统的4年里，他提起了大约89次反垄断诉讼，而罗斯福担任总统的8年里只提起了44次（相比之下，麦金利任期内提起了三次反垄断诉讼）。威克沙姆雇用能干的助手，不管他们的政治立场如何，他管理司法部就像管理一个大城市的律所一样。

威克沙姆所瞄准的产品和行业范围之广令人吃惊：纸张和纸板、管道供应、肉类、黄油和鸡蛋、杂志和海报、新英格兰牛奶、电影专利、木材及燃木、咖啡、制鞋机械、肥料、收银机和简易计算器、面粉、丝线、棉花、焦油、糖、糖果、车窗玻璃、手表、马蹄铁、石油、松节油、铜线、壁纸、铝、石头、货运铁路、家乐氏玉米片。并非所有的诉讼都成功了，但大多数以政府强制解散、刑事认罪或判决，或和解协议告终——这是一种由威克沙姆开创的协商和解形式，后来变得很普遍，它允许被告同意停止其反竞争行为而不用面临法庭审判。

威克沙姆并不特别在意他惹怒了谁。尽管西屋电气公司和通用电气公司在白炽灯的生产和销售方面仍然存在竞争，但威克沙姆指控西屋电气公司的伙伴克拉瓦斯一直在监督专利交叉许可协议方面存在操纵价格和垄断行为。最终，两家电力公司签署了终止协议的同意令。

就职一年后，威克沙姆面临指控，称他与令人痛恨的糖业托拉斯的关系过于密切。他的合伙人塔夫脱在一场诉讼中为其辩护，当时他们曾一起在凯威莱德律所工作。威克沙姆没有参与这个案子，但后来分担了费用。威克沙姆的回应最终让批评他的人哑口无言，即他对糖业托拉斯和39名相关人员提起了大规模的反垄断诉讼。

国民城市银行的弗兰克·范德利普（Frank Vanderlip）说："威克沙姆的激进程度超过了激进分子。"他指出，华尔街对威克沙姆掀起的反垄断诉讼浪潮"极为厌恶"，并猜测他可能怀有政治野心。范德利普认为，华盛顿特区使威克沙姆"在精神上发生了彻底的变化"，他已经成为"政府中真正最令人恐惧的成员"。

尽管范德利普对他的动机有所猜测，威克沙姆从未谋求竞选公职。他的精神面貌也没有改变，他获得了一个机会来实现他一贯的主张。他是一个坚定的资本家，他认为保护这个制度的最好办法就是把财富分散一点。他曾经写道："一个人拥有价值2500美元的小房子，他已经支付了500美元，剩下的正在通过他的储蓄逐步偿还，这是可以设计出来的对抗社会主义的最有力的堡垒。"

私下里，威克沙姆被范德利普等商人的指控刺痛了。在回复老朋友斯泰森充满同情的信时，威克沙姆承认，尽管他预料到批评和反对，但他没有预料到"一部分媒体和社会人士对我的故意歪曲和编织各种谎言"。他认识到，作为公司利益的代表，斯泰森现在站在另一边，但威克沙姆希望这不会影响他们的关系。"这么多年来，我一直很尊敬你……经常向你寻求建议和帮助……在我比以往任何时候都更需要你时，失去我们之间的这份友谊确实会是一个沉重的打击，"他写道，"当然，我们在经济问题上可能会有分歧，但丝毫不会影响我们多年的友谊。"

尽管华尔街对他提出了种种指控，尽管他为担任司法部部长而离开私人执业律所作出了各种牺牲，威克沙姆并不后悔接受这份工作。"我觉得，"他向斯泰森解释说，"为国效力的机会并不总是降临到一个人身上。当机会降临到他身上时，如果他拒绝响应这一召唤，他就会为但丁所说的'伟大的拒绝'而感到内疚。"

抨击仍在继续。流行杂志《冰球》（*Puck*）在封面上刊登了一幅插图，上面是一个巨大的红色飞虫状生物，名为"威克沙姆"。它挥舞着干草叉向一群逃离的华尔街人士扑去。在公开场合，塔夫脱支持威克沙姆激进的反垄断政策，但总统非常担心政治后果，以至于他私下向商人们保证，如果再次当选，他不会让威克沙姆进入他的新内阁。

与此同时，威克沙姆最重要的两起反垄断案件都是罗斯福政府遗留下来的。这两起事件都涉及重组新泽西州控股公司的大型托拉斯公司。第一起诉讼是要求解散洛克菲勒的新泽西标准石油公司。到1900年，该公司通过各种残酷的商业手段，已经控制了美国90%的成品油。

第二起诉讼是解散杜克兄弟于1890年成立的美国烟草公司，该公司随后于1898年与托马斯·福琼·瑞恩的烟草集团合并，由古思里和莫拉威茨负责交易。担任烟草公司的法律代理人对他们来说是有利可图的，但仍然令人厌恶。莫拉威茨认为美国烟草公司的人很难相处，而古思里非常讨厌烟草。他曾经在苏厄德律所的藏书馆里挂了一个禁止吸烟的标志，这在当时是罕见的。后来，古思里辞去了法律顾问的职务。但在此之前，该律所因促成合并获得了10万美元的费用。

随着进一步的合并，包括R. J. 雷诺（R. J. Reynolds）和杜林（Bull Durham）在内的美国烟草公司控制了美国95%的香烟制造业。它还主导了咀嚼烟草和鼻烟工业，并在雪茄制造中占有重要地位。长期为瑞恩代理的鲁特试图说服罗斯福政府与烟草公司谈判达成和解，但他的意见被否决了。罗斯福的司法部部长查尔斯·波拿巴（Charles Bonaparte）根据《谢尔曼反垄断法》提起了诉讼。

罗斯福还在位时，烟草案的首席检察官是波拿巴的特别助理詹姆斯·C. 麦克雷诺。麦克雷诺曾是范德比尔特大学的法学教授，1907年加入克拉瓦斯律所，担任高级助理。克拉瓦斯希望让他成为合伙人，以帮助弥补古思里离开的损失，古思里在此前一年退出了该律所。但在进入律所一个月后，麦克雷诺离开律所加入了司法部，并开始负责对美国烟草公司的起诉。1909年，威克沙姆成为塔夫脱的司法部部长后，他和麦克雷诺一起调查此案。

1910年年初，标准石油公司和美国烟草公司的案件进入了最高法院，威克沙姆和麦克雷诺在烟草公司的案件中为政府辩护。辩护律师都是当时最著名的律师——费城的约翰·G. 约翰逊（John

G. Johnson），他曾帮助摩根大通在北方证券案中击败哈里曼；约翰·G.米尔本是在罗斯福对哈里曼在国际刑事法院进行斗争期间为哈里曼辩护的律师；霍恩布洛尔曾经未能竞选上最高法院提名人，但他经常在法院前辩论；还有艾文斯，几年前他和克拉瓦斯是大都会交通系统的积极调查员。

由于死亡和退休造成的法院空缺，以及这些案件的争议性和复杂性，最高法院对这些案件进行了两次审理——第二次是在1911年1月，由全体法院审理。这些案件在国民中引起的焦虑和悬念比最高法院以前处理的任何案件都要多。这不仅关系到两家大型企业的命运，更令人感兴趣的是，最高法院是否有可能决定这次最终决定——《谢尔曼反垄断法》是否禁止所有的贸易限制，还是只禁止不合理的贸易限制。一个与此密切相关的问题是，一家公司是否仅仅因为拥有控制市场的权力，比如拥有超过50%的市场份额，就构成了非法垄断，不管它是否公平地获得了这种权力。也就是说，在法律的基础上，规模大就被定义为是坏的吗？

如果最高法院对这个问题的回答是肯定的，那么作为一个实际问题，它将结束几乎所有大规模的资本聚集。无论是信托、合并还是控股公司，商人们都将不再能够形成庞大的商业组合。像美国钢铁公司和通用电气这样的公司将不再出现，通用汽车等新兴巨头将被彻底叫停。

事实上，这正是许多民粹主义者所希望的：回到小生产者、独立的个体经营者、农民主导着国家经济的时代。因此，在石油和烟草案件中要解决的法律问题不仅是抽象的，而且将决定美国在20世纪将是一个什么样的经济体系、一个什么样的社会。

助理大法官约翰·马歇尔·哈伦（John Marshall Harlan）是最高法院反对大公司、支持小生产商一派的领导人。他出生在肯塔基州，从奴隶主变成了民权支持者，是1896年臭名昭著的普莱西诉弗格森案中唯一的反对者，该案件在"隔离但平等"的原则下支持种族歧视法律。哈伦认为，《谢尔曼反垄断法》的颁布，是为了使美国摆脱一种新形式的奴隶制，这种奴隶制是由资本集中在少数个人和公司手中造成的。在他看来，只有回到小企业主之间激烈竞争的状态，美国才能成为一个真正的好社会。

哈伦的态度在美国烟草公司案的口头辩论中表现得很明显。当霍恩布洛尔站起来为一家烟草公司辩护时，77岁的哈伦（当时是他生命的最后一年）插嘴抱怨咀嚼烟草的质量太差。"它已经烂掉了。我们再也买不到好的咀嚼烟草了。"他隐晦地指责烟草的垄断。霍恩布洛尔回答说，他没嚼过，不知道。哈伦说话时是否在咀嚼烟草，还是在用当时法庭上许多可用痰盂中的一个，这并未被记录下来。

最高法院里另一位保守派、亲商领袖是来自美国南部的爱德华·道格拉斯·怀特，一位法院观察员形容他长得像一个"快乐的修道士"。1910年12月，就在石油和烟草案重新辩论的一个月前，65岁的怀特在现任首席大法官、保守派的梅尔维尔·富勒（Melville Fuller）去世后，被塔夫脱总统提拔为首席大法官。

媒体普遍猜测塔夫脱会提名当时只有48岁的纽约州州长休斯担任大法官。基于1905年休斯对公平人寿的积极调查和他作为州长的记录，商界对他持怀疑态度。但斯泰森为他担保，商界的反对声音逐渐消失。相比之下，布莱恩严厉批评休斯，称这位白鞋律师是公司利益的俘虏。布莱恩承认休斯是诚实的——他"个人反对恶行，惩罚轻微罪过，但对大型的合法化的抢劫没有表现出愤怒"。

塔夫脱确实曾任命休斯为最高法院大法官，但只是担任助理大法官，而不是首席大法官。据推测，塔夫脱选择怀特是因为怀特又老又胖，不会长期担任大法官，而塔夫脱比起当总统更想成为最高法院法官，他希望有一天能接替怀特（如果这是塔夫脱的想法，那他就成功了，因为1921年怀特去世后，塔夫脱被沃伦·哈丁任命为首席大法官）。

在1911年1月的口头辩论中，休斯作为一名新法官，没有说任何话来表明他的倾向。辩方律师约翰逊强调，大型企业合并并不违法，而且政府无权阻止守法的公司收购另一家公司。他反问法院："如何能安全地用贸易中剩下的金融侏儒微不足道的努力来代替金融巨头们的繁重工作？"

对于政府，威克沙姆承认，仅仅是权力或规模并不构成非法垄断，但他表示，被告公司很难称得上是完美无缺的企业。他向法庭宣读了烟草公司高层写给当地经理的信件，指示他们在某些地区以低于成本价的价格销售产品，以消灭竞争对手，但没必要多花一分钱来达到这一目的。他嘲笑烟草商的证词，烟草商坚称他们从未想过要限制贸易。"他们面容严肃，举止虔诚，简直就是在美化魔鬼。"威克沙姆说。

在1911年的头几个月里，由于法院对石油和烟草案的判决即将公布，紧张气氛不断升温。每周一是最高法院的典型判决日，整个商界都屏住了呼吸。而在没有裁决的每个周一，股市都会根据猜测的结果而暴涨或下跌。

1911年5月13日，《纽约时报》报道，一家股票经纪公司致信法官，请求他们尽快做出裁决，因为"整个国家的业务都处于停滞状态"。正如《纽约论坛报》所言，事情发展到了这样一个地步："似乎没有人特别关心最终的决定是什么。我们所需要的是结束这么多个星期以来压制华尔街生意的不确定性。"

1911年5月15日，星期一，当时位于国会大厦的最高法院大厅里挤满了记者和观众，从法庭的走廊一直拥挤到圆形大厅。当大法官头顶上的大钟滴答过了下午4点——法院正常的退庭时间时，人群开始散去。然后，首席大法官怀特突然实事求是地宣布，他对398号案件给出了自己的意见并做出了判决,所有人立刻意识到标准石油案的判决即将到来。消息很快传开了,离开的人都赶回来见证这个历史性的时刻,就连参议员也在努力争取获准入场。然后,怀特用了将近一个小时的时间概述他的意见。

第二天《纽约时报》的头条总结了这项裁决:标准石油公司必须在6个月内解散;只有不合理的贸易限制才会被禁止。这是政府在具体案件中的胜利,但对一般商业利益机构来说是一种解脱。法院做出了对标准石油公司不利的判决,命令不遵守法律、一度反垄断的该公司必须被拆分为多个公司(最终出现了34家独立的公司,包括埃克森、美孚、阿莫科和雪佛龙)。这些决定让进步人士感到高兴。但这项几乎一致通过的裁决(只有年迈的大法官哈伦表示反对)也让商界松了一口气,因为《谢尔曼反垄断法》只禁止"不合理的"或"不适当的"贸易限制。洛克菲勒的标准石油公司通过降价、强制铁路退税和收购竞争对手的方式赶走了所有竞争对手,这很容易让人得出这样的结论:标准石油公司过度限制了贸易。

两周后,法院重申了对标准石油公司烟草案的裁决。法院裁定美国烟草公司犯有反竞争行为,并命令其在6个月内强制解散。雷诺公司(骆驼香烟和温斯顿香烟的制造商)、利吉特和梅尔烟草公司(L&M)、罗瑞拉德公司(纽波特和肯特),以及其他公司都从中拆分出来。法院谴责烟草托拉斯,不是因为它规模大,而是因为它的行为肆无忌惮,目的是打压竞争对手。因此,"合理原则"将成为根据《谢尔曼反垄断法》进行法院审查的指导原则。不管是好是坏,大公司一直存在。

尽管结果好坏参半,威克沙姆称最高法院的判决是政府的全面胜利。塔夫脱一开始比较谨慎,但很快就由衷地赞同高等法院的合理原则。事实上,作为联邦上诉法院的法官,塔夫脱在早些时候的一件有影响力的案件中也采取了类似的做法,即阿迪斯顿管道案。

他在法庭上说，仅对合法合同的主要目的起"辅助"作用的限制应该被允许。

一名曾代表密苏里州起诉标准石油公司的律师表示，最高法院的理性裁决对那些"过着清白的生活"，通过公平竞争、优质产品和更有效的商业方法实现规模增长的公司来说是一场胜利。他总结说："那些公司，不管它们有多大，只要它们采用的方法是公平的、公正的，并且与竞争对手进行公开透明的竞争，不使用阴险的手段，就不必害怕《谢尔曼反垄断法》。"

其他人的反应就不那么积极了。参议员罗伯特·拉福莱特认为法院只禁止不合理的贸易限制，这让大企业摆脱了困境。对拉福莱特和路易斯·布兰代斯等进步派来说，根本就不存在所谓的"好"托拉斯。

一些公司律师从不同的角度批评了这些决定。斯泰森在国会作证时说，合理原则虽然比之前对《谢尔曼反垄断法》更严格的解释有所改进，但仍给企业带来了太多不确定性，因为它是一个如此模糊的标准。"一位重要的商人曾对我说，"斯泰森回忆道（那位重要的商人可能是指J. P. 摩根），"我不太关心法律是什么，我更关心的是我想知道它是什么；当我知道它是什么，我才会遵守它。"

斯泰森重新提出了这样一种观点，即企业应该能够向联邦企业委员会寻求许可，为企业的业务合并和合同提供某种形式的预先许可。他没有改变自己的观点，即如果没有联邦反垄断法，国家会更好。"法律从来没有做过任何具体的规定，它从不会为任何人赚钱。除了惩罚，它从来没有提供任何东西。"他告诉国会。但是根据公众的意见（"你不能与一个群体对抗"），他认为废除《谢尔曼反垄断法》或对其进行进一步修改是不现实的。由熟悉商业和经济的人进行有限的监管，比把一切都交给未经选举的、不专业的法官更可取。与此同时，他说，商人们"停下了脚步，他们不会继续走下去。原因是他们无法从自己信任的顾问那里得到继续下去是明智或谨慎的建议"。

一些报纸嘲笑这样一种观点，即最好的公司律师不会或不能就如何在反垄断法下行事为客户提供咨询。"塞缪尔·昂特迈耶会说他回答不了吗？"《纽约世界报》问道，"费城的约翰逊会两手一摊吗？或是古思里，或是斯泰森？难道任何大公司或其代理人都不知道什么时候它与垄断的意图和效果相结合了吗？或者它是什么时候通过本地价格操纵、排他性协议、回扣等方式敲诈竞争对手？"

在石油和烟草案发生一年后，威克沙姆赢得了另一场重大胜利。最高法院裁定，已故的哈里曼生前在1901年对联合太平洋铁路公司和南太平洋铁路公司的合并，根据《谢尔曼反垄断法》，属于非法合并，必须将其解散。在后来的案件中，法院通过裁定某些类别的商业行为，如操纵价格、操纵投标和市场的地域划分是不合理的，进行了额外的澄清，因此无须进行广泛的司法调查。

渴望重返政坛的罗斯福承认，最高法院对石油和烟草的裁决通过瓦解这些托拉斯取得了一定的好处。但他说，现在迫切的是要颁布严厉而具有深远影响的法律，将大型托拉斯置于《州际商法》对铁路和其他公共运输公司同样严格的控制之下。他说，塔夫脱和威克沙姆可以提出他们想要的所有反垄断诉讼，但只有一个联邦公司机构——类似州际商务委员会，才能提供所需的持续监督和快速执行。

罗斯福还说，政府对大型工业公司的控制最终可能要远远超过政府对铁路的现有控制。因为根据罗斯福之前的立法，国际商会已经对铁路价格的制定有很大的控制权，罗斯福暗示政府，甚至可能是暗示他自己，需要对普通企业生产和销售的商品定价。对于斯泰森和塔夫脱这样的人来说，这难以实现。尽管威克沙姆认为联邦对价格进行控制的想法值得考虑，但他大胆地说，这样一个新颖、激进的想法不大可行。他认为《谢尔曼反垄断法》框架下的政府诉讼是监管不良商业行为的有效手段。

正是这样一场官司导致了罗斯福和塔夫脱之间的最后分歧。在前一年从非洲大型野生动物园归来后的一段时间里，这位前总统多次批评塔夫脱没有更大胆地推动罗斯福开始的渐进式改革。塔夫脱曾承诺要"完善"罗斯福政府设立的政府和法律机制，他也取得了一些显著的成功。其中包括一项新的铁路法，即《曼–埃尔金斯法案》(Mann-Elkins Act)，主要由威克沙姆起草。该法案加强了国际刑事法院的权力，并将其管辖权扩大到电话、电报、电缆和无线通信等领域。但是，在罗斯福和其他进步人士看来，塔夫脱走得不够远，也不够快，他的周围都是大企业主、特殊利益集团和企业律师，如克伦威尔、威克沙姆和塔夫脱的亲弟弟亨利。

具有讽刺意味的是，正是这一坚决的反对公司的行动让罗斯福大发雷霆。1911年10月下旬，在塔夫脱的批准下，威克沙姆对美国钢铁公司提起了反垄断诉讼，就像罗斯福曾经威胁要做的那样。斯泰森立即受聘为这家当时世界上最大的公司辩护，一家报纸将此描述为"金融大决战"。

在某种程度上，激怒罗斯福的是，这一诉讼竟然被提起。罗斯福曾在1902年告诉J. P. 摩根，他不会起诉他的美国钢铁公司，除非它做了违法的事情。由于罗斯福在随后的七年里没有对摩根的公司采取任何行动，塔夫脱的诉讼可以被解读为含蓄地指责罗斯福在执行反垄断法方面的松懈。

但更让罗斯福愤怒的是诉讼的内容。政府的请愿书提醒大家，在1907年恐慌期间，罗斯福曾允许美国钢铁公司收购其竞争对手田纳西煤炭、钢铁和铁路公司，这是摩根拯救国家经济计划的一部分。威克沙姆在诉状中称，摩根的动机不仅是为了消除恐慌，而且是为了获得对一个主要竞争对手的控制权，现在需要将控制权从这家钢铁巨头手中剥离出来。这句话的意思是，罗斯福要么被摩根骗了，要么更糟的是他积极促成了一项非法收购。

在提交之前，塔夫脱并没有读过这份请愿书，后来他说现在做什么都太晚了。罗斯福认为这是一种背叛行为，或者至少证明了塔夫脱的无能和威克沙姆的恶意。大多数历史学家认为，威克沙姆并没有故意让前总统难堪，而是无意间表现出了缺乏政治手腕。但也有证据表明，忠于塔夫脱的威克沙姆对罗斯福对他的攻击感到不安，他清楚自己在做什么。

鲁特称这一混乱是罗斯福过分夸大的"小烦恼"。不管是否反应过度，这都助长了罗斯福不断增长的欲望，他想在1912年的共和党提名中挑战现任总统塔夫脱。

威克沙姆在促使罗斯福与他的继任者决裂的另一事件中发挥了关键作用。罗斯福在非洲期间，后来被称为巴林杰–平肖（Ballinger-Pinchot）的事件引发了一场重大争议。一位名叫路易斯·格拉维斯（Louis Glavis）的政府土地官员指责塔夫脱政府的内政部长理查德·巴林杰（Richard Ballinger）不当地将阿拉斯加受保护的宝贵煤炭土地拱手让给了J. P. 摩根和古根海姆家族领导的私人财团。塔夫脱在与威克沙姆商议并检查了证据之后，解雇了格拉维斯。格拉维斯随后向媒体提出了他的指控。当最初由罗斯福任命的美国林业部长吉福德·平肖（Gifford Pinchot）———一位进步的环保主义者，公开站在格拉维斯一边时，塔夫脱也解雇了平肖，因为他没执行命令。

路易斯·布兰代斯后来成为格拉维斯和平肖的律师。布兰代斯揭露了一个事实，即威克沙姆关于此事的正式报告被填错了日期，使塔夫脱在决定解雇格拉维斯时似乎已经收到了这份报告。尽管塔夫脱受益于威克沙姆的想法和笔记，以及内政部官员为巴林杰开脱的声明，但总检察长的最终报告直到几周后才完成。

威克沙姆后来承认他填错了报告日期，塔夫脱也向国会承认是他指示威克沙姆这么做的。尽管巴林杰被证明没有任何不当行为，日期错误也没有影响结果，但这件事让总统和他的司法部部长都感到尴尬。更重要的是，整个事件在自然资源保护主义者和反自然资源保护主义者之间、进步主义者和保守派之间，以及最终在罗斯福和塔夫脱之间制造了不和。

到1911年年底，罗斯福显然急于挑战塔夫脱，以获得共和党的提名。在对自己的意图隐瞒了几个月之后，罗斯福终于在1912年2月宣布："我要参加竞选了。"

两个月后，与罗斯福渐行渐远的塔夫脱让威克沙姆再次提起反垄断诉讼，这激怒了这位前总统。这次的目标是国际收割机公司，1902年古思里、克拉瓦斯（代表收割机公司）和斯泰森（代表J. P. 摩根）帮助成立了该公司。塞勒斯·H. 麦考密克（Cyrus H. McCormick）的收割机公司与迪林（Deering）家族的收割机公司合并后，摩根控股的新公司获得了农业设备85%的市场份额。这是敌对派系之间的一场紧张而微妙的谈判，麦考密克家族虽然在交易中由克拉瓦斯代表，但还是咨询了克伦威尔，以确保他们不会遇到克伦威尔所说的"耍弄"。克伦威尔一贯毫不谦虚地告诉他们，如果他们一开始就来找他，他们可能会更顺利一些。

收割机公司的合并是在罗斯福决定起诉北方证券公司后不久完成的。斯泰森对合并各方表示，此时组织大型信托公司已经晚了两年，并警告称，合并将成为寻求赢得农民选票的民粹主义总统的一个诱人的目标。合并确实受到了政府的调查，但罗斯福认为收割机公司是所谓的良好信托之一，决定不起诉。克拉瓦斯对罗斯福的司法部部长查尔斯·波拿巴说，收割机公司的经营是公平和诚实的，攻击任何合法企业都会产生严重的不良后果。

1912年4月，威克沙姆终于对收割机公司提起诉讼，塔夫脱公开了几封信，表明罗斯福在1907年撤销了波拿巴计划中的诉讼。这些令人尴尬的信件表明，罗斯福采取的行动是为了不与摩根集团的利益对立，摩根集团对他的政府非常友好。罗斯福反驳说，塔夫脱作为他的内阁成员，当时并没有提出抗议，只是在马萨诸塞州共和党总统初选前夕为了政治利益才公布这些信件。

1912年的总统选举是美国历史上最艰难、最重要的选举之一。它被托拉斯问题所主导，塔夫脱采取适度保守的立场；罗斯福是最激进、最进步的一位；这位民主党执政者兼前大学校长试图在两者之间找到一个中间立场。这位民主党候选人本身就是一名律师，但正如他经常告诉公众的那样，他对这个职业评价不高。

第十四章

"一种被称为基督教的文明"

并非华尔街律师经手的每一个案子都是重大的，像标准石油公司和美国烟草公司这样具有国家意义的事件就更少了。尽管华尔街的律师很少屈就于处理涉及家庭纠纷、离婚纠纷或小规模案件，但为了帮助一些重要的企业客户，他们偶尔也会接手此类案件。克拉瓦斯接过的一个案例是，银行家莫蒂默·希夫（Mortimer Schiff）——库恩·雷波公司客户雅各布·希夫的儿子，曾遭到他的管家的袭击。

1912年，当克拉瓦斯卷入希夫案时，"是管家干的"（the butler did it）这个短语还没有进入词典。直到推理小说作家玛丽·罗伯茨·莱因哈特（Mary Roberts Rinehart）1930年的小说《门》（The Door）出版后，这个词才为人们所熟知。在小说中，男管家是凶手。

但这个案子是有先例的。1900年，霍恩布洛尔领导的白鞋律所的合伙人詹姆斯·伯恩曾是"卡特称之为孩子"的人。他曾担任轰动一时的威廉·M. 莱斯（William M. Rice）被管家谋杀一案的首席律师。这位84岁的德州百万富翁搬到纽约后，被发现死在麦迪逊大道的公寓里，他和贴身男仆独自住在那里。在莱斯的可疑遗嘱执行人之一伯恩的帮助下，事实证明，莱斯的私人律师伪造了老人的遗嘱，称自己是大部分遗产的继承人，然后让男仆用氯仿（又称三氯甲烷，遇光分解为剧毒光气）杀死了莱斯。这个案子使伯恩成为法律界的明星。

莱斯案是一桩高风险的诉讼，涉及一笔用于在休斯顿建立莱斯大学的遗产。克拉瓦斯负责的希夫案是一件更微不足道的事情，尽管该案件几乎带来了同样多的头条新闻。

本案始于1907年,当时希夫解雇了21岁的瑞典管家——福尔克·E. 布兰特(Foulke E. Brandt)(又名劳伦斯·德·福尔克),克拉瓦斯没有参与该案。布兰特的违法行为是给希夫的妻子写了一封粗俗的信,告诉她他的高贵出身,并表明了自己对她的爱。一个月后,当希夫夫妇在晚上外出后回到位于第五大道的家时,希夫发现布兰特在他的卧室里,穿着自己的睡袍和拖鞋。布兰特用一根保龄球杆打了其前雇主的额头,并亮出了他从厨房里拿出来的一把大切肉刀(布兰特后来声称,这把刀是为了自卫,以防希夫或某个仆人对他动手)。

布兰特说他穷困潦倒,来找希夫帮忙。希夫认为自己是在和一个疯子打交道,于是和布兰特谈了几分钟,让他冷静下来,然后给了他50美元,把他送出家门,并告诉他三天后到办公室来进一步讨论此事。三天后当布兰特到达时,希夫让一对侦探逮捕了他。罪名是入室盗窃、袭击和盗窃(布兰特偷了一对价值200美元的钻石别针)。布兰特对入室盗窃表示认罪,并被判在州立监狱服刑处30年。

这一事件在当时只引起了媒体的短暂关注。但在1912年1月,布兰特向纽约州长申请赦免,当时他的刑期已满5年,并因此登上了头版头条。报纸、州检察长和其他杰出的公民都支持他的诉讼案。布兰特被誉为某种意义上的英雄——一个因侵犯少数特权阶层的权利而受到不公正和过分惩罚的仆人阶层的一员。他的支持者认为,他对入室盗窃指控的认罪在法律上是有缺陷的,因为布兰特没有强行进入希夫的家(布兰特声称他是从一扇敞开的门进来的,或使用仆人给他的另一把钥匙,或从地下室的灰槽里爬进来)。

希夫聘请了克拉瓦斯和其他几位律师,反对布兰特的赦免申请。其实,希夫并不反对宽大处理,直到他得知布兰特在其申请中改变了言辞,说自己去希夫家是为了和希夫夫人进行一次苟且约会。据布兰特说,他谎称自己在那里,是为了保住希夫夫人的名誉。克拉瓦斯代表希夫辩称，鉴于布兰特对希夫夫人的含沙射影的诽谤，没有必要宽大处理。当地检察官试图扭转局面，威胁要起诉希夫和其他人，包括他的原律师，因为他们图谋让布兰特被判处长期监禁。

在放弃豁免权后，希夫在大陪审团面前作证，并由克拉瓦斯律所代理。大陪审团宣布这位34岁的银行家没有任何不当行为。陪审员们主动表示，虽然从技术上讲，布兰特因为没有强行闯入所以未犯入室盗窃罪，但他犯下了袭击和重大盗窃罪。克拉瓦斯后来发表声明，称希夫被宣告无罪，而布兰特则被发现是一个说谎的罪犯。大陪审团的调查结束时，正好赶上希夫夫妇登上开往英国的白星客轮奥林匹克号。在航行中，奥林匹克号收到了其姐妹船泰坦尼克号的求救信号，但由于距离太远，无法提供救援。

至于布兰特，他的赦免请求最初遭到拒绝，但后来获得了批准——不是因为他是无辜的，而是因为判决过重。作为出狱的条件，布兰特表示歉意，承认自己在关于希夫夫人的事情上撒谎了，并表示将继续努力改正错误。他还承诺不从任何有关此案的书籍、舞台剧或其他恶名中获利。布兰特搬到了明尼苏达州，在那里找到了一份木材工作，但由于违反了假释条款受到警探的追捕，他又回到了纽约。在一个合唱团女孩得知他的罪行拒绝了他的求婚后，布兰特便永远离开了这个国家，回到了他的祖国瑞典。

在关于克拉瓦斯律所的大量历史中，作者罗伯特·斯温并没有提到布兰特案。也许他觉得这太微不足道了，但他的书中提到了数以千计的其他琐碎、平凡的事情，不过这些事情都没有得到像这个案件那样多的关注。所以更有可能的是，斯温并不想突出那些华尔街精英律师被迫玷污自己名声的罕见案例。

罗斯福认为，在他所有的内阁成员中，只有鲁特有能力接替他成为总统。两人的友谊可以追溯到三十多年前，当时鲁特是一位颇具影响力的纽约律师,他支持年轻的改革家罗斯福第一次竞选州议员。1898年罗斯福成功竞选纽约州州长时,鲁特为罗斯福的竞选资格提供了法律依据,来抵御他之前声称自己是华盛顿特区的居民,以避免因他未缴纳纽约市的税款所招致的反对声音。罗斯福提交的纳税申报表前后不一致,因此陷入了困境。正如鲁特后来回忆的那样,罗斯福"是个年轻人""对商业和商业事务不甚了解"。鲁特就"居住"一词的含义进行了激烈的辩论,并在共和党州代表大会上发表了激动人心的演讲,帮助罗斯福赢得了总统候选人资格。从那时起,罗斯福就开始完全信任鲁特。

但这并不是说他们之间的关系总是很融洽。罗斯福最明显的特点是好斗,"他对我经常如此。"鲁特后来回忆说。但罗斯福很聪明,乐于接受建议,而且在争吵之后很快就会和好。罗斯福会频繁地发火,但持续时间很短,不过这也是经过深思熟虑的。"他知道自己要说什么。"鲁特回忆道。

鲁特曾担任罗斯福的国务卿、战争部长和全面可靠的顾问。如果他愿意的话,他本可以在1908年为自己争取到共和党的总统提名,但他拒绝参选。罗斯福认为他不可能当选,由于他与公司的关系,鲁特也同意这一看法,认为"一个为许多富人服务的纽约律师不会成为一个实际的候选人"。相反,鲁特完全支持罗斯福选择塔夫脱接替他的职位。鲁特在美国参议院成了塔夫脱的忠实拥护者,以至于他在1912年加入了保守派共和党人的阵营,支持塔夫脱总统的提名,以抵制罗斯福和党内进步派的挑战。

罗斯福试图在共和党正规派和进步派起义者之间制造分裂,这让鲁特感到困扰。在鲁特看来,罗斯福就像老牧师一样,"从不认为新牧师会像他那样布道"。鲁特还认为,罗斯福与塔夫脱决裂是次要的,因为在威克沙姆对美国钢铁公司的诉讼中,他对田纳西煤炭问题感到"非常生气"。

罗斯福则继续攻击威克沙姆，说他解散标准石油公司和美国烟草公司是一种"假装的抑制"，收效甚微。和许多进步人士一样，罗斯福认为威克沙姆批准的解散计划过于宽松，仍然允许新的独立公司拥有太多权力（当被问及他对最高法院1911年的判决有何看法时，洛克菲勒说："购买标准石油公司。"事实证明，这是一个很好的建议，因为新公司的股价飙升）。罗斯福表示，现在需要的是一个联邦委员会，它有权力管理一般的工业公司包括它们的定价，就像国际刑事法院在铁路公司所拥有的权力。

鲁特的保守主义更符合塔夫脱的政治理念，而不是罗斯福日益激进的做派，也就是所谓的新民族主义。新民族主义者既寻求通过直接投票初选、倡议、全民公决等纯粹的民主机制为人民争取更大的权力，同时又寻求为联邦政府争取更大的国家行政权力，以促进社会公正。

由于对大众的不信任，鲁特反对大多数关于直接民主的提议，因为有些民众的文化程度不高。还有一个特别的问题让他无法支持前总统。在初选期间，罗斯福提议给予每个州的选民以权力，让他们可以撤销州最高法院作出的某些司法判决。一些州的法院根据宪法，推翻了有关雇员安全和童工等问题的社会福利立法。法院根据古思里等律师的推理得出的结论是，这些法律侵犯了合同自由和雇主的财产权。例如，纽约州最高法院裁定，该州适用某些危险行业的新工人赔偿法，侵犯了雇主的正当程序权利，因为它将责任强加给毫无过错的雇主。

罗斯福的提议允许该州的人民通过全民公决推翻这一裁决和类似的裁决。他没有提议将美国最高法院的裁决或对美国宪法的解释交由全民公决，也没有提议罢免个别法官。但在塔夫脱和思想更为保守的人看来，罗斯福的建议是一个危险的激进想法，违反了政府司法和立法部门的分权。

鲁特认为罗斯福的建议是愚蠢的"一个完全疯狂的计划",他对一个朋友说。"面对这种情况,我不可能支持罗斯福。"鲁特解释说,并补充道。罗斯福"不太在意法律条例",但是鲁特在意。鲁特钦佩塔夫脱的司法头脑。鲁特说:"他想听听双方的意见,然后进行反思。"而罗斯福"想听听意见,然后忽略这些意见"。另一方面,鲁特发现塔夫脱这个慢条斯理、做事谨慎的思考者一旦做出决定就很难改变。这与罗斯福相反,罗斯福下定决心很快,但很容易受到影响而做出改变。

1912年6月,在芝加哥举行的共和党全国代表大会开幕式上,代表团成员人数在现任总统塔夫脱和罗斯福之间分布得十分均等,塔夫脱控制着政党机构,而罗斯福几乎赢得了所有的民选初选。这是当年提名过程的一个新特点,但还不是大多数选择代表的方式。由于约有250个州代表团席位因欺诈和违规行为的指控而发生争议,其中大部分争议是由罗斯福一派提出的,因此,选择有权作出程序裁决的大会主席至关重要。

塔夫脱的经理人推举鲁特担任主席,罗斯福却强烈反对这一选择,因为鲁特当时是塔夫脱的坚定支持者。在一次关键的测试投票中,鲁特以558票对502票的微弱优势当选主席。结果公布后,发生了一系列打斗事件,甚至需要警方介入。数百名鲁特的共和党同僚和罗斯福的支持者,瞪着这位杰出的前内阁成员,眼中满是仇恨。罗斯福声称鲁特是通过欺诈手段获胜的,有70~80张支持他的选票是偷来的。他称他的老朋友鲁特是受人指使并且受到特殊利益集团的控制才赞成反动政策。

在鲁特的主席裁决的帮助下,塔夫脱的势力击退了罗斯福代表发起的挑战。会议过程中出现了近乎骚乱的动荡场面,警察再次介入制止数十起殴斗。由于罗斯福的代表按照他的指示拒绝参加投票,大会在第一轮投票中轻松地提名了塔夫脱。罗斯福指控鲁特和其他人有欺诈行为，他退出了大会，并带领他的支持者成立了第三党——形式上是进步党，但被亲切地戏称为"公麋党"，因为罗斯福在大会结束后不久吹嘘自己"像公麋一样健康"。

罗斯福后来说，他永远不能原谅鲁特，因为他"参与了和坦慕尼投票有关的盗窃和诈骗行为，这是有史以来最彻底的一次"。但鲁特认为他的裁决是合理的，并向塔夫脱保证，他赢得的提名是完全有效的。

共和党的分裂给伍德罗·威尔逊（Woodrow Wilson）提供了重夺白宫的绝佳机会，他是民主党提名的进步的新泽西州州长、前普林斯顿大学校长。信任问题成为竞选中的主要问题，威尔逊"三角定位"占据了塔夫脱的左翼和罗斯福的右翼的位置。

塔夫脱的政策是继续依靠司法机构，最终依靠最高法院，根据合理原则解释和执行《谢尔曼反垄断法》。罗斯福希望加强联邦行政监管，公司或贸易委员会、联邦许可、价格控制等由行政部门控制，减少对法院的依赖。他开始相信，大公司是不可避免的，监管它们比试图拆分它们更重要。除了极端情况，他认为这些公司对国家发展是有益的，而不是有害的。

威尔逊在塔夫脱和罗斯福之间采取了中间立场。他宣称："我支持大企业，反对托拉斯。"他将通过结合温和的联邦委员会（他赞成一个没有执照和定价权的事实调查机构）和受司法审查的激进的联邦反垄断执法机构来处理业务。按照他的顾问布兰代斯的主张，如果大企业有成为垄断企业的威胁，就需要起诉它们。如果一家公司是垄断性质的，它需要被拆分，而不仅仅是受到监管。威尔逊嘲笑进步党对中央联邦计划的渴望，他说："我们的计划是自由的；他们的计划是受到监管的。"

威尔逊还建议，各州本身应该提高反垄断行动的水平。例如，在担任新泽西州州长期间，他曾推动立法结束该州对控股公司的优惠待遇。这也是克伦威尔在此前25年成功通过的法律。

斯泰森更喜欢一个更保守、更亲商的民主党人，而不是威尔逊。威尔逊本身就是一名律师（尽管他只做了一年），他一直严厉批评华尔街的律师。威尔逊在1910年的一次演讲中说，当他还是普林斯顿大学校长时，公司律师"卷入了国家新商业体系的旋涡中"。与布兰代斯观点一致的是，身为教授的威尔逊鼓励律师变得更像公务员，而不是像专门的技术人员。他们在为私人企业客户服务时，专注于对法律的特定方面进行细致的研究。威尔逊很可能是在描述斯泰森本人。

尽管如此，与1908年不同的是，当时斯泰森、霍恩布洛尔和柯蒂斯等民主党白鞋律师无法忍受布莱恩，在1912年，他们支持威尔逊并为其提供资金。相对于共和党的塔夫脱和极端进步的罗斯福，他们更喜欢克伦威尔。自诩为"激进的自由贸易者"的斯泰森对威尔逊的低关税政策也表示满意。

与此同时，华尔街的共和党律师几乎一致支持塔夫脱。克伦威尔再次成为他最大的出资人之一，古思里在一次备受关注的演讲中称罗斯福"本质上是一个社会主义者"，在挑起阶级斗争方面他做得比任何人都多。罗斯福反过来抨击古思里和鲁特是"公司律师"，充当"反对人民的律师"。

纽约州上诉法院（纽约州最高法院）的两项判决说明了罗斯福和公司律师之间的哲学分歧。第一起是发生在1885年的"廉价公寓烟草案"，一名纽约市男子因试图在自己的廉价公寓里从事雪茄制造业务而被刑事起诉。法院裁定，该刑事法规违宪，侵犯了该男子的自由，并指出制烟是在公寓房间里进行的，与烹饪和卧室完全分开，这些房间没有弥漫烟草气味。在1912年的竞选中，鲁特和古思里为法院的裁决进行了辩护，认为该法令侵犯了佃户养活自己和家人的自由。该诉讼是应大烟草工厂主的要求提起的，目的是防止来自家庭制造商的合法竞争。罗斯福认为,最高法院阻碍了旨在确保更卫生的廉租房住房条件的立法尝试。

在1896年判决的第二起案件中,一名21岁的妇女在布法罗五金厂工作时,她的手臂被一台没有盖的齿轮机碾碎,这违反了一项安全规定。法院认为,由于危险是可见的,而且她清楚地知道这一点,该女子承担了风险,无法在对其雇主的诉讼中获得赔偿。罗斯福嘲笑这一判决,认为"立法机关不能干涉那个失去手臂女孩的自由"。鲁特和古思里回应说,法院的判决没有阻止立法机构修改法律,使雇主在这种情况下承担责任。

几乎可以肯定,斯泰森在做出这些判决时也会同意这些法院判决。作为一名保守的自由主义者,他蔑视《谢尔曼反垄断法》,并在1894年帮助古斯里反对联邦所得税,认为这是违反宪法的。1909年,国会通过了第16次修正案,授权征收所得税,并将其送交各州批准。斯泰森与古思里及约乔特、莫拉威茨和当时的州长休斯等其他主要律师一起敦促纽约州立法机关不要批准该修正案。最终,纽约州和美国其他很多州都批准了修正案,得到了塔夫脱总统、司法部部长威克沙姆的支持。令人惊讶的是,纽约州保守派参议员鲁特对此也表示支持。

但是到了1912年的大选年,当年斯泰森66岁,他的观点发生了变化。与古思里不同,斯泰森从来不是一个教条主义的反动分子。例如,他支持监狱改革和工人补偿,并为威廉姆斯学院激进教授和学生的言论自由辩护。对于一位新的政治学教授,他反对选择"一个统计学家、一个煽动者或一个反动分子",而是希望选择一个能"激发人们对政治经济学文献知识兴趣"的人。斯泰森的理念是典型的自由主义理念,他赞成在所有领域实行有限政府。

但多年来,斯泰森对商业的放任态度有所缓和。他开始相信,联邦政府对企业的监管可以作为缓冲,以缓解"企业与缺乏耐心或吹毛求疵的公众之间的冲击"。1912年7月，斯泰森在《大西洋月刊》（Atlantic Monthly）上发表了一篇颇有影响力的文章，题为《政府和公司》（The Government and the Corporations）。文中认为，为了防止公众受到伤害，有必要对公司进行一些政府监督和管理，甚至成立一个联邦委员会。他收到了一些"粉丝"的来信，其中有一位记者称这篇文章"清晰、坦率、令人信服，最重要的是，它有助于消除经济和政治上的空谈"。

斯泰森承认，他在联邦委员会的职位"会让上一代商人和他们的律师感到厌恶"，包括他自己。正如他的客户J. P.摩根曾说过的一句名言："我不欠公众任何东西。"斯泰森和摩根一样，是一个虔诚的宗教信徒，他认为，"一种称为基督教的文明"应该保护其公民免受最恶劣的企业衰退行为的影响。通过这样的监督，他希望企业能在自己身上发现"至少类似于灵魂的东西"。他几乎成了一个威尔逊式的民主党人。对于斯泰森来说，这的确是一次精神之旅。他是圣公会的典狱长，也是公司法律协会中最受尊敬、最有影响力的成员。

与大多数强盗大亨客户一样，几乎所有顶尖的白鞋律师都是虔诚的宗教人士。尽管他们被誉为百万富翁、无情的技术官僚，但他们却经常参与私人慈善活动。例如，在1912年的竞选活动中，在前一年最高法院合理原则裁决中反对公司的异议人士约翰·马歇尔·哈伦（John Marshall Harlan）去世后，一群华尔街律师成立了一项4万美元的基金会，以帮助哈兰穷困潦倒的遗孀和女儿。这项行动的领导者包括斯泰森、克伦威尔、鲁特、莫拉威茨、约翰逊以及致力于反对公共福利的古思里。"尽管我们并不总是同意哈伦法官的决定"，他们的募捐信中写道，但"毫无疑问，他真诚而爱国，希望尽自己最大的努力履行自己的职责"。他们只能希望有一天，公众也能以同样赞同的态度看待他们的工作。

克拉瓦斯也许是领先的白鞋律师中最低调的政治人物。在他的私人法律执业中，他从不认为政治影响力和关系比法律技能、勤奋品质和工作质量更重要。他认为太多的律师夸大了他们的政治影响力，从易受骗的客户那里吸引业务，因此他从不声称自己对法官有特殊的影响力，或者像他的合伙人斯温所说的那样，有"创造神奇结果的能力"。

1908年，克拉瓦斯对塔夫脱的竞选捐款是以他妻子的名义进行的，而在1912年，他和克拉瓦斯夫人都没有被列为向三位主要候选人中的任何一位捐款的名单之中。他也没有发表任何支持或反对他们的公开声明。他感到矛盾：作为一名终身共和党人，他可能投票支持塔夫脱，但罗斯福是他的老朋友和政治上的知己。而克拉瓦斯最重要的客户希夫支持威尔逊，并为其竞选提供了大量捐款。

1908年11月，由于共和党分裂，威尔逊轻松赢得总统大选，克拉瓦斯可能松了一口气，因为这场激烈的竞争终于结束了。选举后一周，他和妻子以及17岁的女儿维拉参加了大都会歌剧院季的首演之夜。演出在当时位于西39街、距离克拉瓦斯住所不远的老大都会博物馆举行，由恩里科·卡鲁索演唱普契尼的《玛侬·莱斯科》（Manon Lescaut）。这是一个光彩夺目的场合，出席歌剧院的还有贝尔蒙特先生和夫人，范德比尔特家的几位成员，以及前总统的儿媳埃莉诺·巴特勒·亚历山大·罗斯福（Eleanor Butler Alexander-Roosevelt）。唯一空着的包厢，通常留给约翰·雅各布·阿斯特一家，因为这一家人于当年4月在乘坐的泰坦尼克号上遇难。

当晚，J.P.摩根和华尔街著名律师昂特迈耶都参加了。他们没有记录显示，是否在歌剧院看到对方或与对方交谈。但一个月后，他们将在可能是整个进步时代最著名的"律师-证人"交换中相互对峙。

第十五章

"钱买不到"

"我祝愿我们的国家有机会摧毁华尔街政府，完成持久的经济改革。"1912年7月，威尔逊被提名为民主党总统候选人时，昂特迈耶在电报中这样写道。昂特迈耶是民主党的常客，他补充说，他"毫无保留地加入"威尔逊的竞选活动，条件是这位候选人拒绝华尔街所有的资金捐助。

而在此前三个月，冠达轮船公司（Cunard Line）的卡罗尼亚号（RMS Caronia）向泰坦尼克号发出了第一次结冰警告，昂特迈耶在船上写道，他将前往巴登巴登（Baden-Baden）进行一年一度的水疗。但他告诉威尔逊，如果需要帮助赢得选举，他将很乐意提前返回。与此同时，他给威尔逊的竞选团队寄去了一张10000美元的支票。

自格罗弗·克利夫兰以来，民主党人首次入主白宫，这是民主党人20年来首次控制国会，昂特迈耶心情激动。早些时候，他曾被选为美国众议院一个专门调查所谓货币信托的小组委员会的首席法律顾问。昂特迈耶鼓励进行这样的调查已有一段时间了。普霍委员会以其主席、路易斯安那州民主党人阿尔塞纳·普霍（Arsène Pujo）的名字命名，其主要关注的是少数华尔街人士对国家资金和信贷的集中和控制，尤其是J. P. 摩根和他的同伙。

昂特迈耶是作为摩根对手的最佳人选。他声称，以摩根为首的"货币寡头政治"是一个危险而邪恶的体系，在过去5年里，它集中了比过去50年已知的任何一种货币权力都大的权力。昂特迈耶在他的扬克斯庄园饲养了冠军犬，他的牧羊犬在1906年费城犬只展上击败了摩根的牧羊犬，令这位在美国推广牧羊犬繁育的人感到尴尬。身为犹太人的昂特迈耶激起了摩根内心深处的反感，而摩根反犹太主义的思想早已根深蒂固。

1912年4月,当昂特迈耶被宣布为普霍委员会的律师时,摩根的儿子给他在威尼斯的父亲发了一封电报,说调查可能会非常不愉快。摩根的图书管理员经常暴露她领导的观点,说他害怕面对昂特迈耶。她将摩根形容为"缺乏教养,让人恶心,像个无赖……就像一只可恶的意大利小跳蚤攻击美洲狮"。

昂特迈耶温文尔雅又十分精明,能够在需要时尽展魅力。他有很多名人和娱乐圈的客户和朋友。但他的反商业言论,加上其含沙射影和经常粗暴的态度,让建制派人物对他深恶痛绝。1911年,美国总统塔夫脱表达了他对昂特迈耶性格的厌恶,并表示他对"所谓的'金钱信托'调查"毫无同情,他认为这是调查人员的骚扰。塔夫脱把这件事告诉了罗杰·L.法纳姆,法纳姆辞去了作为克伦威尔新闻代理人的工作,加入了纽约国民城市银行,该银行是普霍委员会调查的目标之一。

不爱社交的古思里认为昂特迈耶"没有绅士风度",克拉瓦斯曾在1910年的一起法庭案件中与昂特迈耶发生争执。当时,他和昂特迈耶代表一家肉类加工公司的敌对派系。《纽约太阳报》的标题写道:昂特迈耶和克拉瓦斯因精牛肉而发生个人恩怨。报道称,昂特迈耶指责克拉瓦斯策划了一个"邪恶的"阴谋,目的是阻挠昂特迈耶的客户。克拉瓦斯回应说,昂特迈耶的行为违反了职业道德。一年后,克拉瓦斯批评昂特迈耶提出了一些公司法改革的建议,比如废除控股公司,克拉瓦斯认为这些建议过于激进。

昂特迈耶接受了普霍委员会的聘用,但只有在保证调查将由他完全负责调查的情况下才接受。起初,他行事谨慎,坚持把调查的主要部分推迟到1912年大选之后,以避免显得过于党派化。他还把标准定得很低,明确表示他不相信有任何"货币信托"这样的东西,即金融人士之间存在明确的、固定的违法协议,如在石油和烟草行业发现的那样。

相反，昂特迈耶说，货币信托只是把金融权力危险地集中在纽约的少数人手中。除了摩根，他们还包括纽约第一国民银行主席乔治·F. 贝克（George F. Baker）和纽约国民城市银行主席詹姆斯·斯蒂尔曼（James Stillman）（这两家机构最终合并成花旗银行）。摩根、贝克和斯蒂尔曼通常被称为"三人组"，尤其是他们在摩根的领导下联合遏制1907年的金融恐慌之后。

尽管摩根在当时被认为拯救了美国的金融体系，但1907年的金融恐慌暴露了该体系的一个根本弱点：在危机中，没有任何中央银行权威机构提供现成的流动资产储备。即使可以相信私人银行家的行为是出于高尚的动机——而昂特迈耶认为他们不可能这样做——政府将如此大的权力交给少数几个金融巨头也是不明智的。该国需要新的立法，使其能够应对商业周期中不可避免的危机，并建立一个官方的贷款机构。普霍委员会的任务是为联邦银行和货币改革提供事实基础，并证明某种"货币信托"即使是非正式的，也是实现这一目标的核心。

昂特迈耶还有另一个更私人的目标。他非常想在威尔逊政府中担任大使，最好是去他祖先的故乡德国，或者法国。另外，据说他觊觎内阁职位，尤其是司法部部长一职。

国民城市银行的行长弗兰克·范德利普指责说，昂特迈耶的全部野心就是"粉饰自己的性格"。这大概是指昂特迈耶在职业生涯早期遇到的麻烦，当时新泽西州的一家法院指控他以欺诈的方式成立了草纸垄断公司。又或许，昂特迈耶是在寻求一种尊重，因为他的宗教信仰，白鞋律师同行们拒绝了他。最后，威尔逊出于对昂特迈耶之前作为信托律师的工作的担忧，拒绝让他担任大使职位。当昂特迈耶在新泽西州草纸案中受到指责时，威尔逊当时还是普林斯顿大学的校长。尽管威尔逊尊敬昂特迈耶，但对丑闻的记忆使这位已当选的总统不愿给这位自由主义活动家和律师一官半职。

1912年秋，从欧洲回来的昂特迈耶开始为货币信托调查的主要部分做准备。一个重要的障碍是他无法从他的目标银行强制获取某些信息，特别是机密客户记录。他曾希望通过国家银行法修正案，赋予他所需的权力，但尽管众议院通过了这样一项修正案，该立法却在参议院遭到了否决。

货币审计员那里有一些他想要的信息，所以昂特迈耶请求塔夫脱总统指示审计员公布这些信息。司法部部长威克沙姆告诉塔夫脱，是否命令审计员提供任何信息是由总统决定。塔夫脱最终指示审计员向委员会提供有限的信息，昂特迈耶称这些信息在他所寻找的记录中最微不足道。

昂特迈耶更没有能力要求他的主要目标摩根大通提供其银行的账簿和记录。与第一国家银行和国民城市银行这两家获得联邦政府特许的银行不同，摩根大通是一家私人银行。因此，斯泰森建议摩根，如果他愿意可以拒绝合作。为了不显得碍事，摩根自愿接受了委员会的传唤出庭作证。他还允许斯泰森向昂特迈耶提供他所需要的几乎所有信息，但与银行客户的机密事务有关的信息除外。作为回报，斯泰森获得了昂特迈耶的同意，让他尽快完成摩根的证词，因为摩根正打算出国。

除了都是富有的企业律师和热心的园艺家，斯泰森和昂特迈耶几乎没有什么共同之处。他们的通信表面上大多是礼貌而正式的，却暴露出他们之间根本的对立。斯泰森很快指出，他的客户愿意合作并不意味着他们同意普霍委员会的条件，即"现有金融体系中存在许多弊端，令人遗憾的是，整个体系若要'彻底的改革'，基本上只能通过立法"。相反，像摩根这样的私营企业商人认为，如果不受约束，他们比任何政府官僚都更有能力进行明智的国家财政管理。他们认为这个体系是完好的。

而昂特迈耶本人则没有同意斯泰森提出的要求,即允许摩根的律师询问他们在听证会上所代表的银行证人。昂特迈耶称这个建议不寻常且不切实际,并坚持由他自己来询问证人。斯泰森不耐烦地回答说:"你不愿意在这一点上让步,过去是,现在也是。我们的合作愿望并非完全对等。"

这在很大程度上是斯泰森的小把戏,因为在国会作证的证人很少被自己的律师询问。斯泰森明白,对华尔街怀有敌意的昂特迈耶并不是没有想办法给摩根和其他金融人士一个发表个人观点的平台。昂特迈耶向斯泰森保证,他的银行客户在接受委员会律师的询问后,将有机会解释或详细阐述他们的回答。但他们都知道,证人迟来的解释暴露了他们真正意图的尝试,很少像最初的证词那样令人信服。这是昂特迈耶在演戏。

但真正的主角是75岁的摩根。正如进步时代著名的编年史家弗雷德里·刘易斯·艾伦(Frederick Lewis Allen)所写的那样:"就好像——通过普霍委员会的机构——美国公众在这个人的非凡一生即将结束时,问他:'趁为时未晚,告诉我们你真的控制了美国的商业吗?'"

1912年12月18日星期三下午两点,当J. P. 摩根进入普州委员会的听证室时,这让昂特迈耶措手不及,聚集在那里的观众引起了轰动。前一天,昂特迈耶打电话给摩根的一位律师说,尽管摩根原定于周三开始作证,但委员会要到第二天才准备好听取他的证词。

但摩根还是决定乘坐私人火车从纽约到华盛顿,在周二下午六点半左右到达,随行人员约有15人,包括第一流的律师。当然,斯泰森和他在一起,还有八十岁的资深审判律师乔特和前美国参议员斯普纳,他是巴拿马运河法案的发起人,现在回到了私人执业。摩根的律师在他作证时都无法帮助他,但他们会在最后一刻制定策略并提供精神支持。

周三下午，当摩根在他的律师、商业伙伴、儿子和女儿的陪同下步入听证室，并与他们一起走向座位时，昂特迈耶和所有人一样感到惊讶。摩根穿着一件切斯特菲尔德大衣，拄着一根红木手杖，手里拿着一顶标志性的礼帽。

为了让摩根在当天下午走上证人席，昂特迈耶匆匆忙忙地完成了对一名会计的剩余提问，这名会计整理了一些关于所谓资金信托的统计资料。这是一个枯燥但有启发性的陈述。又花了一个小时，该证人提供了一些图表，说明美国的主要金融和工业公司是如何通过连锁董事会联系在一起的，即一个公司董事会成员在多个公司董事会任职的做法。在此期间，摩根多次听到自己的名字。

最有说服力的统计数据可能是关于摩根–斯蒂尔曼–贝克三人组的。他们控制的几家公司在112家公司拥有341个连锁董事席位，总资金超过220亿美元，几乎相当于当时美国国内生产总值的60%。

他们的影响不仅延伸到银行和信托公司，还延伸到保险公司、铁路和运输系统、公共事业公司和其他工业公司。通过成为他们控制的公司的董事，大型银行就可以为其他公司做出投资决策，包括是否发行和出售证券、出售证券的价格，以及卖给谁。如果银行愿意，也可以卖给银行自己。银行也成为他们控制的工业公司存放资金的地方，这进一步增加了他们的权力。以"三人组"为首的三家大银行之间的关系也是小集团似的。摩根是贝克第一国家银行的最大外部投资者，并持有斯蒂尔曼国家城市银行的大量股票，摩根的儿子是斯蒂尔曼国家城市银行的董事。三人组实际上控制着美国第二大银行——国家商业银行，以及大通国家银行。

1909年，摩根从瑞恩和哈里曼的遗产中购买了公平人寿的控股权，这三人组控制了三大人寿保险公司（公平人寿、共同人寿和纽约人寿）。贝克和斯蒂尔曼表示，只要摩根愿意，他们可以一起从他手中拿走一半的公平人寿股份。

摩根在周三下午三点第一次坐上证人席时，看起来很疲惫。前一天晚上，他得了重感冒，听烦了律师的话，就抽起古巴雪茄，玩起他最喜欢的纸牌游戏，一直玩到凌晨。幸运的是，他的证词简短而平淡，仅限于确认他所在银行的组织和业务的一些基本信息。在昂特迈耶询问了半小时后，普霍委员会主席宣布休庭，听证会直到第二天上午才举行。

周四继续举行听证会时，会议室里座无虚席。像往常一样，昂特迈耶的西服翻领上戴着他在扬克斯庄园种植的新鲜兰花编成的胸花。摩根再次带着随行律师和家人出现了。一家报纸报道说看到希夫的律师克拉瓦斯在附近逗留。

经过一夜的休息，摩根精神抖擞，吸引了房间里每个人的注意。当昂特迈耶向摩根询问他在金融界所拥有的权力时，戏剧性的一幕开始了。摩根出人意料地否认了这个前提。"当一个人拥有巨大的权力时，比如你——你承认你有，不是吗？"昂特迈耶问道。"我不知道，先生。"摩根回答说。

> 昂特迈耶：你承认你有，是吗？
> 摩根：我想我没有。
> 昂特迈耶：你一点感觉都没有吗？
> 摩根：是的，我一点感觉都没有。
> 更令人吃惊的是，摩根否认他对自己银行的控制权。
> 昂特迈耶：你的公司是由你经营的，不是吗？
> 摩根：不，先生。
> ……
> 昂特迈耶：你是最终的权威，不是吗？
> 摩根：不，先生。
> 昂特迈耶：你不是吗？

摩根：不是，先生。

昂特迈耶：你从来都不是最终的权威吗？

摩根：从来不是。

摩根解释说，他的银行最终由董事会的董事控制，不仅仅是由他一个人控制，但他的草率否认与公认的看法完全不同。下面的对话也是如此：

昂特迈耶：你认为你在这个国家的任何一个工业部门都没有任何权力，是吗？

摩根：我没有。

昂特迈耶：一点也没有？

摩根：一点也没有。

摩根不能质疑向他抛出的事实和数据，但他可以而且确实质疑了昂特迈耶对这些数据的解释。他所兜售的许多内容都是无稽之谈，但他陈述证词时的坦率、质朴和连贯使其具有权威性。

对于是否欢迎竞争这一问题，这位金融家含糊其词。他说，比起竞争，他更喜欢合作，但他不介意"有一点竞争"。然后，他迅速切换话题，就委员会面对的主要问题提出了自己的看法：这个国家是否存在货币信托。摩根坚持认为这种垄断是不可能的，一个人不可能用货币建立信托。"你可能得到一个可以控制商业的组合，"摩根承认，"但你无法控制货币。"

但是，昂特迈耶问道，摩根自己不是积极地为他的银行以存款的形式筹集资金吗？他不是为了增加自己的控制力而去争夺资金吗？"我对此表示怀疑。"摩根回答。"我在纽约做生意已经很多年了，我从不去竞争任何资金。我不在乎他们来不来我的银行存款，但他们来了。"

摩根对这个过程很感兴趣。除了坐在他后面的女儿偶尔给他一口含片，他拒绝别人的任何帮助。昂特迈耶连珠炮似的向摩根提出问题，问他是不是说得太快了。摩根向律师保证他能跟上。他驳回了昂特迈耶关于他可能累了的建议，说他不需要休息吃午饭（但他们还是这样做了）。

摩根偶尔会敲桌子或跺跺拐杖以示强调，然后坐在椅子上转头看他的儿子、女儿和律师，以判断他们的赞同程度。当观众哄堂大笑时，他甚至和观众一起咯咯地笑了起来。因为当昂特迈耶问他是否确认他在国家商业银行有非常多的股份时，摩根回答说没有，不多，只有大约100万美元。最重要的是，他很坚定，而不是心存戒备，即使是在否认看似显而易见的事情时。

摩根至少会同意，将权力和控制权集中在少数人手中对国家有害吗？"不，先生。"他回答昂特迈耶。让同一个董事管理着本应相互竞争的银行和其他机构，这难道不危险吗？"我看不出有什么危险"，摩根反驳道。昂特迈耶问摩根为何在1910年从瑞恩手中买下公平人寿的股份。摩根回答说："因为我认为在这种情况下这样做是可取的。"昂特迈耶接着问：这只股票在瑞恩手里不安全吗？摩根回答说，他认为是这样。他只是觉得自己拥有它会更好。昂特迈耶问为什么，摩根回答说："我就是这么想的。"

"你要说的就这些吗？"昂特迈耶继续问。"这就是我要说的。"摩根证实道。摩根不会想到有人会要求他解释他的商业判断。"如果这是有利于国家利益的好生意，我就这么做。"摩根作证说。当昂特迈耶问摩根，他的判断有时是否有可能是错误的——也许他下意识地把自己的个人利益与国家的最佳利益等同起来时，摩根说他怀疑情况从未如此。

证词中最戏剧性的时刻出现了，昂特迈耶试图用另一种方法迫使摩根承认金钱的重要性。"商业信贷不是主要基于金钱或财产吗?""不,先生,"摩根回答说,"首先是品格。"又矮又瘦的昂特迈耶已经走到了这位身高六英尺、体态臃肿的证人身边。问题很快就来了:

昂特迈耶:比金钱和财产重要?

摩根:比金钱或其他东西重要。金钱买不到它。

……

昂特迈耶:摩根先生,如果这是商业规则,那为什么银行在给人贷款之前,首先要提供一份此人的收入报告呢?

摩根:这就是他们所调查的内容。但他们说的第一句话:"我们想看看你的记录。"

昂特迈耶:是的,如果他的记录是空白的,下一个问题是他有多少钱?

摩根:那么人们不在乎了。

……

昂特迈耶:他并没有从他的相貌或品格上得到信任,是吗?

摩根:是的,他凭借他的品格得到了它……因为一个我不信任的人不可能从我这里拿到所有基督教债券的钱。

摩根对"品格"的强调,在当时的情况下,是他令人难以置信地否认金钱对银行业务的重要性的脱身之计。但它也反映了像摩根这样的金融大亨和像昂特迈耶这样的改革者在思维上的根本差异。对摩根来说,他和其他富豪们积累的财富,即使是在拉大贫富差距的同时,也不言而喻地证明了他们的道德优越感。他相信自己和他的银行家同行们会做正确的事,而昂特迈耶则在寻找比银行业寡头们所宣称的比诚信更确定、更可靠的机制,以确保公共利益。

进步时代经历了许多关键时刻：罗斯福决定起诉北方证券公司违反反托拉斯法；国际刑事法院对哈里曼铁路融资进行攻击；最高法院在石油和烟草信托案中做出重大裁决。但是，没有什么比一位老谋深算的公司律师转变为社会活动家和一位年迈、毫无歉意的金融现状捍卫者之间的交流更能体现新旧观念之间的冲突的了。

在长达五个小时的证词结束时，摩根从证人席上站起来，与普霍委员会的每一位成员握手，也与昂特迈耶握手，并感谢他们的礼待。昂特迈耶后来告诉媒体，无论人们对国家货币和信贷的集中控制有什么看法："摩根先生受到崇高目标的激励，从来没有故意滥用他几乎不可思议的权力。"

回到纽约后，摩根的办公室和家里收到了来自世界各地的贺电。他们称赞摩根的回答直截了当，直言不讳。"我不明白，在昂特迈耶近乎无礼的坚持询问下，你是如何控制住自己的脾气的。"一位仰慕者写道。

明尼阿波利斯一家杂志认为："当一切都说了做了，经过筛选和报道后，事情就这样解决了。哪一个更值得公众信任，是由委员会聘请来寻找资金信托的律师，还是花了一生时间研究世界金融的人？"《纽约时报》表达了一种共识，即摩根"没有因为他的外表而失去声望……相反，他作为证人的意愿以及他的真诚和坦率似乎给人留下了深刻的良好印象"。

虽然斯蒂尔曼在整个听证会期间都在欧洲，但第一国民公司的贝克在接近尾声时作证，并勉强向昂特迈耶提供了一些他想要的东西。当昂特迈耶问他对信托基金的理解是什么时，留着络腮胡的贝克在大部分证词中表现得漫不经心。"我给……了。我不知道。"他笑着回答。"你认为这个世界上的一切都很好，不是吗？"昂特迈耶刺激着他。"差不多。"贝克回答。

但昂特迈耶继续向他发问。贝克表示，他不认为当时信贷控制的集中是危险的，因为信贷在"好人手中"。他认为，无良之人永远无法保留足够的存款或证券来破坏国家。然后昂特迈耶问，如果控制变得比目前更加集中，是否会有危险。贝克思考了一下这个问题，他的回答令包括他的律师在内的所有人都惊讶："我认为这太过了。"

昂特迈耶感觉取得了重大进展。"你看到了其中的危险，是吗？"他问道。"是的。"贝克承认。

昂特迈耶：为了确保安全性，如果你认为在这种情况下有安全性，真的在于人员的安全性？

贝克：是的。

昂特迈耶：你认为这对一个伟大的国家来说这是一个舒适的处境吗？

贝克慢吞吞地回答："不完全是。"昂特迈耶满意地结束了这一记录说"我想就这些了"，并允许贝克离开证人席。

据明尼阿波利斯的杂志 *The Bellman* 报道，普霍听证会是"彻头彻尾的惨败"，"没有任何好处，除非昂特迈耶先生的有偿雇用可以被视为好处"。但是，尽管昂特迈耶的调查没有证明任何正式的阴谋协议（正如他预测的那样），普霍委员会得出的结论是："在少数金融领导者之间存在着一个既定的、明确的利益共同体……这就导致了货币和信贷的控制权迅速地集中在这几个人的手中。"

正如该委员会所报告的那样："我们银行机构的生死大权实际上掌握在私人手中，不受控制。"这些结论并不令人惊讶，但它们的意义在于，一个国会委员会正式宣布了这些结论。正如著名记者马克·沙利文（Mark Sullivan）所写的那样，它们证实了许多普通美国人的想法："他们觉得自己被某种看不见或摸不着的东西'欺骗'了。有人在'控制'自己，某种力量在'压迫'自己。"

尽管普霍委员会的报告建议制定各种旨在保护投资者的补救立

法，包括有关股票交易所的建议，但提议的法案没有一项获得通过成为法律。昂特迈耶对一项证券监管法案的失败尤其感到失望，该法案因华尔街的反对和没有得到威尔逊政府的支持而夭折，威尔逊担心会损害低迷的经济。

但货币信托的调查确实对全国关于进步改革的辩论产生了重大影响。普霍委员会的调查结果激发了人们对《联邦储备法案》的支持，威尔逊将其作为立法议程的优先事项，并在1913年通过。它创建了联邦储备系统，包括一家中央银行和12个地区性储备银行，以控制国家的货币供应（区域结构是维克多·莫拉威茨的构想）。1914年为补充《谢尔曼反垄断法》而颁布的《克莱顿反托拉斯法》（*Clayton Antitrust Act*）的一部分内容是禁止竞争性公司之间关联董事职位，这进一步说明了普霍听证会的影响。

普霍听证会还产生了另一种重要的影响，至少在一些人看来是这样。摩根在完成他的证词后的三个星期内和他的家人乘船前往埃及。在沿着尼罗河旅行时，他的身体和精神都崩溃了，然后去了罗马，在那里他的病情恶化了。艺术品交易商挤满了罗马大饭店的大厅，希望趁为时未晚把他们的艺术品卖给这位住在楼上的大收藏家。1913年3月31日，在酒店有八间卧室的皇家套房里，摩根在睡梦中去世。华尔街降半旗致哀。当洛克菲勒听说摩根的财产"只有"8000万美元时，他说："想想看，他甚至都不算一个富人。"

摩根的合伙人和其他许多人都确信，普霍听证会带来的压力导致了这位大金融家的死亡，他们将责任完全归咎于昂特迈耶。一位银行家同事说："普霍委员会调查害死了摩根。摩根是一个非常敏感、胆怯的人，他虚张声势的外表不过是一层保护膜。"

也许听证会在某种程度上加速了摩根的死亡，但事实是摩根已经病得很重了。摩根的儿子杰克·摩根后来继承了这家公司，他对普霍的理论不屑一顾，指出他的父亲在华盛顿表现出色，而且他是个大人物，不会为"这样可悲的小事"而恼怒。小摩根坚持认为："让小流氓昂特迈耶得逞，这毫无意义，然后说：'终究还是我成功了。'"尽管如此，杰克·摩根始终没有原谅昂特迈耶，他私下里称昂特迈耶为"野兽"。三十年来，摩根一直是华尔街的招牌人物，如今，他的肉体已不复存在，但他的名字和精神将注入进步时代最后的华尔街大丑闻中，克拉瓦斯、斯泰森和克伦威尔都将在其中扮演重要的角色。

第十六章

"华尔街之狼"

在克拉瓦斯看来,神秘的来电者就是"那个声音悦耳的男人"。没过多久,这个人就被揭穿了,他是华尔街一只披着人皮的狼,随后发生的离奇丑闻成为几个月的头版头条。这些丑闻暴露了华尔街肮脏的阴暗面,受人尊敬的白鞋律师通常会选择避免丑闻,但他们有时会被迫卷入其中,因为牵涉这些丑闻的巨额资金不可避免地吸引了底层人士的关注。所有的这些丑闻都表明,对于遭受掠夺者攻击的华尔街公司男性来说,他们的第一道防线和最有力的后盾是他们最喜欢的律师。

1913年4月中旬,正当克拉瓦斯在纽约办公室里时,他接到了一个匿名电话,询问他是不是负责联合太平洋铁路公司和南太平洋公司解散程序的律师。联邦最高法院做出了一项反垄断裁决,要求联合太平洋公司和南太平洋公司解体。当克拉瓦斯证实了他的说法后,打电话的人表示自己是华盛顿民主党的重要人物,并抱怨说联合太平洋公司在这件事的处理上表现得非常糟糕。打电话的人表示,该公司需要派一名擅长外交的政客,而不是派一名公司人员到华盛顿与美国司法部部长协商一份双方同意的判决。

在回答这位神秘来电者时,克拉瓦斯表示,他不会和一个不愿透露姓名的人做进一步的交谈。打电话的人回答说,他不愿说出自己的名字,但他愿意告诉克拉瓦斯一个熟人的名字,这个人会告诉他自己的名字和更多的信息。

来电者说,克拉瓦斯要找的人是爱德华·劳特巴赫(Edward Lauterbach),一位68岁的律师,长期活跃在纽约市的政坛。作为共和党机器老板体系的产物,他被称为"圆滑的爱德华"。克拉瓦斯在19世纪80年代末的电力大战中认识了劳特巴赫,当时他们卷入了一场关于在地下管道中埋电线的诉讼。

劳特巴赫是一名铁路和交通系统方面的律师,他曾为J. P. 摩根效力。但如今他的黄金时代早已过去。来电者暗示劳特巴赫(尽管他是共和党人)是联太公司需要向威尔逊新政府和民主党控制的国会辩护的人。克拉瓦斯没有理会这个电话,坐火车去了华盛顿,与威尔逊政府的司法部部长詹姆斯·C. 麦克雷诺重启谈判程序。1907年,麦克雷诺曾短暂担任克拉瓦斯的高级助理。

同一名匿名男子又打来了几通电话,但他仍然拒绝透露姓名。在这之后,克拉瓦斯碰巧遇到了劳特巴赫,他的办公室就在克拉瓦斯办公室的街对面。"我有点儿开玩笑地对他说:'劳特巴赫,那个声音悦耳的人是谁?他一直打电话给我说联合太平洋公司的事,他告诉我,如果我向你询问,你会告诉我他的名字。'"克拉瓦斯后来在国会作证时回忆道。劳特巴赫只说,他认为透露这个名字不会有什么好处。

在给克拉瓦斯打电话建议在联合太平洋公司的谈判中使用劳特巴赫的同时,这个神秘人也给其他顶级律师打了类似的电话,包括斯泰森和摩根大通的私人顾问刘易斯·卡斯·莱迪亚德(Lewis Cass Ledyard)。来电者对他们每一个人都说,劳特巴赫是在华盛顿可以帮助他们的实现目标的人。不过,在这些对话中,打电话的人冒用了多位著名民主党政客的名字。在一些电话中,他冒充纽约州国会议员丹尼尔·J. 莱尔登(Daniel J. Riordan),还自称是宾夕法尼亚州的A. 米切尔·帕尔默(A. Mitchell Palmer)。因为接电话的人未听说过或从未与莱尔登或帕尔默说过话,所以他们并不知道电话不是那些国会议员打来的。

来电者是谁?原来,这个人的名字叫大卫·拉马尔(David Lamar),或刘易斯(Lewis),或列维(Levy),或西蒙·沃尔夫

（Simon Wolf），或艾萨克·弗兰肯斯坦（Isaac Frankenstein），或者据说他用过的许多假名中的任何一个。不过，拉马尔更广为人知的名字是"华尔街之狼"。

大卫·拉马尔曾是20世纪初美国最神秘莫测的人物之一，但如今他几乎被人遗忘了。没有人知道他的真实姓名，没有人知道他出生在何地，也没有人知道他出生在何时（大概是1858~1877年）。在接近世纪之交的时候，拉马尔从奥马哈来到东部，为有权势的华尔街经纪人做侦探，然后作为一个股票投机者和欺诈者开始了自己的事业。

他被称为"一个不计后果的投机商"，他会押注股票，并将其做空，同时会给旨在收购的公司制造谣言，以压低其股价。他还煽动了罢工诉讼，即由小股东发起的诉讼，目的是让大公司难堪，希望小股东收购它们。

尤其值得一提的是，拉马尔先是试图阻止1901年北方证券公司的合并，然后是1902年摩根旗下的美国钢铁公司发行的一笔大型债券，为了收回2亿美元优先股，他因此而招致了J. P. 摩根的敌意。在后一种情况下，拉马尔告诉摩根的合伙人乔治·W. 珀金斯，如果摩根给他4万股美国钢铁公司股票的期权，他就可以停止所有针对债券交易的诉讼。珀金斯认为拉马尔是"无赖之巢"的一员，这些人经常对摩根的利益集团提起秘密诉讼，于是立即叫拉马尔离开办公室，不要再回来。

斯泰森和古思里为摩根代理的债券交易诉讼最终失败了，或因阻碍价值达成和解。古思里极不情愿地向其中一名原告支付了10万美元的普通股以了结此事，他认为与敲诈者打交道"非常令人不快"。他在给斯泰森的一封信中补充说："我这辈子从来没有听过比我们从对方那里听到的更刻薄、更愚蠢的理由。"

尽管他从摩根那里几乎一无所获，但在与易受骗的小洛克菲勒的对抗中，拉马尔取得了更好的战绩。在拉马尔出售股票的时候，他诱骗小洛克菲勒利用从他父亲那里借来的钱，购买了价值数百万美元的美国皮革公司（United States Leather）。拉马尔在这笔交易中赚了一大笔钱，而小洛克菲勒却挥霍了他本可以自由支配的零花钱。

拉马尔身材魁梧，以温文尔雅的举止和昂贵的着装闻名，其中包括一根镶满钻石的手杖。拉马尔时常表现出乐观和自信，他曾这样解释自己的处事方法："虚张声势。让他们认为你得到的比你真正拥有的多得多，这样他们就会对你表现出各种尊重。剩下的就好办了。"

他经常光顾百老汇的夜总会和高级餐馆，在那里他欠了一大笔餐费和酒钱。1909年，他抛弃了他的妻子，娶了一个年龄只有他三分之一大的合唱团女孩为妻。尽管如此，拉马尔的第一任夫人还是对他的技艺赞不绝口。"他可以随意控制股票，"她惊叹道，"他可以随心所欲地让它涨跌。他太棒了。"拉马尔经常换办公室，喜欢占用城市各处的办公空间，从而不被束缚。《纽约时报》形容拉马尔"与其说像狼，不如说像鹰。他俯冲下来，留下了他的爪印，然后就消失了"。

在他的职业生涯中，拉马尔发了几笔大财又赔了几笔，还因为一些数额较小的欺诈和其他更严重的指控而进出监狱。1903年，他雇用歹徒蒙克·伊士曼和他的手下痛打了一名车夫，仅因为这个车夫不服从拉马尔夫人的命令，没有去追她跑掉的狗。就在马车夫准备去警察法庭上公开指控拉马尔的证据时，伊士曼的团伙用刀刺伤了他，并将他打晕。陪审团后来宣布伊士曼和拉马尔无罪，陪审团离开法庭时，观众席上一片嘘声。

第一次世界大战期间，拉马尔与一名德国海军情报人员合谋，阻碍向同盟国运送武器，拉马尔因此而受到指控。德国特工付给拉马尔30万美元，让他煽动军火库罢工，但拉马尔把大部分钱都私吞了。他放弃保释，逃到墨西哥，之后被政府当局逮捕，服刑一年。

然而，拉马尔和法律打交道的最著名事件是他1913年冒充民主党政治家。作为国会调查的一员，他被传唤作证，调查威尔逊总统所说的游说者暗中干涉立法行动，特别是威尔逊列为头等大事的关税削减法案。拉马尔提供了详细的证词，劳特巴赫、克拉瓦斯、莱迪亚德以及因被冒充而感到愤怒的国会议员莱尔登和帕尔默也作了证。斯泰森最终没有被传唤，但他的名字经常成为拉马尔阴谋的目标之一。

尽管拉马尔拒绝向国会委员会透露他的真实姓名，但他坦率地承认了自己的欺诈行为。"从始至终都完全是捏造的，"他作证说，"不要太当真，这完全是一场闹剧。"除了国会议员，拉马尔还承认自己曾在给共和党全国主席打电话时冒充民主党全国主席。拉马尔认为这"只不过是恶作剧"。

拉马尔作证说，他的主要目的是让他的朋友劳特巴赫重新受到摩根大通公司和库恩·雷波公司银行家的青睐，据称这些人都曾反对过劳特巴赫。尽管劳特巴赫一度与他们关系良好，但由于他与声名狼藉的"华尔街之狼"关系密切，这些顶级银行家不再雇用他。拉马尔解释说，他之所以冒充政客，是因为想让劳特巴赫和金融家接触，这样劳特巴赫就可以再次获得在他们心目中的好感，重新在他们那获得生意。

假冒"国会议员帕尔默"时，拉马尔打电话给摩根的朋友莱迪亚德。莱迪亚德是一名公司律师，也是纽约社会的知名人物，还是纽约市律师协会的主席、纽约公共图书馆的创始人及纽约游艇俱乐部的前任会长。他起草了摩根的遗嘱，成为摩根的遗产执行人。他处理交易非常娴熟，据说他可以"同时处理六笔交易"。"帕尔默"——也就是拉马尔——告诉莱迪亚德，如果摩根的利益集团雇用劳特巴赫，这位老律师就能通过各种方式对国会产生有利的影响，包括控制普霍委员会当时正在起草的资金信托报告。

假冒"国会议员来莱尔登"时，拉马尔告诉斯泰森，劳特巴赫可以说服政府放弃对美国钢铁公司的起诉。斯泰森在美国钢铁公司的诉讼中代表摩根，他担心最高法院对石油和烟草信托案件的裁决预示着这家钢铁公司的失败。但他拒绝接受莱尔登的提议。"斯泰森先生开始和我谈教堂的事。"沮丧的拉马尔说，在他看来，斯泰森"不是人"。

克拉瓦斯的客户、库恩·雷波公司的银行家——奥托·卡恩接到了劳特巴赫直接打来的电话，表示愿意为他提供游说服务。劳特巴赫对卡恩说，他可以帮助制止国会中试图阻止联合太平洋公司解散计划的激进分子。劳特巴赫说，同样是这些人，曾想重启对芝加哥奥尔顿公司重组的调查，这在哈里曼去世前就给他带来了很多麻烦。劳特巴赫表示，他有信心能够防止这种情况发生。卡恩也拒绝了他的服务。

拉马尔坚称他的朋友劳特巴赫对他的冒充行为毫不知情，劳特巴赫也回应了这一说法。劳特巴赫承认，他曾与拉马尔讨论过自己想讨好摩根集团和库恩·雷波公司的愿望，而且在与莱迪亚德等人交谈时，他夸大了自己在华盛顿的关系和影响力。莱迪亚德在猜出拉马尔就是冒充帕尔默的人之后，允许劳特巴赫继续推销他的服务，这样莱迪亚德就可以获得揭露计谋的信息，这让劳特巴赫感到不满。劳特巴赫觉得莱迪亚德给他设下了圈套，想要借他和拉马尔的关系击败他。

劳特巴赫和拉马尔声称，他们与联合太平洋公司的关系是公益性的。他们说，出于政策原因，他们真心反对克拉瓦斯与司法部部长麦克里雷诺协商的解散计划。实际上，这两个密谋者希望激起国会对解散计划的敌意，然后推举劳特巴赫，让他来平息事态。

拉马尔还向报纸透露，早在1901年，哈里曼和库恩·雷波公司就篡改了联太公司的账目，将其资产虚增了8200万美元，为哈里曼收购北太平洋铁路公司提供资金。拉马尔就操纵行为作证后，克拉瓦斯站在证人席上谴责他是一个为了投机目的而试图压低联太公司股价的骗子（"骗子"一词因带有煽动性而从记录中被删除）。当时被拉马尔手握把柄的会计后来承认，是他犯了错误，哈里曼和库恩·雷波公司没有不当的核算行为。

在听证会上没有人相信拉马尔费了这么大劲只是为了帮助他的朋友劳特巴赫找到一些生意。他们怀疑这是一个勒索计划——拉马尔的打算，可能也是劳特巴赫的打算，试图说服一个或几个受人尊敬的摩根和联合太平洋公司的商界人士或他们的著名律师，配合这个计划，以此对当选的官员施加不正当的影响。如果这些人中的任何一个正直和受人尊敬的人加入了这个密谋，他们就会受到勒索。正如莱迪亚德所说，拉马尔和劳特巴赫"将永远羞辱他们，并可以在任何程度上榨取他们的钱"。

检察机关是这样认为的。拉马尔受控冒充联邦官员，劳特巴赫则受控与他合谋勒索摩根和其他人。拉马尔被判有罪，其刑罚是在亚特兰大联邦监狱服刑两年。他一直向美国最高法院对自己的定罪提出质疑，根据《冒名顶替法》，如何给一名冒充美国国会议员的人定罪，这一问题尚不明确。

对劳特巴赫的刑事指控被撤销了，但他受到了纽约法院的严厉谴责。这一事件将损害他的声誉。他曾积极参与当地慈善事业，特别是作为希伯来人孤儿院的受托人。

对于劳特巴赫来说，他所知道的可能比法庭上能证明的更多，他做出这些行为的原因很简单。他在证词中说："我曾遇到过家庭困难，我的妻子和我离婚了，我失去了社会和职业地位，而与他们（库恩·雷波）的利益和摩根的利益联系在一起对我来说会有很大的好处。"他有一个律师事务所，有32名雇员，但没有业务使他们得以生存下去。他在证词中说："我已经没有别的东西了。"

拉马尔的动机更为复杂。毫无疑问，驱使他的是对金钱的渴望，但他也渴望得到关注。他妄自尊大，例如，他作证说，是他启发 J. P. 摩根成立了美国钢铁公司；是他给摩根提供了解决1902年无烟煤罢工的主意。他还因发起国会对美国钢铁公司的调查而受到赞扬，该调查导致了政府的反垄断诉讼。事实上，拉马尔只是起草了一份决议来敦促进行调查，并用它来勒索摩根公司。

拉马尔显然很享受自己作为利益集团的敌人这一角色。他对商业巨头和他们"受人尊敬的"白鞋律师怀有一种发自内心的仇恨。他声称，通过撒谎和冒充，他只是在用自己的方法与华尔街斗争。"我受够了这种迫害，"他说，"我受够了那些说我是无赖、骗子、小偷、勒索者的谣言；受够了库恩·雷波公司和 J. P. 摩根对我的朋友们说，如果他们再跟我做生意，他们所有的贷款就会被切断，他们连一美元都借不到。这就是让我采取行动的原因。"

他声称，通过伪装自己的身份，只是想把他的敌人引到公开的场合，以暴露他们对劳特巴赫和他自己毫无根据的排斥。"如果这些有身份的人能改过自新，放弃他们所有的异端邪说，重新开始……如果他们是好人而不是坏人，"拉马尔作证说，然后"有证据证明他们是邪恶的人，他和劳特巴赫，就会选择原谅他们。"

他的推理令人费解，拉马尔几乎不是攻击华尔街的最佳先驱。但他的态度在政界并不罕见。摩根家族和哈里曼家族的人仍然经常受到谩骂，甚至在他们去世后也是如此。一位美国国会议员在发言时表示，与摩根的欺诈行为相比，拉马尔的欺诈行为不值一提。

这些有权有势者的律师也和他们一样不受欢迎。"今天那些赚大钱的律师是谁？"当时的一家报纸这样问道，并指出近年来律师们通过将自己组织的公司股票作为报酬来增加收入。其中被点名的有克伦威尔、斯泰森、鲁特和古思里。

尽管如此，拉马尔的丑闻更充满趣味、更有意义，它表明了华尔街现状的攻击者和捍卫者之间明显的、强烈的个人分歧，尤其是被排斥者和白鞋律师之间的分歧。像克拉瓦斯、古思里和莱迪亚德这样的律师可能会觉得与拉马尔这样的人打交道令人厌恶，但这是他们工作的一部分，他们做得很好。拉马尔丑闻还有一个明显的影响：通过了一项联邦法规，将冒充国会议员定为重罪。

华尔街的下一个大丑闻，也是进步时代的最后一个丑闻，无疑具有重大意义。这将再一次把J. P. 摩根牵扯进来，同时牵扯到他最信任的律师。

第十七章

"大诅咒"

纽黑文铁路丑闻差点让莱迪亚德也进了监狱，他曾帮助把拉马尔送进监狱。在政府对纽黑文事件的调查中，斯泰森的判断受到了公开质疑，这是他职业生涯中罕见的情况。克伦威尔在此次耸人听闻的调查中高调登场。克拉瓦斯的律所首次为纽黑文提供法律咨询，表示将尽其所能为这位拥有高知名度、给予丰厚报酬的客户服务。

纽黑文铁路（正式名称为纽约-纽黑文和哈特福德铁路，the New York, New Haven & Hartford Railroad）的衰落标志着一个时代的结束。从1890年《谢尔曼反垄断法》成为法律，到1914年"进步时代"最后一项商业改革法案的颁布，它是这场斗争的谢幕。纽黑文丑闻事件几乎牵扯到了这一时期的每一个重要人物，使他们的名字被人提起。该丑闻也让人们回忆起了那个时代许多有争议的商业事件。在过去的25年里，垄断问题一直是激烈争论的焦点。当垄断结束，最后的商业改革措施成为法律时，托拉斯问题得到了解决。不管结果是好是坏，这都使国家得以着手处理其他事务。

在20世纪初，很少有公司比纽黑文铁路更强大，更受人尊敬。它是新英格兰地区交通运输的命脉，也是一只安全的蓝筹股。它30年来一直向寡妇、孤儿和信托财产支付8%的稳定股息。纽黑文铁路公司的债务很低，而且不像美国的许多主要铁路公司，它没有因股票注水而过度资本化。但对于控制纽黑文铁路的J. P. 摩根来说，这还不够。纽黑文在摩根的心中有着特殊的地位，因为他出生在哈特福德，小时候坐过纽黑文的火车。据传，他在纽黑文的个人投资比在其他任何地方都多。1903年，摩根请来了新总裁查尔斯·S. 梅伦（Charles S. Mellen），他们二人大肆进行收购，几乎毁了公司，也损害了自己和其他许多人的声誉。

梅伦在新英格兰的各个铁路公司的岗位上一路晋升，这引起了摩根的注意。1896年，摩根派他去西部管理重组后的北太平洋铁路公司。梅伦对他的上司、摩根的盟友詹姆斯·J. 希尔的领导感到非常恼火，于1903年欣然接受了摩根的邀请，回到东部管理纽黑文。

50岁的梅伦当时已经秃顶，人们称他为"最后一位铁路独裁者"。他很聪明，注重细节，意志坚定，做事严谨，从不讥讽别人。他的朋友罗斯福称梅伦为"风云人物"，这无疑是因为梅伦从纽黑文向罗斯福1904年的竞选贡献了5万美元。

梅伦声称自己完全是执行了摩根的指令，他这样解释那笔竞选捐款是个权宜之计。"我接受了老摩根的命令，"他对财经记者克莱伦斯·巴伦（Clarence Barron）说，"我照他说的做了，他在董事会会议上总是坐在我的左手边。当老摩根希望得到董事们的批准同意时，他做到了。难道你不这么认为？"正如梅伦所解释的那样，当摩根想要打断讨论或提出反对时，他就会挥拳咆哮："举行投票，让我们看看这些有权有势者的立场。""我们总是站在他希望我们站的立场，"梅伦说，"我们害怕他。"

实际上，摩根和梅伦都主导着纽黑文铁路的董事会，董事会通常听从他们的专业意见。董事会成员数量庞大，包括来自康涅狄格州和马萨诸塞州的非铁路行业的老年人，以及来自摩根控股的纽约中央铁路公司和互助人寿保险公司的董事。由于还有来自标准石油公司、美国运通公司和宾夕法尼亚铁路公司的代表，纽黑文铁路的董事会的做法是各大连锁董事会做法的缩影，这曾受到普霍委员会的严厉批评。

由于其积极的收购计划，纽黑文铁路几乎垄断了新英格兰的所有交通业务。它不仅买下了该地区几乎所有的铁路，还买下了所有的电车系统、轮船线路。此外，纽黑文铁路还收购了电力、煤气和供水设施。当董事们询问日益增加的垄断是否会违反反托拉斯法时,铁路总法律顾问爱德华·罗宾斯(Edward Robbins)和莱迪亚德都向他们保证,根据《谢尔曼反垄断法》,纽黑文铁路不会受到联邦起诉,因为它拥有康涅狄格州的特许经营权。虽然这是一个不好的建议,但董事们毫无异议地接受了。

1907年,纽黑文铁路试图购买波士顿和缅因州铁路公司(Boston & Maine)的控股权,这是马萨诸塞州最重要的铁路线。起初,梅伦和摩根说服罗斯福让纽黑文收购波士顿和缅因州铁路公司,尽管存在反垄断问题,这么做的部分原因是为了远离罗斯福讨厌的人——哈里曼,他也对这条线路感兴趣。罗斯福说,他不能保证其合法性,表示不愿意提起诉讼。

不过,后来马萨诸塞州最高法院裁定,根据马萨诸塞州法律,这种收购行为是非法的。作为回应,梅伦让纽黑文铁路"出售"波士顿和缅因州铁路公司的股票给他的密友约翰·比拉德(John Billard),以便长期将波士顿和缅因州铁路公司掌控在手中。比拉德在这笔交易中没有拿出自己的现金,而是用了从纽黑文铁路那里借来的钱。纽黑文铁路随后成功游说马萨诸塞州立法机构修改法律,允许其收购波士顿和缅因州铁路公司。那时,比拉德把自己的股票还给了纽黑文铁路,为自己谋取了270万美元的巨额利润,他在"买入"股票时没有承担任何风险。纽黑文铁路利用比拉德做掩护,控制了波士顿和缅因州铁路公司。

这对路易斯·布兰代斯来说是一次失败,至少是暂时的一次失败。他把纽黑文铁路收购波士顿与缅因铁路的交易作为他公开讨伐托拉斯的首要证据。布兰代斯谴责垄断企业,原因有两个:一是垄断企业掌握了太多的权力,二是它们的规模太大,无法进行有效的管理。他强烈抨击了像摩根这样的投资银行家,他们控制着铁路和大型工业公司,利用别人的钱为高风险、投机性的业务扩张提供资金，同时为自己赚取巨额佣金和承销费。布兰代斯谴责了投资银行家控制所带来的不可避免的"金融鲁莽"行为。

布兰代斯并没有被马萨诸塞州立法机关的条款所吓倒，他对纽黑文进行了长达7年的对抗。他确信纽黑文铁路是一枚被财务骗术掩饰的定时炸弹。事实上，从1903年梅伦当上总裁到1913年的十年间，纽黑文的资产总额翻了两番多，从9300万美元增加到4.17亿美元，而它的抵押债务增加了近20倍，从1400万美元增加到2.42亿美元。

纽黑文铁路以过高的出价扩大了自己的垄断地位，根据摩根的惯例，他会为想得到的财产提出高价来凑整，而不是讨价还价。摩根为他所收购或组建的公司的股票大量注水，假设这些公司的业务将增长到偿还债务和支付股息的水平，尤其是如果他能够消除竞争的话。正如克伦威尔曾说过的那样，摩根"有一种察觉大众投资情绪的本能"，但他"只是一个银行家"，为了增加自己的利润，他会不计后果地提高证券价格。大多数情况下，摩根的这一做法都是成功的，就像在国际收割机公司和美国钢铁公司那样。但在纽黑文事件中，情况并非如此。

纽黑文铁路的债务负担非常沉重，以至于铁路无法为确保公共安全提供必要的维护和修缮资金。当纽黑文铁路遭遇一系列可怕的致命事故时，这一点变得非常明显。其中一起事故发生在1913年9月，致使21名正在新英格兰度假的乘客丧生，并造成数十人受伤。

公众对危险服务的愤怒，加上布兰代斯不断对纽黑文垄断发起宣传战，要求政府采取法律行动，这些都让纽黑文陷入了困境。雪上加霜的是，1913年12月，纽黑文40年来第一次没有按期支付股息，导致成千上万的新英格兰人没钱过圣诞节。

J. P. 摩根没有受到这种侮辱，因为那时他已经去世9个月了。他的儿子杰克·摩根承诺与政府调查人员合作。为了表示歉意，他辞去了包括纽黑文铁路在内的30家公司董事会的董事职务。

为了接替1913年辞职的梅伦，杰克·摩根请来了霍华德·埃利奥特（Howard Elliott），他是新任总裁兼主席。埃利奥特在1903年接替梅伦成为北太平洋铁路公司的总裁。为了改善铁路公司的公众形象，埃利奥特聘请克拉瓦斯律所与司法部长麦克雷诺达成反垄断和解协议，麦克雷诺当时正在准备对纽黑文铁路及其董事提起民事和刑事诉讼。

克拉瓦斯已经在忙着就联合太平洋公司和国际收割机公司的反垄断案件与麦克雷诺协商和解协议。结果，克拉瓦斯的合伙人沃克·D. 海恩斯（Walker D. Hines）被委任负责向司法部提交纽黑文市的解散方案。海恩斯是一位温文尔雅的铁路法专家，也是艾奇逊-托皮卡和圣达菲铁路公司（Topeka & Santa Fe Railroad）的总法律顾问。他于1906年加入克拉瓦斯律所，接替即将离职的古思里。

在新的管理模式下，纽黑文铁路似乎可以从法律困境中体面地脱身。但布兰代斯要求对其进行进一步的调查。他在《哈珀周刊》的一系列文章中痛斥纽黑文铁路，并将这些文章写成了一本颇具影响力的书，名为《别人的钱：投资银行家的贪婪真相》（Other People's Money, and How the Bankers Use It）。基于普霍委员会的调查结果，布兰代斯将纽黑文铁路作为他所谓的"大诅咒"的典型。布兰代斯希望召开普霍式的公开听证会来揭露旧纽黑文铁路的金融欺诈和渎职行为，让他的宿敌——已故的J. P. 摩根难堪。

布兰代斯也许是摩根家族唯一比憎恨昂特迈耶更加憎恨的人。具有讽刺意味的是，在他作为公司律师的职业生涯早期，布兰代斯曾通过对纽黑文的竞争对手提起一系列诉讼，帮助纽黑文获得铁路垄断地位（但他自称毫不知情）。在对波士顿和缅因州铁路公司发起攻击的前一年，布兰代斯曾游说反对马萨诸塞州立法，以遏制他的一个客户——联合制鞋机械公司（United Shoe Machinery Corporation）所享有的垄断地位。布兰代斯是该公司的董事兼投资者。

但到了1907年，布兰代斯赚了数百万美元，一家独大，成了坚定的反垄断主义者，至少对大公司来说是这样。作为小企业的捍卫者，布兰代斯捍卫了小企业（如贸易协会）参与价格协定和其他限制性做法的权利，以使它们能够更好地与大型企业竞争。也许并非巧合，布兰代斯在马萨诸塞州的大多数客户都是小商人或中等规模的制造商，而不是大型企业集团。

布兰代斯在波士顿的许多法律界同事都认为他无情、狡诈、表里不一。和昂特迈耶的处境一样，反犹太主义总是潜伏在这种攻击的背后。例如，梅伦曾让一个对纽黑文友好的杂志指责布兰代斯发动反对铁路公司的运动，认为这是"犹太人和非犹太人之间旷日持久的斗争"的一部分。但布兰代斯并没有被吓倒。正如他在给弟弟的信中所写的那样："拿着斧头的人是最后唯一有机会获胜的人。"

布兰代斯在敦促就纽黑文铁路案举行更多的公开听证会时，也招致了司法部长麦克雷诺的敌意。麦克雷诺担心被迫宣誓作证的证人将获得起诉豁免，从而使他计划中的刑事诉讼复杂化。但对布兰代斯来说，引导公众了解垄断的罪恶以及诽谤纽黑文铁路才是更重要的。他们两人在美国最高法院任职时，麦克雷诺对布兰代斯依旧心怀怨恨。

布兰代斯如愿以偿重新对纽黑文铁路展开调查。参议院指示州际商务委员会对纽黑文铁路事件进行全面公开调查。国际刑事法院聘请了一位积极进取、野心勃勃、渴望登上头条的特别检察官——密苏里州前州长约瑟夫·福克（Joseph Folk）来主持听证会。克拉瓦斯律所的海恩斯代表纽黑文铁路及其新管理层出席听证会，并承诺将全力合作。斯泰森代表摩根大通公司向福克提供了银行与纽黑文铁路有关的文件。

有一个人对这些调查的进展感到高兴，他就是被称为"华尔街之狼"的拉马尔，他一直在敦促参议院调查司法部解散纽黑文铁路的计划。1914年2月，拉马尔在参议院旁听席上观看了这场辩论，当时他被指控冒充国会议员，为了避免在纽约被捕，他来到了华盛顿。

国际刑事法院的调查人员面临着一项艰巨的任务——纽黑文银行拥有336家子公司，这些子公司是为了掩盖其财务运作而设立的，更使情况错综复杂。许多公司是空壳公司，由职员和秘书等傀儡董事领导，负责签署一些官方文件，但这些文件他们根本不看，更谈不上说理解。

国际刑事法院听证会的早期证人之一是热爱交际、有影响力的詹姆斯·布坎南（James Buchanan），也叫"钻石吉姆"布雷迪（因酷爱钻石获此绰号）。他是女演员莉莲·拉塞尔（Lillian Russell）的伙伴，也是梅伦的密友。布雷迪坦率地承认自己曾担任梅伦一家公司的傀儡股东。布雷迪是钢铁汽车和铁路用品的制造商，他在铁路公司没有要求竞标的情况下向纽黑文铁路出售了价值数百万美元的货物。布雷迪曾送给梅伦太太和纽黑文铁路几位采购代理人的太太价值几百美元的钻石，他认为这是微不足道的礼物，对自己的挥霍毫不在意。"我没花多少钱，但我戴了一些珠宝。"他作证说。这都是相当保守的说法，他的其他证词也几乎没有透露铁路的财务结构情况。

1914年5月14日，当梅伦出庭作证时，正如麦克诺所担心的那样，他已经可以豁免作证。这激怒了司法部部长，当布雷迪得知福克打算让梅伦如实宣誓时，他几乎想把福克赶出办公室。在宣誓就职几秒钟后，福克问梅伦自己的工作是什么，他微笑着回答说："协助州际商务委员会开展工作。"

梅伦回顾讲述了纽黑文铁路多年来进行的重大收购，正如《纽约时报》所报道的那样："他在纽黑文铁路上的巨额融资事件让听众惊叹不已。"关于将波士顿和缅因州铁路公司的股票临时出售给他的朋友比拉德这一问题，梅伦遭到一连串的质疑。其他董事认为，比拉德在这笔交易中最多只能获得合理的费用，而不是270万美元的利润。但梅伦和比拉德都坚称这笔交易是合法的。

不过，在听证会期间最受关注的交易涉及一条奇怪的郊区小铁路，该铁路连接着韦斯特切斯特县和纽约市。这条命途多舛的铁路就是纽约-韦斯特切斯特和波士顿铁路，简称韦斯特切斯特铁路。

1906年，美洲信托公司总裁、银行家奥克利·索恩（Oakleigh Thorne）向梅伦提出了一项新的铁路计划。马斯登·佩里（Marsden Perry）——一个名声不好的典当商，是一家宣传公司的投资者，这家公司拥有纽约市的特许经营权。他和索恩是商业伙伴，两人负责建设一条通勤铁路，从康涅狄格州路线附近的纽约切斯特港到布朗克斯区哈莱姆河边的第133街。乘客可以在那里下车，搭乘位于第三大道的高架铁路的列车前往市中心。

韦斯特切斯特公司之所以会陷入财务困境，主要是因为它卷入了与竞争对手公司切斯特港旷日持久的诉讼。该公司声称拥有基本相同路线的特许经营权。这两家公司的特许经营权的有效性都备受质疑，因为除了通行权和一些房地产，这两家公司几乎没有任何其他财产。但索恩告诉梅伦，如果纽黑文铁路提供资金，他和佩里就可以买下他们竞争对手的股份，解决特许经营权问题，修建新铁路，然后交给纽黑文铁路。

梅伦对这个主意不感兴趣，因为纽黑文铁路已经有一条从切斯特港到曼哈顿中央车站的通勤线路，与拟议中的韦斯特切斯特新线路平行。梅伦认为，纽黑文铁路花费数百万美元修建一条全新的铁路没有什么意义，这条铁路将在很大程度上与纽黑文铁路形成竞争。

但在索恩的坚持下，梅伦同意把这个想法转达给纽黑文铁路的董事会。令梅伦惊讶的是，J. P. 摩根立即接受了这个建议，并任命了一个由他自己和梅伦担任成员的三人特别委员会来执行这个计划。

斯泰森被任命为该委员会的特别法律顾问，负责给索恩和佩里起草一份合同。根据这份不寻常的协议，纽黑文铁路授权索恩和佩里花费一切必要的资金，助力纽黑文铁路收购韦斯特切斯特和切斯特港两家公司三分之二的股票。他们花的每一笔钱都将获得7.5%的佣金，没有限额。梅伦奉命预支纽黑文铁路的钱，存入摩根公司的一个"二号特别账户"里，索恩和佩里可以不时地从这个账户里取钱。这意味着他们基本上有一张空白支票。

整个安排对公众、纽黑文铁路的股东，甚至纽黑文铁路董事会的其他成员都保密。为了限制知情人士的数量，斯泰森代表了交易的各方：纽黑文铁路、索恩、佩里及J. P. 摩根。在斯泰森的建议下，索恩和佩里那时已经成立了公司，并将他们的公司命名为米尔布鲁克公司（Millbrook Company）。斯泰森对这一安排是否明智的评价并没有被记录下来，不过他当时确实提醒过梅伦，如果索恩和佩里的公司无法获得特许经营权，他们在此期间的任何支出就都可能是损失。

1906年10月至1907年10月，索恩和佩里启用"二号特别账户"，花了1100万美元为纽黑文铁路购买了韦斯特切斯特和切斯特港的股票。1907年10月31日，梅伦突然接到斯泰森的电话，约他在曼哈顿市中心索恩的美洲信托公司（TCA）办公室见面。当天晚上，纽黑文铁路行使了它的权力，取消了与索恩和佩里的协议，从这两人手中接管了米尔布鲁克公司。

为什么突然采取这一接管行动？事实证明，各方的命运都与1907年10月发生的大恐慌事件息息相关。索恩的美洲信托公司靠摩根提供的一笔紧急贷款才勉强避免了破产。但考虑到TCA疲弱的财政状况，索恩无法继续履行与纽黑文的合同。因此，纽黑文铁路终止了与米尔布鲁克公司的协议。索恩和佩里辞职了，"二号特别账户"也注销了。

纽黑文铁路现在拥有韦斯特切斯特和切斯特港两家公司的大量股票，梅伦认为这些股票大约值"每股10美分"。纽黑文铁路对其提前支取钱这一行为进行的解释：一条未建成的铁路，几个合法性令人怀疑的特许经营店并行运行，外加一些房地产和小型建筑，这一切距离纽黑文公司只有几百码。

在1907年11月9日的一次会议上，纽黑文铁路的其他董事会成员才得知了这些事情：纽黑文铁路与米尔布鲁克公司签订的合同、2号特别账户的创建以及在前一年纽黑文向索恩和佩里支付的1100万美元。他们当时同意了斯泰森起草的一份简短报告和决议，从而导致了所发生的一切。令人惊讶的是，这份报告没有详细说明这笔钱花在哪里或如何花。尽管如此，按照惯例，董事们未经讨论就批准了这项建议行动。

但纽黑文铁路的其他董事会成员对此有几大疑虑。梅伦和其他董事感到惊讶，报告中缺乏必要的详细说明，但正是梅伦所说的"懦弱"使他们在会议中保持了沉默。梅伦默许了摩根的判断，因为"摩根是一个拥有巨大影响力并且取得很大成功的人……当他不同意我的意见时，我觉得十有八九是我错了"。此外，摩根当时正处于紧急状态——不仅要拯救索恩的信托公司，还要拯救整个美国金融体系。现在不是质疑这位伟人判断的时候。

不过，会议结束后，梅伦私下会见了摩根，并告诉摩根，他认为报告应该提供更多的详细信息。摩根听后显然很激动，他说："斯泰森先生不是进行投票了吗？"梅伦说是的，确实是这样。"你认为你比斯泰森先生更知道该怎么做吗？"摩根问道。梅伦却没有回答，然后尴尬地离开了。

一群默默投了赞成票的董事在会后聚集在梅伦的办公室，表示抗议和不满。他们说，简直不敢相信纽黑文铁路在一条尚未建成的铁路上花了这么多钱（"我的天啊，你到底用这一千一百万美元做了什么？"一位董事对梅伦喊道）。可是，当梅伦提出要派他们中的任何一个人，组成一个只有一个人的委员会去找摩根查明真相时，董事们却说："绝对不行。"

会议结束几周后，梅伦收到一封来自斯泰森新选出的法律合伙人——他的侄子沃德威尔的信，信中提到了韦斯特切斯特案。梅伦在信的末尾给自己写了几句话："我对这件事感到厌恶。这件事只会带来麻烦和损失，我很担心许多人的名誉会受到损害，我很可能最后会成为替罪羊。"事实证明，梅伦的预测是对的：韦斯特切斯特铁路公司成了一项著名的诉讼案。摩根去世后，解释它（纽黑文铁路加入韦斯特切斯特项目）的责任落在了梅伦身上。

到1914年国际刑事法院举行听证会时，纽黑文铁路已花费3600万美元使韦斯特切斯特铁路投入运营（该铁路于1912年开通）。这远远超过了董事们最初预期的500万美元。这条铁路每年还亏损125万美元。据估计，它的收入需要是当时的4.5倍才能收回成本。梅伦告诉国际刑事法院，纽黑文铁路加入韦斯特切斯特是"一个可怕的错误，在我看来，这几乎是一种犯罪。"

国际刑事法院的调查揭露了有关韦斯特切斯特交易的大量违规行为，包括梅伦为了最终解决特许经营权问题，向"第十四街"（坦慕尼协会）的政客行贿行为。法律上的障碍莫名其妙地消失了，到1909年年底，这两个特许经营权合并为一个，使铁路施工得以继续进行。

此外，索恩和佩里还受到了不同寻常的优待：据国际刑事法院指控，他们的报酬比合同上多出了100多万美元。然而，起草合同的斯泰森表示，纽黑文铁路无权向米尔布鲁克公司提出索赔。"斯泰森说，我们对此无能为力，继续讨论报酬问题毫无意义。"梅伦作证说。

索恩和佩里还因纽黑文铁路终止与米尔布鲁克公司的合同要求索赔50万美元。这两名发起人声称，他们被剥夺了完成工作和赚取额外佣金的机会。在斯泰森的建议下，纽黑文铁路向这两人支付了

27.5万美元的和解费，梅伦认为索恩和佩里不配得到这笔钱。

国际刑事法院律师福克追问梅伦，鉴于斯泰森曾在代表索恩、佩里和纽黑文铁路时的表现，他是否应该接受斯泰森在这些问题上的建议。这导致了以下的对话：

梅伦：斯泰森先生是一个高级别的人。

福克：他的级别高到可以同时代表双方吗？

梅伦：我什么事都相信他……我不在乎他还代表谁，或者寻求代表谁。根据我的判断，我的利益将受到斯泰森先生的充分保护……我非常有信心，斯泰森先生永远不会做或建议一件他认为不正确的事情。

福克：那时候你认为他作为律师和索恩先生的关系会影响他的判断吗？

梅伦：斯泰森先生告诉过我很多次，这是有案可查的，他的首要任务是纽黑文铁路。索恩先生和佩里先生接受了他，并同意他是第一个管理纽黑文铁路的人……当他告诉我他会首先支持纽黑文铁路时，我不在乎他接下来支持谁。

斯泰森向报社提交了一份声明，澄清自己只在索恩和佩里作为纽黑文铁路的代理人时代表过他们。每当他们的利益发生冲突时，他就只代表纽黑文铁路或摩根大通公司。他说，他只记得索恩和佩里在两笔交易中有各自的利益，而且在这两笔交易中，索恩和佩里有自己的律师为他们提供咨询。

不过，福克的质疑还是有道理的。斯泰森曾代表各方起草有关该交易的原始文件，因此出现了一些模棱两可的情况。当合同发生纠纷时，我们有理由质疑斯泰森向纽黑文铁路提供的关于其对索恩和佩里的权利（或缺乏权利）的相关建议是否完全公正。

没人知道支付给索恩和佩里的1100万美元到底花在了哪里，因为米尔布鲁克公司没有提供凭证或任何其他说明其开支的详细文件。索恩在1912年退休时烧掉了他所有的书籍和记录，亲自把它们扔进他的火炉里。这使人们无法还原当时发生的事情。

摩根为何如此热衷于推进韦斯特切斯特项目，尤其是在如此保密的情况下，这仍是个谜。一个相关的问题是，为何一向一丝不苟的斯泰森会制订一个一反常态、没有条理的法律计划。

正如纽黑文铁路的记录者约翰·韦勒（John Weller）所指出的那样，1907年的恐慌只对所谓的"摩根-梅伦政权所有铤而走险、大肆浪费行为"提供了部分解释。尽管1907年索恩和佩里合同的取消无疑与摩根试图救助索恩的信托公司有关，但斯泰森起草合同的时间比1907年的恐慌早了一年。到银行挤兑开始时，索恩和佩里已经花光了1100万美元。

韦斯特彻斯特倡议背后的真正原因应该埋藏在那些直接参与者的坟墓里：摩根、斯泰森、索恩和佩里。最有可能的是，摩根有一个大胆的设想，把韦斯特切斯特铁路建成一条高速、先进、豪华的铁路，连接纽约市和发展最快的郊区（事实上，它确实成为这样的一条铁路）。他愿意不惜一切代价在该领域的未来竞争中抢占先机。不过，由于没有迫在眉睫的竞争威胁，即便是像纽黑文公司这样消极的董事会也很难接受这个想法。因此，这个项目被秘密推进，直到它成为既成事实。

摩根一直指望斯泰森告诉他如何合法地做他想做的事，而不是告诉他自己不能做什么。斯泰森是否和梅伦一样对这笔交易感到不安，这一点我们不得而知。但斯泰森按照摩根的要求，采取了必要的措施，推进了这笔交易。像美国钢铁这样被高度宣传的大型交易，需要进行周密安排；韦斯特切斯特这样的交易则可以稍微宽松一些。

然而，当纽黑文铁路的董事们在1914年就韦斯特切斯特交易作证时，他们很难证明该交易的目的是消除所有可能的竞争。那时，政府正计划对纽黑文铁路提起反垄断诉讼，并对其董事提出刑事指控，这样作证实际上等于承认了自己的责任。纽黑文铁路的董事们需要一个更好的答案。有个知名的律师突然冒出来给他们提供了一个答案。

《纽约时报》1914年6月4日的头版报道称，当天国际刑事法院关于纽黑文铁路一案举行的听证会，"因证人律师克伦威尔的出现而变得活跃起来"。当国际刑事法院的福克结束对来自康涅狄格州的76岁董事——詹姆斯·埃尔顿（James Elton）的审问时，克伦威尔从中插话，开始向埃尔顿提问。虽然克伦威尔不代表埃尔顿，但他说他想帮助说明埃尔顿没有完全回忆起来的"一两件事"。

很快就发现，代表其他几位纽黑文铁路董事的克伦威尔，试图根据后来被称为"商业判断规则"的原则为他们辩护。直到几年后，在密歇根法院一宗涉及亨利·福特的案件中，这一规则才得到牢固确立。但过去和现在的观点是，如果公司没有失信或假公济私行为，只要公司的董事诚实、谨慎地履行职责，他们就不必为管理企业中轻微的判断失误承担责任。

尽管这条规则还没有名字，克伦威尔还是凭直觉理解到了它的重要性，并利用这个机会通过埃尔顿的证词援引了该条规则。埃尔顿在给国际刑事法院律师福克的直接证词中承认，他从来不了解董事会上发生的事情，并且他从没问过任何相关问题，而是信赖梅伦和摩根。他认为韦斯特切斯特是一个"非常奢侈的"事业，当它的问题暴露出来时，他意识到"活了将近76岁，才发现自己属于一个不可救药的傻瓜群体中的一员"。

但在克伦威尔友好的询问下，埃尔顿突然开始巧妙机智地回答问题。他解释说，韦斯特切斯特的交易背后有一个合理的理由——

缓解中央车站的"拥堵问题"。纽黑文铁路必须向中央车站每一名进站乘客支付服务费，这笔费用当时高达300万美元，并且在不断增加。韦斯特切斯特铁路可以帮助降低这笔费用，将乘客从遥远的怀特普莱恩斯（一条支线）、新罗谢尔和切斯特港（另一条支线）送到布朗克斯区。在布朗克斯区，步行几个街区或乘坐班车，就可以换乘市中心的高架列车。后来，在东第180街的地铁扩建计划完成后，乘客可以直接穿过站台换乘市中心的地铁。

由于到达纽黑文中央车站的通勤者通常都要乘地铁到市中心的工作地点，因此人们认为，他们可以选择车费更低、更快捷、更舒适的方式直接乘车前往中央车站。从布朗克斯出发，再花五分钱，通勤者就可以通过公共交通到达办公室附近的车站。这样纽黑文铁路就不用向中央车站支付服务费了。

克伦威尔对埃尔顿进行了一系列诱导性的提问，以此展开辩论。"当时，中央车站的终点站收费问题已经变得十分严峻，我们的目标是减轻这种负担，不仅要减少成本，而且要提升服务，对吗？"他问道。"是的，"埃尔顿答道。"那么，收购我们这里所说的韦斯特切斯特铁路资产是一项政策吗？"克伦威尔问道。"这当然是。这不是什么疯狂的计划。"埃尔顿作证说。

> 克伦威尔：你是为了未来、为了你认为必然会到来的发展进行收购吗？
>
> 埃尔顿：是的。
>
> 克伦威尔：你仍然相信它会来吗？
>
> 埃尔顿：是的，一定会来。
>
> 克伦威尔：这是纽约大型终点站位置规划的一部分吗？
>
> 埃尔顿：是的。
>
> 克伦威尔：是在这个城市的据点吗？

埃尔顿：是的。

这时法庭宣布休庭，当埃尔顿重新出庭时，感到困惑的国际刑事法院主席说："克伦威尔先生，我不太清楚你在这件事上到底代表谁。"克伦威尔回答说，他代表下一个证人——威廉·斯金纳董事和其他一些不知姓名的董事。因此，在有人阻止克伦威尔之前，他继续询问埃尔顿。按照典型的克伦威尔式风格，他在结束审查时提出了一个啰唆的、几乎是毫不相关的诱导性问题（实际上仿佛是一个演讲），该问题直接追踪商业判断规则：

克伦威尔：我想进一步明确记录中的一些要点，也就是我觉得证据多少有些不足的几个问题。从你所说的话中，我了解到，当布莱恩州长提醒你注意所有的购买记录时，你受到了梅伦总裁向董事会提交的信息的影响。这些信息非常详细，我毫不怀疑他是故意这么做的，众所周知，他就是这样的人。但你仍然相信他的判断，并因此受到了影响。最终，你对自己所购房产的预期价值充满信心，认为它们进入黑文铁路公司的系统后就会增值。是这样吗？

埃尔顿：是的。

当克伦威尔的客户斯金纳出庭作证时，克伦威尔引出了更多的事实，旨在免除董事们对纽黑文彻底失败的责任。例如，斯金纳作证说，马萨诸塞州和康涅狄格州频繁的鼓动和调查减少了铁路获得长期融资的机会。克伦威尔还让斯金纳证实，他从未亲自参与过与纽黑文铁路或其任何子公司的任何交易，从未在纽黑文铁路上赚过一分钱，而且作为股东，他和其他人一样亏损了。"这么多年来，你一直是一个股东，（你是否）按照自己的判断做了当时最合适的事情？"克伦威尔最后问道。"当然。"斯金纳说。

国际刑事法院在其最终报告中讽刺了纽黑文铁路的董事们，这是意料之中的结果。但克伦威尔锁定了证词，并为未来不可避免的诉讼留下案底。如果要说有什么不同的话，那就是国际刑事法院的报告比预期的更加严厉。报告中称纽黑文事件是"美国铁路史上最明显的管理不善案例之一"。

国际刑事法院指出，韦斯特切斯特是"一大肆意浪费公司资金的事件"。抛开拥堵的理由，国际法院声称，如果纽黑文铁路想要通过地铁进入曼哈顿，它可以在布朗克斯的某个地方建造一个中转站，将通勤者与纽黑文铁路现有的线路连接起来。此外，拥堵的理由是事后才提出的。因为没有证据表明，在收购韦斯特切斯特时，纽黑文铁路的董事们曾讨论过这个问题。国际刑事法院得出结论，韦斯特切斯特的交易是摩根破坏竞争的一次行动。

国际刑事法院严厉地批评了纽黑文铁路的董事。国际刑事法院表示："在十几个公司担任董事的人，可能在与每个公司的关系中都非常诚实，但让他把自己的能力和精力全部贡献给每个公司的股东是不现实的。""有太多起不到实际作用的董事，这些董事中有太多的人天真地相信领头人，他们随时准备赞同或批准领头人可能做的任何事情。"报告称这些董事存在过错，建议政府对他们提起民事和刑事反垄断指控，并要求他们通过民事诉讼补偿股东的损失。

随后，司法部以违反反托拉斯法的罪名起诉了纽黑文铁路，一共起诉了21人，他们都是时任或前任董事，包括外部律师莱迪亚德和内部法律顾问罗宾斯（但不包括梅伦，他因作证而获得了豁免权）。董事埃尔顿和斯金纳，因为他们在国际刑事法院宣誓作证，被认定享有与梅伦相同的豁免权。也许这就是克伦威尔一直以来诱导他们提供证词的目的所在。

斯泰森从未担任过纽黑文铁路公司的董事，他与该铁路的唯一牵连只是作为韦斯特切斯特特别委员会的法律顾问，因此他没有被起诉。斯泰森也不属于未被起诉的违反反托拉斯法的50名同谋者之列——该名单包括梅伦、J.P.摩根、索恩和佩里。

刑事审判的结果是，一些董事被判无罪，另外五人让陪审团陷入僵局。其中包括莱迪亚德和罗宾斯，他们曾向董事们保证自己没有违反反垄断法。政府表示将再审这五人，但最后却没有这样做。股东对董事提起1.5亿美元的诉讼，最终以250万美元达成和解。

威尔逊总统下令对纽黑文铁路公司提起反垄断诉讼后，该铁路公司于1914年10月签署了一项和解协议，处置各种财产。克拉瓦斯的合伙人海因斯就其与政府协商。根据和解协议，波士顿和缅因铁路将被出售，但一直没有出售成功。

韦斯特切斯特铁路确实成了其发起人所设想的镀金铁路，但它从未盈利，并于1937年破产。汽车在郊区居民中的普及，这是摩根没有预料到的，这也是韦斯特切斯特铁路衰败的原因之一。布朗克斯区从未成为一些人所期望的商业中心，因为曼哈顿商业不断向北移动。韦斯特切斯特的通勤者不想在布朗克斯区中心结束他们的乘车之旅，不料竟还要乘坐很长一段地铁才能到达曼哈顿。通勤者更喜欢宏伟的新中央车站，该车站于1913年开放，取代了过时的终点站。

尽管后来的起诉和诉讼结果好坏参半，但纽黑文铁路丑闻仍然是进步时代历史上的一个开创性事件。国际刑事法院的报告证实布兰代斯对连锁公司董事的不当任职、银行家控制工业公司、肆意挥霍资金和扩大公司规模等方面的警告是正确的。纽黑文事件为那个时代最后的改革立法——1914年的《克莱顿反托拉斯法》（下简称《克莱顿法》）和同年的《联邦贸易委员会法》（Federal Trade Commission Act）的通过，提供了最终动力。作为新自由计划的一部分，这两项法案都得到了威尔逊总统的支持。这两项法案的通过旨在使《谢尔曼反垄断法》更具效力、更明确，并在垄断形成之前赋予政府更大的权力对其进行阻止。

《克莱顿法》除了禁止相互竞争的公司之间关联董事之外，还表明有三种具体做法是非法的：（1）价格歧视；（2）公司与竞争公司合并；（3）排他性交易（捆绑）合同，即卖方以买方同时购买另一种（捆绑）产品为条件出售其产品。然而，这三条禁令有一些附加说明：只有当法院认定那些被质疑的做法可能会在任何业务领域大幅减少竞争或造成垄断时，这三条禁令才会适用。

《联邦贸易委员会法》设立了联邦贸易委员会，这是一个由总统任命并经参议院批准的五人制机构。作为一种侦查机构，联邦贸易委员会被授予传唤权，以调查所谓的"不公平的竞争方法"（一个尚未被阐明的术语），并根据法院的审查下达制止不公平竞争命令。这些委员将成为专家，他们可以收集信息，协助司法部部长起草反垄断同意令和制定政策。

《克莱顿法》和《联邦贸易委员会法》是政治妥协的产物，这并不是路易斯·布兰代斯等一些企业批评者所希望看到的那样。在修改过后，这两项法规都没有包含刑事处罚，只有《谢尔曼反垄断法》才有刑事处罚。股东和其他私人各方可以根据《克莱顿法》提起诉讼，但不可以根据《联邦贸易委员会法》提起诉讼。而法规的关键语言——"不公平的"竞争方法，以及有"倾向"去"大幅削弱"竞争的做法，并不比《谢尔曼法》中的合理规则具体多少。

但是，当《联邦贸易委员会法》和《克莱顿法》分别在1914年9月和10月成为法律时，美国关于联邦反垄断政策的长达25年的激烈辩论终于结束。新法律对每个人都有好处。它们与布兰代斯一致拒绝垄断是不可避免，并赋予政府主动阻止垄断的新权力。斯泰森、莫拉威茨和其他公司律师希望根据反垄断法为他们的客户提供更具体的指导,因为这两项补充立法提供了更明确的措施。

罗斯福的支持者获得了联邦委员会的授权,在公司业务方面得到了更大的宣传,却没有获得联邦政府对企业的许可、合同的预先批准或价格控制。在反托拉斯法框架下,法院仍然是公平合理的最终仲裁者,这是塔夫脱和威克沙姆在过去几年极力推行的立场。①

到1914年年底,就大企业改革而言,进步时代已经结束。威尔逊总统宣布:"企业和政府之间的对抗结束了。政府和商人们准备各让一步,共同努力使商业法符合公众舆论和法律。"在《克莱顿法》和《联邦贸易委员会法》通过后,曾经反对联邦反垄断立法的斯泰森公开表示,威尔逊政府"理应得到确定无疑的认可"。

此后,信托问题淡出了国家政治的中心,尽管在接下来的几年里,它仍然是律师们逐案提起诉讼的一个问题。自1912年以来,没有一届总统选举使联邦反垄断政策成为主导议题,甚至成为重大议题。《克莱顿法》和《联邦贸易委员会法》会不时地被修订,要么是为了填补漏洞,要么是为了增加新的保护或豁免条例。人们对于反垄断执法的热情在许多总统任期内有所起伏。垄断者的名字也发生了变化:谷歌和亚马逊取代了美国钢铁公司和标准石油公司,成为规模最大的两个企业巨头。但是,1914年建立的基本法律制度至今仍然有效,斯泰森、克拉瓦斯、威克沙姆和昂特迈耶等律师为此奋斗了很多年。

对于在进步时代崭露头角的白鞋律所的律师来说,1914年还见证了其他几个里程碑事件。霍恩布洛尔成为这群人中第一个去世的人,就在他被任命为纽约上诉法院法官的几周后离世,享年63岁。

---

① 未能达成目标的那群人是有组织的劳工。最初的《克莱顿法》尽管有一些保证含糊其词,并没有给予工会工人明确的、无条件的豁免权,让他们不受反垄断法的约束。后来,最高法院的判决确实为大多数工会活动给予了豁免。

作为纽约的最高法院,纽约上诉法院当时的影响力仅次于美国最高法院。霍恩布洛尔曾被提名至美国最高法院,但这一提名却被拒绝了。这并不是霍恩布洛尔人生中唯一让他失望的事:他的第一任妻子英年早逝;他失去了一个正值青少年的女儿;他的儿子,一位发表过作品的诗人,在霍恩布洛尔去世的前一年自杀了。后来,霍恩布洛尔与亡妻的妹妹再婚,事业蒸蒸日上,给妻子和当时健在的儿子留下了100万美元的遗产,他的儿子也是一名律师兼诗人。霍恩布洛尔葬礼上的扶灵人包括斯泰森和威克沙姆。克拉瓦斯当时也在场,在卡特律师事务所时,他曾在霍恩布洛尔手下开始自己的职业生涯。[①]

1914年,克拉瓦斯在同一地点再次遭遇挫折,他在长岛的家被大火烧毁。克拉瓦斯在欧洲的时候,这栋有60个房间的豪宅失火了,克拉瓦斯损失了25万美元。后来,他卖掉了那块地,在附近的蝗虫谷重建了第三座维拉顿,再次以他女儿的名字命名。他将所有的精力、对细节与完美的追求,一腔热血地投入这项建造工程中,就像他对待法律工作那样。克拉瓦斯与建筑师和园林设计师经常争吵,多次解雇他不满意的工人。最终他得到了他想要的房子——一栋精心设计的新乔治亚风格红砖豪宅,里面有豪华的花园可以满足他日益浓厚的园艺爱好;有一个为他的赛马建的马厩;还有一个大的阶梯音乐室,反映出他对歌剧的兴趣。

1914年8月15日,巴拿马运河正式通车,距克伦威尔开始在这一工程上发挥重要作用已过去近20年。克伦威尔没有参加通车开幕典礼,但他的老对手瓦里拉在正式通车典礼前两周,乘轮船到地峡横

[①] 霍恩布洛尔在离开卡特律所后成立了自己的律所,后来成为威尔基·法尔和加拉赫律所(Willkie Farr & Gallagher),它以温德尔·威尔基(Wendell Willkie)的名字命名。在1940年总统大选中败给富兰克林·罗斯福后,威尔基加入了霍恩布洛尔原来的律所。该律所如今也沿用了同一名字。

渡运河，然而克伦威尔没有被邀请参加这一活动。

1914年8月3日，也就是在瓦里拉横渡运河的同一天，德国和法国相互宣战。

第十八章

备战

在英国于1914年8月4日加入对德战争后,威尔逊总统正式宣布美国保持中立,并表示美国人"在思想上和行动上都必须保持中立"。但克拉瓦斯和他的白鞋律所兄弟们却永远无法遵守这一规定。

从血统、友谊、旅行经历和世界观来看,华尔街著名的盎格鲁-撒克逊裔的律师从战争一开始就毫无保留地支持盟军的事业。他们认为这场战争是善恶之间的较量,一方是以英法为代表的西方自由民主国家,另一方是奉行专制、军国主义的德意志帝国和奥匈帝国。对于克拉瓦斯、鲁特、威克沙姆和克伦威尔这样的人而言,如果一方是对的,那另一方就是错的,没有中立一说。

在德国军队占领保持中立的比利时并入侵法国后,华尔街的顶级律师们就经常为各种慈善事业捐款:比利时救济、法国战争孤儿、失明的士兵、流离失所的波兰人等。克伦威尔此时已处于半退休状态,第一次世界大战期间他大部分时间都在法国度过,自巴拿马运河时期起,他就热爱和钦佩这个国家。他捐钱为伤员建造房屋,为400名战争孤儿建造学校。为了让那些在战争中失明的人能读书,他在巴黎凯旋门附近的克莱蒙-坦纳雷(Clermont-Tonnerre)这个贵族家族的旧宅邸里安装了盲文印刷机。

古思里也是一位亲法人士,能讲一口流利的法语。因为他早年在法国接受教育,他组织了法国战争孤儿救济协会。在美国参战之前,该协会向法国捐助超过40万美元。古思里和克伦威尔被任命为法国荣誉军团的高级军官,克伦威尔最终获得了军团的最高荣誉——大十字勋章。

与艺术界有联系的克拉瓦斯夫妇通过引进国际明星在美国筹集资

金。1914年11月，为了帮助世界上贫困的妇女和儿童，克拉瓦斯帮助安排了一场由英国女演员斯特拉·坎贝尔（Stella Campbell）主演的慈善喜剧演出，她是萧伯纳的戏剧《皮格玛丽翁》（*Pygmalion*）中伊丽莎·杜利特尔（Eliza Doolittle）这个角色的原型。1915年4月，克拉瓦斯的妻子阿格尼丝为出身贫困家庭的巴黎音乐家赞助了一场慈善音乐会，帕布罗·卡萨尔斯（Pablo Casals）担任客座大提琴手。克拉瓦斯后来筹集资金，帮助在欧洲战斗和牺牲的英国律师的家属，这样做体现了他所说的"自由原则一直是我们这个职业得以维持的荣耀"。

但是仅有金钱和慈善是不够的。人们希望战争早点结束的愿望很快就破灭了。最坚定的同盟军党羽认为，美国需要立即扩充其海军和陆军力量，为其可能加入战争做准备。1915年年初，备战运动开始。领导该运动的几乎都是杰出的共和党人，包括前总统罗斯福、鲁特、伍德将军、马萨诸塞州参议员亨利·卡伯特·洛奇（Henry Cabot Lodge）和亨利·L. 史汀森（Henry L. Stimson），他是塔夫脱时期的战争部长，也是鲁特的法律合伙人兼门徒。

在其他主张做好备战的华尔街著名律师中，包括克拉瓦斯、威克沙姆（当时已从事私人执业）和80岁的前美国驻英国大使乔特。摩根是他父亲原公司的负责人，毫不掩饰地支持联盟和干涉主义，摩根的盟友也是如此。

这些志同道合的人组成了美国的"大西洋主义者"外交政治机构。机构人员主要是上流社会的律师、银行家、学者和来自美国东海岸的政客，他们致力于所谓的"亲英国际主义"。这些人是盎格鲁–撒克逊新教徒中的一个人数不多、但具影响力的群体，他们认为美国继承了英国的角色，在国际争端中充当调解人，必要时还充当执行者。尽管他们中的一些人，如罗斯福、鲁特和洛奇，长期以来都是外交政策上的民族主义干涉主义者；而另一些人，如克拉瓦斯，对他而言，正如一项研究所称的那样，第一次世界大战是"激发此前不活跃的亲英和国际主义倾向的导火索"。

作为一个群体，他们赞成普遍征召每一个18岁的男性入伍服兵役，扩充美国小得可怜的军队规模，支持从最优秀的士兵中挑选军官。备战运动的倡导者们自发地在纽约州北部的普拉茨堡组织了一个私人资助的夏季军事训练营，培训潜在的军官。

1915年8月，第一个训练营在那里开办时，有银行家、律师、医生和商人。其中，许多人是前常春藤联盟大学橄榄球明星，总计1100人前来参加培训。他们每天在尚普兰湖畔花上十个小时，拿着普林菲尔德步枪和刺刀进行训练，用镐头和铁锹挖壕，履行士兵职责。他们徒步攀登阿迪朗达克山脉，学习骑兵、野战炮兵技巧和军事工程学。

在欧洲战争的早期阶段，准备运动以及当时被称高度宣传的"普拉茨堡运动"，都令威尔逊总统感到烦恼。因为它们违反了他的中立政策。

在一个两党合作仍是外交政策准则的时代，作为一名美国参议员，鲁特必须小心翼翼地行事，以免被认为是在蔑视威尔逊的政策。但他一点儿也不赞同中立，相反，他认为德国是"世界和平的最大阻碍者"。朋友恳求鲁特把他的想法表达出来，但鲁特在等待合适的时机，他相信这个时机一定会到来。鲁特把战争的责任完全归咎于德国，并坚信大多数美国人也有同样的看法。

尽管休斯在最高法院的职位使他不能公开发表意见，但他也对盟军的事业深表同情。休斯私下批评威尔逊没有对德国采取更加强硬的态度，也没有为美国的战争做好充分准备。休斯的儿子后来成了普拉茨堡训练营的一名充满战斗热情的新兵。

作为前（以及未来）战争部长兼国务卿的亨利·史汀生，在战争初期支持威尔逊保持中立，但仍然主张做好军事准备。他的忠诚显而易见。他写道，盟军是在为西方文明而战，而德国则试图摧毁这种文明。

尽管华尔街律师中几乎所有的名人都支持做军事准备，如果不是美国的直接干预，情况就会有所不同。1915年3月，安德鲁·卡内基的教会和平联盟给美国的教会和神职人员写了一封信。该信有三十人签名，斯泰森就是其中一员，呼吁他们不要有党派偏见，不要迫切要求增加军备。"我是一个和平主义者"，斯泰森在给一位辩论组织者的信中表示，该组织者希望斯泰森发言支持美国将常备军增加一倍。斯泰森回应说，他反对增兵，尽管他认为就国家维持军队规模而言，增兵应该是高效的办法。斯泰森还是卡内基的纽约和平协会的副会长，该协会主张建立一个战后机构来实现和平。

和数百万德裔美国人一样，昂特迈耶同情他的祖国。1903年，他赞扬了德国在工业上取得的进步，称德皇威廉二世是"现代所有工业领袖中最杰出的"。昂特迈耶说，德国的保护主义促进了其尚未成熟的工业发展壮大，同时也对工业起到了保护作用，使德国与美国在争夺未来世界经济领袖地位方面势均力敌。相比之下，昂特迈耶声称，英国的自由贸易政策毁了其国内的产业。

1914年8月战争爆发时，昂特迈耶和家人正在奥匈帝国的温泉小镇卡尔斯巴德度假。在安全抵达伦敦后，他花了两周时间帮助数千名被困的美国军人安全回家。在乘坐波罗的海"白星"号客轮抵达纽约后，昂特迈耶接受了《纽约时报》的采访。他在采访中指责俄罗斯动员挑起战争，并宣称"没有比德国更积极捍卫和平的国家了"。与反英相比，昂特迈耶更加亲德，因为俄国沙皇的反犹太大屠杀，让他把矛头对准了英国的盟友俄国。

在美国参战之前，昂特迈耶强烈支持美国采取中立，反对备战运动。他还为德国的事业提供了大量的法律和营销技能。昂特迈耶成为德国驻华盛顿大使馆的无偿法律顾问，并秘密协助其宣传活动。有一次德国大使在接受他的采访中说，美国和德国的外交关系破裂将意味着战争的爆发，这又让两国外交关系延长了几个月。

昂特迈耶还代表德国政府投资美国报纸以影响公众舆论，并试图收购其他报纸，包括《纽约太阳报》，该报最终被另一个买家收购。一名德国代理人在纽约乘坐高架火车时被偷走了一个公文包，结果公文包里面的文件表明，昂特迈耶是德国政府最重要的一位美国朋友。这位德国代理人和他的随行人员也是昂特迈耶位于哈德逊河的格雷斯通庄园的常客和贵宾。

尽管大多数美国人开始把德国视为第一次世界大战中的侵略者，但他们在两年多的时间里仍然坚定地站在中立阵营。德裔美国人、爱尔兰裔美国人（他们憎恨英国人）和斯堪的纳维亚裔美国农民，特别是来自美国中西部的农民，都反对美国卷入欧洲战争。大多数农村居民、妇女和教会领袖也反对美国卷入欧洲战争。像克拉瓦斯这样的亲英干涉主义者仍只是少数的发声者。

1915年5月，卢西塔尼亚号客轮被一艘德国潜艇击沉，该事件致使1198人丧生。其中128人是美国人，这使公众舆论更加反对德国，但还没到使美国人想要加入欧洲战争的地步。鲁特于3月从参议院退休，他认为美国在卢西塔尼亚号事件后应该加入盟军参战，尽管他仍然不公开自己的观点。然而，尽管威尔逊向德国发出了严厉警告，但他却宣称美国"太骄傲了，不愿参战"，这种观点在当时占了上风。

对许多美国人来说，精英阶层的亲英国际主义者和他们的备战运动等同于煽动战争。还有另一件事：在战争中谋取暴利。反战人士指出，美国钢铁公司、伯利恒钢铁公司和西屋电气公司等公司由摩根等银行家控制，并由克拉瓦斯等律师代表。他们从与盟国的军火合同中获利巨大，如果美国加入战争，他们将赚更多的钱。一些利润丰厚的合同也推动了这些公司的股价飙升。当时没有任何贸易禁令阻止美国制造商向交战国家出售军火，但在威尔逊的中立政策下，战争合同确实引发了一些问题。克拉瓦斯建议他的客户在进行交易时不要太过仔细地研究这个问题。

但克拉瓦斯的客户关系招致了公众的蔑视，尤其是在奉行孤立主义的中西部地区。1915年6月，作为海军联盟的一员，克拉瓦斯当时正在推动政府筹集5亿美元来建设一支更强大的陆军和海军。明尼苏达州的一家报纸注意到克拉瓦斯出现在海军联盟的午宴上，指出生产弹片和炮弹的西屋电气公司是证券交易所"最致命的'战争股票'之一"，克拉瓦斯也是该公司的董事。

南达科他州前州长也因克拉瓦斯与西屋电气公司的关系，对克拉瓦斯进行攻击。威斯康星州参议员罗伯特·拉福莱特也对克拉瓦斯进行攻击，他讽刺海军联盟是一群"身受美元创伤的英雄"。明尼苏达州德卢斯市的一份工会报纸称："'备战'散发着私人利润的味道。"该报纸还写道，货币托拉斯已经变成了"战争托拉斯"，克拉瓦斯和他所代表的制造商正在为他们的"失败"寻找一个政府市场。

斯泰森奉行和平主义，但这并没有让他免受类似的批评。伊利诺伊州的一位社论作者指出，斯泰森是直接或间接从军火销售中获利的华尔街人士之一。这是因为斯泰森帮助安排摩根大通公司向英国和法国政府提供5亿美元的贷款，这在当时是历史上最大的一笔外国贷款，也是美国有史以来发行的数额最大的证券。英国和法国利用从美国投资者那里筹集的资金，从美国制造商那里购买战争物资。摩根公司还作为英国和法国政府的独家财政代理，代表他们去购买美国制造的材料。也许是太忙了，抑或是他的律所缺乏这方面的专业知识，斯泰森拒绝代表摩根公司进行采购。这项法律工作转而交给了华尔街的伟凯律师事务所，该律所的联合创始人与摩根的一位合伙人关系密切。

斯泰森拒绝军火销售这项工作并非出于任何思想上反对。作为纽约和平协会的成员，他公开反对亲德派禁止美国向同盟国运送武器的提议。说来奇怪，斯泰森认为禁运实际上会加剧世界军备竞赛，因为，如果国家被禁止从海外购买战争物资，它们将不得不投入巨额资金自己制造武器。斯泰森的立场是否受到了他所偏袒的英国人的影响，还是像一位评论员所说的，他与摩根公司的密切关系，这一点引人深思。

在这个问题上，亲德一方的昂特迈耶认为，如果不能禁止向同盟国出售军火，就应该对他们课以重税，尽管这一做法没有成功。昂特迈耶的妻子明妮积极参与和平运动，她也认为英国在阻碍对德国提供人道主义援助的同时，可以自由地从海外购买战争物资，这是不公平的。她敦促美国政府获得英国的同意，让英国解除封锁，允许将奶粉送到饥饿的德国婴儿那里，但同样没有成功。

正如预期的那样，摩根给英法两国筹集的5亿美元贷款几乎都被投入美国的钢铁厂、火药工厂、工具厂和其他工厂。当它们为欧洲的大屠杀提供补给时，这些工厂的烟囱在向外喷出气体，弗雷德里·刘易斯·艾伦写道。这笔交易刺激了美国经济，让美国从债务人转变成债权国。但因为这笔交易把美国的钱与盟军的战争命运紧密联系在一起，这让一些人觉得，摩根银行及其代表手上沾满了鲜血。

有些人甚至指责说，发动这场战争就是为了让摩根大通公司从中赚钱。沃德威尔是斯泰森公司负责英法贷款的合伙人，他认为这种说法很荒谬。他后来说："毫无疑问，摩根公司或者大多数美国银行家和商人对战争的同情是出于某些原因，但这场战争不是为了他们自己的利益而发动的。"尽管如此，这些指责还是产生了一定影响，当摩根公司开始收到大量的恐吓信时，摩根否决了克拉瓦斯提出的组建一个政治行动委员会为盟军事业进行宣传的建议。

威尔逊的国务卿、和平主义者布莱恩告诉总统，摩根的放贷行为与他的中立态度不符，威尔逊最初认同这一说法。但在卢西塔尼亚号客轮沉没后，布莱恩辞职，公开反对威尔逊给德国的抗议照会中过于好战的语气。布莱恩还反对说，威尔逊的电文没有附带调解的要求，也没有对英国使用客船运输炸药进行警告，就像对卢西塔尼亚号所做的那样。

布莱恩的继任者是美国国务院鹰派的法律顾问罗伯特·兰辛（Robert Lansing），他是国际法方面的专家，也是一位亲英派人士。兰辛说服威尔逊将英法贷款看作为美国商品提供"信贷"。至少在语义上，这将援助（英法贷款）置于中立政策中禁止向外国政府提供贷款的范围之外。

兰辛的岳父约翰·W. 福斯特（John W. Foster）曾是美国国务卿，也是未来国务卿的姑父。而兰辛的侄子约翰·福斯特·杜勒斯（John Foster Dulles）注定将成为克伦威尔最重要的继任者，成为极具影响力的沙利文和克伦威尔律所的负责人。

很难找到一个比杜勒斯更适合的人来领导克伦威尔建立的强大的公司和国际法律事务所。杜勒斯的背景与上一代华尔街许多顶级白鞋律师相似，但他见识更广。和斯泰森、鲁特和休斯一样，杜勒斯来自纽约州北部，于1888年出生在沃特敦（Watertown）。和休斯和克拉瓦斯的父亲一样，他的父亲也是一位牧师。

但杜勒斯进入国际冒险领域的时间比他们任何人都要早。他的父亲邀请了许多传教士到家里做客，杜勒斯在他们那里听到了关于异国他乡的故事。杜勒斯的外祖父约翰·W.福斯特在被任命为本杰明·哈里森（Benjamin Harrison）的国务卿之前，先后担任过驻墨西哥、俄罗斯和西班牙的公使。在担任那一职务时，福斯特帮助推翻了利留卡拉尼女王（Queen Liliuokalani）统治下的夏威夷君主制。

离任后，约翰·W.福斯特开始在华盛顿特区经营一家私人国际法律事务所，为寻求全球贸易优惠的大公司游说，也代表外国公使馆，为总统的外交服务。这与沙利文和克伦威尔律所在巴拿马运河问题上所做的工作是一样的。

在杜勒斯的成长过程中，他有很多时间是在外祖父家的餐桌上度过的，即位于华盛顿杜邦环岛附近的福斯特宅。他见过总统、最高法院法官、外国大使和国务院官员，并在高层政治和外交方面受到了熏陶。19岁时，他参加了在荷兰举行的第二次海牙和平会议，为外祖父代表的中国代表团担任秘书。

第二年，福斯特以优异的成绩从普林斯顿大学毕业。他在普林斯顿大学修读了时任校长威尔逊（Wilson）教授的宪政课。在索邦大学读了一年研究生后，福斯特没有进入长老会担任牧师职位，这让他的父母很失望，但这个严肃而虔诚的年轻人决心成为一名"基督教律师"。福斯特没有按照一贯的路径选择常春藤盟校，而是选择了乔治华盛顿大学法学院，这样他就可以和外祖父生活在一起，并充分利用他在华盛顿的人脉。

这个决定几乎毁了福斯特的职业生涯。毕业后，福斯特想在纽约一家著名的华尔街律所工作，最好是一家国际律所。但当他去找工作时，没有一家白鞋律所愿意雇用他。这些精英公司只考虑哈佛大学、耶鲁大学或哥伦比亚大学的法学院毕业生。但在19世纪50年代，福斯特曾在俄亥俄州为沙利文和克伦威尔律所的高级联合创始人沙利文做过文员，他代表他的外孙向克伦威尔求助。"难道念及旧情还不足以给这个年轻人一个机会吗？"这位前国务卿问道。克伦威尔更改了其合伙人拒绝福斯特申请加入律所的决定，在1911年雇佣福斯特为职员，每周发给他12.50美元的工资。

杜勒斯发现一个年轻办公室律师的日常工作很无聊，他不太喜欢在深夜剖析抵押法和类似话题的深奥要点。他喜欢到加勒比海国家和地区旅行（然而，他在那里感染了疟疾），代表在热带水果公司、古巴银行和秘鲁矿山等外国企业拥有利益的美国客户。他对全球经济有一定的了解，并且知道了自由国际贸易的益处。

第一次世界大战爆发后，福斯特前往欧洲为沙利文和克伦威尔律所的客户服务，如美国棉油公司和荷兰-美洲航运公司商定战争险。他代表德国制药商默克集团在美国的子公司，同时还对玛姆香槟公司——生产法国香槟酒的德国生产商的利益负责。他为在美国进行战争敛财的法国银行提供法律咨询。杜勒斯正在成为律所里的下一个克伦威尔。在接下来的四十年中，他将大部分时间都花在了发展克伦威尔式的业务上。

在伦敦逗留期间，杜勒斯断定德国犯有"残忍谋杀平民——妇女、儿童和中立者"并对他们施以酷刑的罪行。卢西塔尼亚号沉船事件激怒了杜勒斯，这起事件夺去了沙利文和克伦威尔律所一位客户的生命，这位客户是一位百万富翁和旅店老板，他的遗孀在杜勒斯的帮助下回到了美国。因此，杜勒斯完全赞同他的姑父——国务卿兰辛支持盟军。后来，兰辛派他的侄子执行一些重要的美国秘密战争任务，这为杜勒斯未来的对外谋略生涯提供了早期训练。兰辛组建的国务院情报机构还雇用了杜勒斯的弟弟艾伦，艾伦后来成为沙利文和克伦威尔律所的律师，最终成为美国的首席间谍。

战争爆发后，鲁特在给斯廷森的信中写道："现在除了欧洲战争，我很难对其他任何事情感兴趣。"事实上，这场战争占据了美国人的注意力，让几乎所有其他问题都相形见绌。尽管如此，鲁特、斯廷森和其他华尔街律师还是抽出时间处理其他重要的事情，其中一个就是妇女选举权的问题。

1915年，鲁特主持了纽约州宪法会议，审议一系列修正案，主要旨在通过适度改革来改进州政府。威克沙姆是修正案的多数党领袖。鲁特将修正案描述为"保守的建设性方案"。其中一项修正案是给予纽约妇女投票权。鲁特个人反对这项修正案，但同意在11月的全民公决中将这项修正案单独提交给该州选民。

早在1894年，鲁特就公开反对妇女选举权。他认为，政治涉及争执和暴动，这是"违背妇女的真实角色……女人在争斗中变得强硬、苛刻、不讨人喜欢、令人厌恶，这与我们认为应该忠于家庭和丈夫的温柔妇女形象相去甚远"。

尽管这些话在今天听起来有些过时，但这些话背后隐藏的看法，即使在受过高等教育、普遍思想开放的纽约律师中也并不罕见。当这个问题在1915年被放到州选票上时，斯廷森写道，投票权"不是一种自然权利"，而是类似生命、自由或追求幸福的权利。他认为，给予妇女投票权会降低政府的效率和能力，因为妇女完全缺乏政治和商业经验。斯廷森写道："'作为一个家庭的男人'意味着要学习自立和保护他人的惨痛教训，这是政府的基础。"他坚持认为，即使没有投票权，"妇女拥有特殊能力——强烈的同情心和对各种事务的了解，她们也可以得到政府的帮助，并且妇女有足够的影响力来促使进行必要的改革"。

威克沙姆、斯泰森和古思里也在11月全民公决前三天与斯廷森一起署名的一封信中反对选举权修正案。他们进一步声称，只有一小部分妇女希望获得选举权。虽然当时还没有精确的民意调查，但确实有许多妇女反对选举权。斯泰森的妻子伊丽莎白（Elizabeth）是纽约州反对妇女选举权协会的长期成员，这是一个很有影响力的妇女团体，斯泰森是该协会全男性顾问委员会的成员。

斯泰森夫妇资助了许多有价值的事业，如纽约州慈善援助协会、监狱协会、妇女医院、林肯医院和福利院（为贫穷的有色人种群体服务）、纽约婴儿医院和为穷人提供法律代理的法律援助协会。斯泰森赞成让圣公会的女性在教区选举中拥有投票权，他还支持让女性进入哥伦比亚大学法学院。但在妇女选举权问题上，很明显，他思想守旧，不赞成给予妇女选举权。

克拉瓦斯和克伦威尔对妇女选举权的看法没有相关记录。但是克伦威尔通过成功捍卫弗兰克·莱斯利夫人（Frank Leslie）的遗嘱，为支持妇女选举权的事业做出了实质性的贡献。莱斯利夫人是一位于1914年去世的著名插图杂志出版人的妻子。她的遗嘱由克伦威尔起草，即给她的朋友兼妇女权利论者领袖——卡丽·查普曼·凯特（Carrie Chapman Catt）留下170万美元遗产，以推动妇女权利这项事业。亲戚对该遗嘱提出质疑，自称男爵夫人的莱斯利夫人实际上是奴隶的私生女。

但大部分遗产最终都流向了选举权运动。1915年11月，纽约州选民以57%对43%的投票结果否决了选举权修正案，其他引起各种反对意见的宪法修改提议也被否决。但是选举权修正案在1917年以54%的票数获得通过。妇女参政论者最终从莱斯利夫人的遗产中获得了一笔钱，推动了这项修正案的发展。

1915年公投两个月后，威尔逊刚刚与第二任夫人度完蜜月，提名布兰代斯递补美国最高法院大法官的职位空缺。这消息犹如晴天霹雳。华尔街和保守的共和党人立即提出了强烈的反对意见，他们指责威尔逊在即将到来的连任竞选中选择了一个激进分子来讨好进步人士。包括鲁特和塔夫脱在内的六名美国律师协会前主席联名致信称，考虑到布兰代斯的"声誉、品格和职业生涯"，他不适合担任最高法院大法官。鲁特是在威克沙姆的命令下起草这份抗议书的。和塔夫脱一样，威克沙姆也从未原谅布兰代斯让他们当众难堪，布兰代斯曾揭露他们在1911年巴林杰–平肖事件中错填一份报告的日期。

塔夫脱原本希望自己获得提名，他称布兰代斯是"一个专门报道丑事的人，一个为一己私利而情绪化的人，一个社会主义者……一个伪君子……他毫无道德可言"。相较于布兰代斯的宗教信仰，威尔逊的个人意图似乎激励了塔夫脱，他在担任总统期间任命了第一位犹太法官担任联邦法官。后来，作为首席大法官，塔夫脱与布兰代斯建立了友好的私人关系，尽管他们在政治和司法理念上存在冲突。

鲁特反对布兰代斯的原因就更加令人不解。在巴林杰一案的争议中，他也曾与布兰代斯发生过争执，并对布兰代斯对塔夫脱诚信问题的攻击感到不满。鲁特声称，布兰代斯缺乏最高法院法官应有的道德标准。这种推理听起来像是反犹太主义的幌子。作为一名法官，布兰代斯当然会偶尔冷酷无情、充满敌意，许多为了维护客户利益的白鞋律师也会如此。当然，像鲁特这样的共和党保守派可能会反对任何持有布兰代斯的自由主义、反商业观点的候选人。不出所料，《华尔街日报》和阿道夫·奥克斯（Adolph Ochs）的《纽约时报》都反对任命布兰代斯为大法官。《纽约时报》曾在1912年支持威尔逊竞选总统，并将在1916年的选举中再次支持威尔逊。《泰晤士报》对布兰代斯的提名感到遗憾，称他那"先入为主、众所周知的观点"是在倡导社会正义。

1913年，威尔逊曾想任命布兰代斯为他的司法部部长，但面对华尔街的反对，他决定不这样做，而是把这个职位交给了麦克雷诺。但这一次威尔逊没有退缩。在长达数月的提名之争之后，布兰代斯终于在1916年6月1日以47票对22票获得了参议院的批准。他成为美国首位犹太最高法院大法官，与他的宿敌麦克雷诺并肩工作。麦克雷诺是一个真正的反犹太分子，他在布兰代斯上任后的三年里都没有和他说过话。有一次在法院的集体合影中，他还拒绝在布兰代斯旁边合影。

就在布兰代斯坐上法官席的同一周，休斯卸任。尽管很不情愿（一如他一贯坚持的那样），他还是接受了共和党总统候选人提名与威尔逊竞争，但只是出于责任感。休斯担心这将为现任最高法院法官竞选总统开创先例，但与1912年不同的是，当他的名字被作为一个妥协候选人提及时，他没有表明自己会拒绝1916年的提名。

休斯的势力在大会上击退了所有的挑战者，包括鲁特，他最终也违背了自己的意愿，允许朋友把自己的名字放在"目前最有能力的美国人"之列。休斯得到了威克沙姆的支持，他承认鲁特条件优越，但怀疑他是否能在11月的选举中获胜。罗斯福再次获得了公麋党提名，他也曾希望得到共和党的提名。但罗斯福的进步主义招牌已经失去了动力，他决定不再参加第三党的竞选。他转而支持休斯，尽管热情不高。进步党最终也瓦解了。

休斯被广泛认为是团结共和党中以鲁特为代表的保守派和1912年支持罗斯福的进步派的最佳人选。在最高法院任职的六年里，休斯取得了一些成绩，做出了几项具有里程碑意义的裁决，加强了联邦监管权力，削弱了自由放任资本主义的基础。

休斯最具影响力的观点体现在两起铁路费率案件中——明尼苏达费率案和什里夫波特费率案。这两起案件扩大了宪法商业条款的适用范围，确立了联邦在州际运输问题上对各州的最高管辖权。昂特迈耶称赞休斯在什里夫波特案做出的决定"意义深远"，是"朝着政府进行有效控制方向迈出的一大步"。作为州权利的倡导者，斯泰森称，这个决定虽然合乎逻辑，但这预示着中央权力的扩大超出了宪法起草人的设想。昂特迈耶和斯泰森的观点都是有先见之明的，因为铁路费率案为后来最高法院的裁决奠定了基础，支持了《商业条款》(*Commerce Clause*)下的新政立法，如《国家劳动关系法》(*National Labor Relations Act*)。

休斯在对社会福利立法上也持普遍自由的态度。他撰写了许多意见书，支持一项禁止雇用16岁以下儿童从事某些危险职业的法规，以及一项禁止妇女在特定场所每天工作超过8小时的加州法律。休斯发起了一项诉讼，推翻了亚拉巴马州的一项"劳役偿债"法令。该法令授权监禁一名在接受预付款后未能履行个人服务合同的人。休斯认为，该法令违反了第十三修正案中的非自愿奴役条款。

休斯还撰写了著名的迈尔斯博士的反垄断案。该案禁止制造商要求其批发商或零售商以高于规定的最低价格销售产品，即垂直转售价格维持。该案持续了近一个世纪，直到2007年被驳回。

最高法院历史学家亚历山大·比克尔（Alexander Bickel）在担任助理大法官期间称休斯为"一位领袖、一位具有独创性、思想开明的智者"。但主导1916年大选的不是休斯和威尔逊的相对自由主义或进步主义，也不是他们在反垄断问题上的观点。最重要的问题是世界大战以及美国是否应该参战。威尔逊的支持者的竞选口号是"威尔逊会让我们远离战争"。他们断言，如果休斯当选，他将使美国卷入血腥的欧洲冲突，或者可能卷入墨西哥冲突。威尔逊曾派约翰·潘兴（John Pershing）上将在墨西哥追捕潘乔·比利亚（Pancho Villa）。

当时流行的一首美国歌曲是《我没有把我的儿子培养成军人》（*I Didn't Raise My Boy to Be a Soldier*）。休斯试图淡化战争的问题，把注意力集中在更中立的备战问题上，备战问题越来越受到关注。罗斯福几乎每天都在责备威尔逊在国防方面做得不足。德国在海上的持续挑衅促使国务卿兰辛呼吁断绝外交关系，威尔逊对此表示反对。兰辛28岁的侄子，即沙利文和克伦威尔律所的助理杜勒斯，给《纽约时报》写了一封言辞激烈的信，指责德国违背其不击沉商船的承诺。

在采取行动的压力下，威尔逊逐渐开始采取诸如扩大国民警卫队和创建预备役军官训练团等措施。他还呼吁在1916年6月14日国旗纪念日这天举行特别爱国演习。那个月一次又一次的庆祝活动传递了双重信息："美国主义"和备战。

1916年5月13日，纽约市举行了一场大规模的公民备战游行活动，威尔逊可能是受到其影响才发表了宣言。在这场被称为美国有史以来规模最大的平民游行中，估计有145000人，他们来自各个国家的各行各业，如商人、工人、农民、妇女。他们在百老汇和第五大道上游行了12个小时，16个人一排，举着一面99.5英尺高的巨大国旗，要求进行备战。

下午6点40分，一个律师小组经过检阅台，约翰·珀罗伊·米切尔（John Purroy Mitchel）市长、伍德将军、鲁特和乔特在一旁注视着。在身穿长礼服、头戴丝绸帽子的游行律师队伍中，站在前面的一个人的出现似乎很奇怪。他就是自称为和平主义者的斯泰森。斯泰森当时刚满70岁，他这么做可能只是在表现出与他的老同事们团结一致。

克拉瓦斯不在众多游行者之列，但他缺席不是因为对"备战运动"缺乏兴趣。事实上，他很快就会以最具体的方式表明他的承诺。1916年7月他去伦敦了解英国的战况。克拉瓦斯看到在那里训练的军队，就有了去看法国的战斗的野心。8月17日，他在查令十字车站登上一列军用火车，然后与士兵、军官、护士和外科医生一共三千人一起乘坐运输船横渡英吉利海峡。他们由两艘鱼雷驱逐舰护送，在加来附近的布伦下船。

自1917年2月起，这场战争中规模最大、持续时间最长的战役一直在法国东北部的一个小镇附近展开。由于战斗仍在进行中，克拉瓦斯决定，不管有多危险，他都需要近距离地亲自观察这场战争。他搭乘一辆灰色的军用汽车去了英国总司令部，其位于法国北部的一个秘密地点。在那里，他巡视了30平方英里的废弃战场和周围的农场和村庄，看到妇女和儿童的脸上挂着悲伤的神情。然后他向战场靠近，最终到达了西线一个叫凡尔登的地方。

第十九章

在战地

《纽约论坛报》的头条新闻写道，德国人向克拉瓦斯开火，这一描述并不夸张。《纽约论坛报》的报道内容包含了一名美联社记者的报道。1916年9月2日，在克拉瓦斯和一名俄罗斯议会成员的陪同下，该记者获许参观凡尔登以西的盟军战壕。法国人在阿贡森林中挖掘的隧道长达45英尺，该隧道距德军战壕不远，位于凡尔登附近战斗最激烈的一处地点。

克拉瓦斯不得不把他6英尺4英寸高的身体弯到一半，艰难地穿过隧道和齐踝深的水。当访问团走出隧道进入法军前线战壕时，在三百码[*]外的山顶上可以清楚地看到德军的战壕。

法国指挥官告诉来访者只有两个人在地雷爆炸中受伤，这是情况较好的一天。通常情况下，敌人在盟军战壕下埋的地雷，会造成40~60人伤亡。克拉瓦斯发现了一排法国士兵，他们已经走到离德军不到十码的地方，拿着步枪，蹲伏在巨石后面。当克拉瓦斯告诉指挥官，他可以通过制服和圆帽认出一个德国士兵时，指挥官回答说：“在这一刻，敌人也看到你了。你已经成了攻击的目标。”

然后，指挥官把来访团带到一个更安全的地方，但他们仍然能听到头顶上炮弹的呼啸声和爆炸声，其中一枚炮弹落在了几百英尺外的地方，将树连根拔起、掀起了泥土，烟雾滚滚。法国司令部位于凡尔登一个遭到轰炸的小镇，许多平民已经离开了那里。在回到司令部的途中，来访团看到了其他的战争情形：法国士兵在挖掘坟墓，德国囚犯被两两押着走，飞机机库上覆盖着帆布，偶尔还能看

---

[*] 1码约等于0.9144米。——编者注

到印有美国救护队标志的大型车辆。

在法国待了两个月之后,克拉瓦斯于1917年9月中旬回到纽约。他还参观了血腥的索姆河战役的前线。在索姆河战役中,有一百多万人伤亡。克拉瓦斯回国后接受了《纽约时报》的采访,他赞扬了法国和英国军队取得的战果,以及他们的政府和人民。但他说,盟军需要一年或更长时间才能实现粉碎"普鲁士军国主义"的目标。

克拉瓦斯还严厉批评了威尔逊的中立政策。他说,英国民众因此瞧不起美国。克拉瓦斯表示,直到那时他才意识到盟军的胜利对美国有多么重要,而美国在这场斗争中置身事外将自己与英法两国的友谊置之度外,这是一件非常危险的事。他断言:"盟军必须获胜,因为他们的事业是正义的事业——他们正在为拯救基督教世界而战。"

尽管克拉瓦斯此前从未公开为自己喜欢的政治候选人助选,但这次他支持了他的前律师合伙人休斯。11月4日晚,也就是总统大选的五天前,克拉瓦斯率领一个律师团体参加了由6.5万名休斯商人联盟成员组成的纽约街头火炬游行。共和党候选人休斯自己走在游行队伍的最前面,游行在联盟俱乐部的检阅台结束。联盟俱乐部是一个上层共和主义的堡垒,克拉瓦斯也是其中一员。该联盟俱乐部离克拉瓦斯位于东39街的联排别墅只有两个街区的距离。

游行开始的两天前,威尔逊在沃尔道夫–阿斯托里亚酒店举行的午餐会上向一群友好的商人发表了讲话。在那里,总统抨击华尔街的某些反动分子抵制必要的社会和经济改革。威尔逊特别提到了华尔街的律师,他说:"那些起阻碍作用的聪明人,如今已经精疲力竭了。"他的言论促使原本计划发表一封信支持威尔逊的斯泰森打消了这个想法。斯泰森后来向支持威尔逊的哈里·加菲尔德解释说,在威尔逊"严厉地批评了我的华尔街同事之后……出于忠诚,我觉得我不能公开这封信"。但斯泰森也是一名忠诚的民主党人,尽管他没有公开支持威尔逊，但几乎可以肯定他会投票给威尔逊。

在威尔逊对华尔街人士发起攻击的第二天，华尔街的操盘手以10∶7的概率把休斯定为赢得大选的热门人选。共和党在此前的五次总统选举中赢得了四次胜利，仍然主导着全国政治。休斯在选举初期选票领先，当《纽约时报》报道他当选时，其实他在午夜上床睡觉时就相信自己已经赢了。但在加利福尼亚州的100万张选票中赢得了3800张票后，威尔逊在凌晨以277票对254票勉强赢得了选举人团的胜利。据说，当一名记者拜访休斯想得知他对此是什么反应时，助手告诉记者"总统睡着了，不能打扰他"。对此，记者回答说："告诉休斯，当他醒来时，他可能不再是总统了。"

休斯的竞选活动组织混乱、自相矛盾、毫无新意。他的语气是消极的，而不是积极的。他所强调的问题，如商业效率和关税（他支持价格高、具有保护性的关税），这在选民中几乎没有引起共鸣。休斯反对一些受到劳工组织欢迎的项目，比如针对铁路雇员的八小时工作制。他批评威尔逊对德国挑衅展现的软弱以及军事准备的不足，这一观点和那些视休斯为战争候选人的人的观点相吻合。他的支持者罗斯福似乎比休斯更支持加入战争，但这也无济于事。

休斯在担任公司律师和最高法院法官时展现出的品质——冷静、理性地对待问题，以及辩证、全面地分析问题，阻碍了他成为总统候选人。他的讲话风格枯燥而拘谨。他的绰号是"人类冰柱"。虽然这一绰号有失公允，忽视了他私下里更轻松的一面，但在公众面前的休斯确实如此。威尔逊也是一个知识分子，但他在竞选活动中充满热情并且机智幽默，能够发表慷慨激昂的演讲，而且他对公众情绪有更好的把握。

如果休斯能效仿他的妻子——沃尔特·卡特的女儿安托瓦内特（Antoinette），他可能会表现得更好。休斯还是个经验不足的律师时就是卡特的高级合伙人。身材高挑纤细的安托瓦内特·卡特（她的身高超过了丈夫）曾就读于韦尔斯利大学，支持妇女拥有选举权，被认为是一个喜欢忙碌的女人。当休斯不愿意竞选总统时，正是她鼓励他去竞选。她是第一位陪同丈夫进行长期竞选活动的总统候选人的妻子。她凭借自己的魅力和开朗的性格为休斯的竞选活动增添了活力。有时她会戴上矿工帽或穿其他符合场合的衣服。休斯称她是自己最大的财富。

社会问题在1916年的选举结果中发挥的作用不大。与休斯相比，种族隔离主义者威尔逊对非裔美国人的困境不太同情，而休斯得到了黑人权利团体的支持。但种族关系在竞选中几乎不是一个问题。休斯还支持联邦妇女选举权修正案，而威尔逊则不支持（他赞成各州的修正案）。为了支持休斯，一列特别的竞选列车载着著名的进步女性穿越全国，她们被称为"休斯女士"。但在允许妇女投票的12个州中，有10个州最终将选票投给了威尔逊，这可能是基于和平问题。

休斯本人将自己的失败归咎于民主党的危言耸听。满天飞的大型海报上大肆渲染着战争的残杀场景，而惊恐的母亲和她的孩子们在一旁看着这一幕。主要报纸上最后一分钟的付费广告告诉美国人，他们希望"活着并且快乐，而不是当炮灰"！广告上问道，这一愿景将会来自"提倡光荣和平的威尔逊"，还是"主张战争的休斯与罗斯福"？显然，选民们选择了和平。

败选两个月后，休斯在华尔道夫-阿斯托里亚酒店举办的晚宴上发表讲话，该晚宴是纽约律师协会为他举办的，欢迎他以律师同行和普通公民的身份回归。休斯说自己没有受创，也不需要同情。他从最高法院辞职是出于一种责任感，对此他并不后悔。鲁特说，他很高兴休斯能够回到纽约律师协会，但更希望"休斯能够当选"，这赢得了其他希望休斯当选的人的热烈掌声。

唯一不和谐的声音是斯泰森发出的，他热情地欢迎休斯，但对休斯在最高法院放弃参加竞选所开创的这一先例表示遗憾。斯泰森说，这一行动"让未来的法官感到难堪，给公众带来了巨大损失"。斯泰森断言，任何未来的最高法院法官，如果拒绝做出不可撤销承诺，即不参加任何政治竞争，就会受到批评，人们会说他们的司法决定是出于政治动机。事实上，自休斯以来，没有一位最高法院法官放弃参加竞选。

1916年大选最具讽刺意味的是，威尔逊就职一个月后，美国就陷入了战争。这次行动是德国促成的，其有意恢复不受限制的潜艇战，同时被破译的齐默尔曼电报对这次行动也起到了推波助澜的作用。在齐默尔曼电报中，德国承诺，如果墨西哥加入反对美国的军事联盟，德国将帮助墨西哥收复得克萨斯州、亚利桑那州和新墨西哥州。1917年4月2日，威尔逊要求国会宣战，很快两院都通过了宣战决定。克拉瓦斯认为总统在国会的讲话显示出"出乎意料的坚定和果断的语气"。鲁特后来为总统的决定提供了一个理由："在我们宣战后，威尔逊对我说，'有人在德国国会大厦（Reichstag）公开吹嘘说，他们在潜艇事件上愚弄了我，这让我无法忍受。'"

在宣布参战前三周，休斯作为联盟俱乐部的主席，任命了一个国防和国家服务委员会，鲁特和克拉瓦斯都是该委员会的成员。休斯写道，俱乐部"宣战实际上比政府早一点"。全体会议结束后，休斯、鲁特和罗斯福坐下来进行了一次小组讨论。这个时候，鲁特和罗斯福已经对他们自1912年起就存在的分歧达成了和解，至少在表面上是这样，因为他们都支持备战。但罗斯福的怨恨还在，所以谈话很尴尬。罗斯福对与会者说，他希望威尔逊给他下达一个前往欧洲的军事命令，并郑重地补充说，如果他去了，他肯定不会活着回来。休斯回忆说，大家沉默了一会儿，直到"鲁特用他一贯的幽默方式说话了，'西奥多，如果你能让威尔逊相信你不会回来了，他就会让你去'，紧张的气氛才得到了缓解。"

3月底，1500名纽约人在大都会歌剧院举行群众会议，庆祝俄罗斯沙皇尼古拉二世（Nicholas II）退位，转而支持一个承诺建立民主共和国的临时政府。鲁特在信中预言，德国和奥匈帝国的王室将遭遇与俄国罗曼诺夫家族相同的命运。与会者通过了一项由休斯和乔特起草的决议，"为俄罗斯民主的胜利而欢呼鼓舞"。并祝贺威尔逊政府"正式欢迎新俄罗斯成为自由国家的一员"。这次群众会议的名誉副主席包括斯廷森、克拉瓦斯和克拉瓦斯的前诉讼对手爱迪生。

在美国正式参战三天后，鲁特在纽约的共和党俱乐部发表了激动人心的演讲，他呼吁他的政党完全忠于威尔逊政府。"我们现在不能发表任何批评言论，"他宣布，"这关系到我们国家的命运。"他在这次即兴演讲中告诫他的共和党同僚，要从心底里消除"一切有关党派之争和党派偏见的看法"。他说，他们需要把最近在选举中遭遇的失败放在一边，接受"在未来四年里，民主党将控制华盛顿。因为我们热爱我们的国家，我们必须全心全意、认真而真诚地支持民主党，就好像那里的每个人都是共和党人一样"。对于共和党长期的党羽鲁特来说，这是他人生中最辉煌的时刻之一。

那天晚上，鲁特和他的朋友詹姆斯·R.谢菲尔德（James R. Sheffield）一起骑车回家。谢菲尔德是共和党俱乐部的会长，也是鲁特1916年竞选的支持者，虽然竞选未获成功。沉默了几分钟后，鲁特把手放在谢菲尔德的膝盖上说："我们成功了，感谢上帝，我们成功了！"克拉瓦斯在给一位法国朋友的信中说，美国终于参战了，"我们……现在可以堂堂正正地站起来，直视法国人和英国人了。"克拉瓦斯曾批评威尔逊在"思想和道德上的孤立状态"，现在则赞扬总统的坚定立场："支持与法国和英国进行密切和有效的合作，通过彻底击败德国来实现共同胜利。"

华尔街的律师们迅速加入了这场战争。伯恩是克拉瓦斯、休斯和霍恩布洛尔的前同事,也是"管家"莱斯谋杀案中涌现出的法律明星,他以红十字会少校的身份去了意大利。

斯廷森上一年夏天在普拉茨堡训练营待了一个月,应征入伍,在法国成为一名野战炮兵军官,最终在50岁时成为一名中校。随着白鞋律师的到来——菲利普斯学院、耶鲁大学骷髅会、哈佛大学法学院——斯廷森在欧洲花了一年时间思考"如何杀死德国人。"

威尔逊迫切希望华尔街的知名共和党律师在战争中发挥重要作用,这既是为了强调不要有党派偏见,也是为了利用他们处理复杂和敏感事务的能力。在威尔逊的任命下,鲁特于1917年6月前往俄国,执行一个对新临时政府进行调查的任务。美国希望俄国能在东线战场上继续与德国作战。

鲁特的妻子为他准备了250支雪茄,两箱他最喜欢的黑格和黑格苏格兰威士忌及200加仑的波兰矿泉水,这样她72岁的丈夫就能喝到他习惯喝的东西了。鲁特建议进行大规模的宣传活动,以对抗德国的宣传,并向俄罗斯政府提供大量物资。像鲁特发表演讲这样的公关行动没有产生任何影响,因为他对俄国的革命力量了解甚少,而且对于俄国人来说,他太过资产阶级了。〔那里的美国红十字会(American Red Cross)组织负责人说,鲁特在革命时期的俄国"就像'天花'一样受欢迎"。〕

鲁特对持温和观点的克伦斯基(Kerensky)政府也过于乐观,他从未见过布尔什维克党或他们的领导人列宁。威尔逊认为这次任务是一次失败,并指责了鲁特,这使两人之间产生了挥之不去的怨恨。俄国确实还在继续战斗,但是战争的牺牲给农民、工人和军队带来了动荡。十月革命后,列宁与德国签订了独立的和平条约,并承诺将俄军撤出战场。

在美国,并不是每个人都渴望服兵役。在战争开始的最初几个月里,国会通过了《义务兵役法案》(Selective Service Act)后,休斯领导了纽约市的草案上诉委员会。该委员会收到了大量申请，要求免于服兵役和结束战争状态。休斯经常为上诉委员会工作到深夜，该委员会每天收到4000封邮件，平均每天裁决1000起案件。休斯不愿意把有他签名的邮票放在旁边，因为用了它可能意味着一个人的死亡；相反，他亲自为所有服兵役或免除兵役的人签署了文件。战争后期，应威尔逊总统的要求，休斯领导了一项对飞机生产延误的调查，听取了200多名证人的证词，并提出了加快生产进程的建议。

威克沙姆在休斯领导的纽约市草案上诉委员会任职。尽管与他的律师兄弟一样属于主战派，但威克沙姆提议进行联邦立法，以避免一个家庭中的所有儿子都被征召入伍（这项类似"拯救大兵瑞恩"的提议没有被采纳）。威克沙姆后来被威尔逊任命为战争贸易委员会（War Trade Board）的成员，该委员会负责控制美国战争物资的进出口。在这一职位上，威克沙姆对涉嫌在古巴购买使用材料的违规行为进行了保密调查。

就在美国宣战之后，克拉瓦斯作为律师辩护委员会的主席，帮助组织了一个公民团体，要求增加一万人，以增加州的民兵组织的战斗力。1917年10月，在他女儿与当时在普拉茨堡军营接受训练的一名军官举行婚礼后，克拉瓦斯回到了欧洲。他被任命为财政部的法律顾问，负责盟国之间的战争物资采购和资金问题，该任务将协调美国与盟军之间的战争物资采购。威尔逊想让一名华尔街共和党人执行这项任务，总统亲自致电克拉瓦斯，让他接受此次任命。

克拉瓦斯第二年的大部分时间都穿梭于英法两国之间，帮助协调盟军的战争物资采购。他经常被要求去平息愤怒的情绪，调解不同官员在战争政策上的意见分歧。在诸如美国在战时预付款中使用的汇率等问题上，克拉瓦斯站在英国一方。正如他所解释的那样，"在这场战争中，我们的命运与盟国的命运紧密相连，我们几乎同英国人一样深切关注维护英国的信誉。因此，只要我们自己付出代价,哪怕只有一点点,我们就能大大增强英国的信誉。在我看来,这样做对我们是有利的。"

克拉瓦斯经常与著名的英国经济学家兼财政部官员凯恩斯打交道。凯恩斯告诉一位同事:"我们最好的备用人选是克拉瓦斯,他在各方面都非常令人钦佩,可以处理好各种棘手的情况。盟军的事业在很大程度上归功于他的睿智、正直和直率。"然而,一位美国财政部官员抱怨称,克拉瓦斯"行事轻率,几乎什么都说,他太过于亲英"。

克拉瓦斯在白金汉宫会见了英国国王和王后,当王后要求他解释他作为律师为该任务所做的工作时,克拉瓦斯半开玩笑地回答说,他的工作是告诉同盟国理事会如何"以最少的违法行为"做它想做的事情。克拉瓦斯回忆说,在与女王交谈时,他忘了说"陛下"而是称她为"您",而且他一直把手插在口袋里,这是他的习惯。意大利已加入盟军战争行动,在一次意大利之旅中,克拉瓦斯晚餐时坐在意大利国王的右边,国王发现他与本国的军事人员有着惊人的密切联系。

在他正式旅居欧洲期间,克拉瓦斯又多次前往战场,再次遭到轰炸。这次是遭到德国飞机的轰炸。他还是毫不犹豫地参与了政治和军事事务。当美国士兵开始抵达前线时,克拉瓦斯敦促英国首相戴维·劳合·乔治(David Lloyd George)淡化英国结束在爱尔兰征兵的声明。克拉瓦斯担心美国人会认为,赢得这场战争需要牺牲美国人,而不是爱尔兰人。

克拉瓦斯认为,约翰·潘兴将军在军事和商业两方面都承担了过重的责任,而且在其努力让美国军队独立于英法两国的过程中表现出了强大的野心。克拉瓦斯一直主张建立统一的盟军军事指挥体系,他很高兴看到法国元帅福煦(Foch)最终被任命为盟军总司令。

美国宣战后,克拉瓦斯的一位年轻合伙人,38岁的拉塞尔·C.莱芬威尔（Russell C. Leffingwell）——扬克斯军事学院的毕业生，进入了普拉茨堡军官训练营，并购买了制服。两年前，由于对大型公司律所的业务及其时间要求感到不满，莱芬威尔考虑离开克拉瓦斯律所，从事教学或写作工作。克拉瓦斯成功说服这位《哥伦比亚法律评论》（Columbia Law Review）的前编辑留下来，允许他冬季在乔治湖休假六个月。

现在，克拉瓦斯再次出面说服，引导他放弃军事道路，转向克拉瓦斯认为能更好地发挥其合伙人才能的政府职位。尽管莱芬威尔是一个坚定的共和党人，但克拉瓦斯还是帮助他在威尔逊的财政部找到了一个助理秘书的位置。莱芬威尔很快被指派负责一项计划，即向公众发行金融证券，为战争筹集资金。这些债券被命名为自由债券。

由查理·卓别林、玛丽·璧克馥（Mary Pickford）和道格拉斯·范朋克（Douglas Fairbanks）等名人推动的自由贷款项目取得了巨大成功。弗雷德里克·刘易斯·艾伦写道，贷款运动"精心策划，组织复杂，用前所未有的爱国主义口号进行大肆宣传"。战后，当莱芬威尔最终选择离开克拉瓦斯律所，成为摩根大通公司的合伙人时，《纽约时报》写道，莱芬威尔成功的自由贷款计划值得比任何人获得更多的荣誉。

美国参战后，克伦威尔更加热心地支持盟军事业。他继续为法国的战争受害者筹集资金。他住在巴黎丽兹酒店楼上的套房，这个套房被指定为"克伦威尔的办公室"，他也在那里吃饭。两名秘书和一名簿记员在楼下的一个房间里办公。

此时，六十三岁的克伦威尔的业务大多局限于托管权、遗嘱执行权和大型遗嘱争论。克伦威尔发现，他在纽约的一些合伙人，或者律所的一些客户，都希望他能把更多的时间花在有关内政部的事务上。令他懊恼的是，这些人似乎不认同他所持的国家利益至上的信念。

当克伦威尔的合伙人向他保证,他们实际上非常感谢他提供的海外服务时,他回电说他很高兴能得到认可。他写道:"如果你生活在这样的氛围中,每天目睹世界上巨大的牺牲、痛苦和悲伤,你就会和我一样,觉得个人利益毫无价值。现在除了人道主义和盟军的事业,什么都不重要。"

杜勒斯是沙利文和克伦威尔律所的一位律师,他在战争行动中展现的热情让克伦威尔很放心。据官方消息,29岁的杜勒斯在华盛顿的国务院休假,为他的"伯特叔叔"、国务卿兰辛工作。私下里,杜勒斯继续为沙利文和克伦威尔客户的利益辩护。

1917年2月,古巴爆发了一场反对保守政府的自由革命,危及了沙利文和克伦威尔律所13位客户的财产,他们拥有价值1.7亿美元的古巴糖业种植园。杜勒斯和兰辛站在自由派一边,他们指责政府在最近选举中的违规行为,而且政府控制着糖田附近的地区。威尔逊总统继续支持由保守党领导的亲美古巴政府。尽管如此,杜勒斯还是说服他的叔叔派两艘快速驱逐舰前往古巴维持秩序。在威尔逊的授权下,1600名海军陆战队员登陆,平息了起义。这不是杜勒斯最后一次干涉外国事务。海军陆战队一直驻扎在古巴,直到1922年。与此同时,古巴在美国对德国宣战的第二天也向德国宣战。

1917年3月下旬,兰辛派他的侄子杜勒斯前往中美洲执行一项秘密任务,敦促这些国家的领导人在美国国会采取行动后立即与美国联合起来对抗德国。在尼加拉瓜,杜勒斯会见了新任总统埃米利亚诺·查莫罗(Emiliano Chamorro),他是在代表美英两国银行家访问该国时认识查莫罗的。查莫罗的保守党在1916年获得政权时得到了美国的帮助,部分原因是杜勒斯代表查莫罗对兰辛说了几句好话。杜勒斯努力让查莫罗在那年秋天当选,尽管兰辛警告说:"无论如何,干涉尼加拉瓜选举都是不恰当的。"查莫罗对杜勒斯表示了衷心的感谢，希望能够对这一帮助进行回报。虽然杜勒斯在1917年春季前往尼加拉瓜时发现那里有强烈的反美情绪，但查莫罗却不顾民意，于1917年5月8日与德国断交。一年后，尼加拉瓜向同盟国宣战。

在哥斯达黎加，一位残暴的独裁者——将军费德里科·蒂诺科（Federico Tinoco），在沙利文和克伦威尔律所的美国客户联合水果公司（United Fruit Company）的支持下发动了一场政变，夺取了政权。联合水果公司主导了中美洲的香蕉贸易。由于急于获得美国的正式承认，蒂诺科于1917年2月与德国断绝外交和经济关系，并于4月7日对德宣战。杜勒斯敦促兰辛正式承认蒂诺科，称蒂诺科比任何其他中美洲领导人对美国更为友好。但威尔逊拒绝了，因为蒂诺科从民主政府手中夺取了政权。

杜勒斯的最后一站是巴拿马，战时对巴拿马运河的控制至关重要。杜勒斯告诉巴拿马人，如果他们不与美国结盟，那么根据新的联邦所得税法，财政部可能不得不开始根据运河条约，从每年向巴拿马支付的25万美元中扣除税款。巴拿马政府向德国宣战，并同意保护运河以供盟军航运使用。

1917年5月下旬回到华盛顿后，杜勒斯申请到军官培训学校学习，但因视力不好而被拒绝。不管怎样，他还是加入了美国陆军，并被任命为上尉，最终成为少校，主要从事军事情报工作。杜勒斯后来被任命为战争贸易委员会成员，1917年十月革命后，他陷入了与俄国关系的棘手问题中。当时，布尔什维克推翻了克伦斯基临时政府，后来退出了对同盟国的战争。

杜勒斯的弟弟艾伦（或如他所称，艾利）离加入沙利文和克伦威尔律所还有几年时间，他将在1926年从华盛顿大学获得法律学位后加入该律所。艾伦的战时服役将为他未来的秘密行动生涯做好准备。与他那思想严肃的哥哥相比，艾利更像一个放荡不羁的花花公子。与福斯特不同的是，他单身，是一个臭名昭著的风流坯子和冒险家。战争期间，他在维也纳担任外交职务，后来在瑞士伯尔尼成为一名间谍专家，为美国国务院收集情报并撰写关于德国部队动向和齐柏林飞艇轰炸机工厂位置的报告。在伯尔尼时，英国情报人员告知艾利，他正在约会的一名捷克女子——一个可以进入他的密码室的同事，受到奥地利人勒索成为一名间谍。英国特工决定对这名捷克女子进行清算，所以艾利在一天晚上带她吃完饭后，履行了职责，把这名捷克女子交给了英国特工。她从此杳无音信，但艾利这位未来的中情局局长，肯定知道她的消息。

1917年10月布尔什维克接管政权，这使斯泰森律所的合伙人沃德威尔面对的事情变得非常复杂，1917年7月，他因执行人道主义红十字会任务前往俄罗斯。后来人们给沃德威尔起了个绰号，称他为"华尔街的布尔什维克"。尽管这个绰号有些夸大其词，但沃德威尔长达一年的惊人俄罗斯之旅确实使他与威尔逊、鲁特和其他对新苏联政府始终怀有敌意的建制派人物截然不同。

1917年，沃德威尔时年44岁，他是布法罗市一位石油商人家中最小的孩子。这位商人在纽约石油行业依靠为洛克菲勒打工致富，并于1890年成为标准石油公司的财务主管。年轻的沃德威尔是长老会教徒，在曼哈顿上东区一个舒适的环境中长大，住在西58街的一栋联排别墅里。小时候，他曾在国外旅行和生活过一段时间，学会了弹钢琴。他毕业于耶鲁大学和哈佛大学法学院，1898年开始与他的继叔斯泰森一起做文书工作。

艾伦继承了他父亲的理想主义倾向。他的父亲是全国禁酒协会（National Temperance Society）的理事，曾以禁酒令的名义竞选纽约市长，并帮助组织了红十字会。因此，在这样的环境熏陶下，沃德威尔培养了强烈的社会责任感。作为一名年轻的律师，他成功地为伊利铁路公司（Erie Railroad）的一名移民雇员提出的过失索赔案进行辩护。该雇员不会说英语，他在一次事故中失去了双腿。陪审团

"不予赔偿"的裁决在之后几年一直困扰着沃德威尔。沃德威尔将他的慈善念头投入法律援助协会,并于1913年成为该协会的财务主管。1916年12月,该协会亲德的会长迫于压力辞职后,沃德威尔说服休斯接任会长一职,他们二人重振了这个因负面宣传而濒临倒闭的机构。沃德威尔以前认为休斯是一个冷漠的人,但现在再也不这样觉得了。

和许多华尔街律师,甚至和像那些对人文学科更感兴趣的律师一样,沃德威尔发现法律复杂而富有挑战性,一点也不枯燥乏味。即使是最常规的技术工作也常常需要创造力。沃德威尔说:"几乎任何时候都不会有任何一个案件与其他案件相同。""一个观点可能有80%是正确的,但在很多情况下,20%只是猜测。律师要在众多方案中做出选择,这才是他的智慧真正发挥作用的地方。这绝不是机械的表演。"

到1917年美国宣战时,沃德威尔已经是斯泰森律师事务所负责日常管理的合伙人。斯泰森的身体状况几年来每况愈下,现在他把有限的精力大部分都用在威廉姆斯学院的事情上。斯泰森的妻子利兹生病了,近乎失明,她于1917年4月去世。9月,斯泰森收养22岁的秘书玛杰莉·李(Margery Lee)做女儿。这个消息让一些人惊讶不已,玛杰莉·李的父亲在得知收养消息时也表示惊讶。斯泰森向记者解释说,他的妻子"非常喜欢李小姐",这个年轻的女子已经像家庭中的一员了。几个月后,斯泰森在给朋友的信中说:"我现在知道有一个女儿可以有多快乐了。"

在俄国的这一年里,沃德威尔成为任务负责人,负责向需要帮助的俄国人分发食物、衣服和医疗用品。他有过几次可怕的乘火车经历,在那期间火车有时会被当权者拦下搜查,有时也会遇到匪徒将人拖走并开枪射击的情况。有一次,火车不得不停下来,因为一名俄罗斯男子的尸体卧在铁轨上,他的喉咙被割开了。

最终，沃德威尔出行时随身带着一名保镖和一名翻译，拿着来自托洛茨基和其他布尔什维克党官员的信件，以保证他和他的同伴安全通行。不过，通常情况下，带有红十字会标志的火车都会被挥手示意通过检查站，俄国人民和士兵也会以亲吻脸颊的方式热烈欢迎沃德威尔和他的同事。

在克里姆林宫，沃德威尔见到了列宁。他用英语与列宁进行交谈后发现列宁是布尔什维克运动幕后真正的策划者。列宁与美国大使断绝了关系，但仍然亲切地对待美国红十字会官员。具有讽刺意味的是，红十字会的任务主要由资本家——华尔街的银行家和律师主导。事实上，当战后红色恐慌笼罩美国时，1917年任务的原负责人为红十字会的爱国行动辩护，指出沃德威尔和该任务的秘书、辛普森·塔赫律师事务所的托马斯·塔赫是"在纽约市享有特权和地位的保守派律师"。

在俄国时，沃德威尔由皇家马车护送去看歌剧，坐在被废黜的沙皇的包厢里。一位皇室成员带他参观了沙皇的私人住宅，那里的书籍、玩具和衣服还和罗曼诺夫家族被捕时一样。然而，危险从未走远。1917年的平安夜，沃德威尔目睹了彼得格勒（圣彼得堡）街头发生的枪击事件，被迫躲进了冬宫。

1918年夏天，威尔逊悄悄派遣一万多名美国士兵远征俄国北部和西伯利亚，与法英两国并肩作战，支持反布尔什维克的军队，这次任务宣告结束。表面上，这次干预是为了保护盟军的军事储备，拯救被困的捷克军团，并在东线向德军施压。事实上，威尔逊希望在民众中增强反对俄国布尔什维克的情绪，促进民主俄国的建立。这次一直持续到1920年的入侵行动最终失败，致使400多名美国人丧命，导致俄国不再相信美国的意图。不管怎样，由于美国人正在与布尔什维克作战，红十字会决定它需要离开。

沃德威尔在那里待了几个星期，采访布尔什维克监狱和医院的囚犯，抗议暴行和任意逮捕行为。尽管布尔什维克党允许他自由行动，但他们变得越来越暴躁，指责沃德威尔无视盟军的暴行。俄国官员声称，这些暴行远比沃德威尔指控的暴行更严重、更频繁。1918年10月，沃德威尔决定离开斯德哥尔摩，并在停战日后返回纽约。他要求获准返回莫斯科，试图改善俄国与美国的关系，但遭到拒绝。但他将在未来几年回到俄国执行类似的任务。

布尔什维克党对俄国的控制很快导致了美国政府对言论自由的压制和对共产主义者、社会主义者和无政府主义者的镇压。然而，在整个战争期间，受到最多谴责的是那些有着德国血统的美国人。即使是一个听起来像德语的名字也会让人怀疑。德国泡菜变成了"自由卷心菜"，汉堡变成了"自由肉排"。剧院拒绝上演德国歌剧，也不让使用英语演出。

鲁特支持禁止在纽约公立学校教授德语。尽管德语是美国第二大通用语言，而且"从教育的角度来看，会重点考虑"支持教授德语，但鲁特认为："人们不会有意把年轻人介绍给坏公司，或让他们受到本可避免的不利影响。"他断言，"要成为一个强大而团结的国家，我们必须成为一个单一语言的民族"。任何让人们更容易阅读和说德语而不是英语的做法都会阻碍"至关重要的美国化进程"。他还支持禁止德国教师或雇员进入公立学校，因为他们没有教授"国家的意义是什么，我们美国制度的意义是什么"。

1918年8月，克拉瓦斯不得不为他的一位长期合作人卡尔·德·格斯多夫（Carl de Gersdorff）辩护，来反对一些人向威尔逊总统提出的意见：因为此人有德国血统，所以他是亲德派。在给威尔逊的财政部部长的一封长信中，克拉瓦斯说，尽管格斯多夫在战争初期一直保持中立，甚至可能对他父亲出生的国家表示同情，但他从来没有参加过任何亲德活动，"我这么做没有别的原因，只是出于对所有合伙人支持德国举动的尊重。"

随着战争的进行，格斯多夫告诉克拉瓦斯和其他人，尽管是不情愿的，他认为，为了世界的利益，德国必须被打败。格斯多夫的女婿在战争早期就参军了，他17岁的儿子当时正在接受军事训练，计划一满18岁就参军。对格斯多夫的指控没有任何进展。

昂特迈耶的处境更为艰难。他不仅被指控不忠，而且还和他的亲戚一样受到政府的调查，因为他们有亲德倾向。昂特迈耶公开反对政府试图取缔美国的德语报纸，并没收德裔美国企业拥有的财产。他经常代表朋友和客户向阿·米切尔·帕尔默（1913年大卫·拉马尔曾冒充过的国会议员）提出抗议，帕尔默现在领导着威尔逊设立的一个办公室，目的是没收敌国在美国所有的财产。一位财产管理官员称昂特迈耶是战争期间美国最能干的亲德宣传者。

昂特迈耶试图积极地反驳有关他不爱国的说法。他组织了美国爱国者犹太联盟，为军队招募犹太新兵。他为自由贷款项目进行巡回演讲，购买了至少350万美元的自由债券。据报道，他购买的债券比任何一个美国公民买的都多。昂特迈耶指出，自从战争爆发以来，他一直积极支持美国，热心支持威尔逊政府的每一项政策。他的大儿子和一个侄子都参军了，尽管另一个侄子在自愿服役后被拒绝。

然而，昂特迈耶的小儿子通过购买农场来获得豁免，从而躲过了征召入伍。昂特迈耶的妻子明妮是德国新教徒的后裔，她对昂特迈耶在自由债券上花这么多钱非常不满。正如经常记录昂特迈耶职业生涯的理查德·霍金斯所写的那样，"昂特迈耶的爱国主义是必然的结果，而不是信念的结果"。

美国参战后，昂特迈耶停止了亲德宣传，加入了抨击德国的队伍。他称德国为"自由的敌人、反犹太主义的中心、俄国独裁的推动者，以及犹太人长久以来的迫害者和压迫者"。1918年9月，当德国提出和平建议时，昂特迈耶坚持将战争进行到取得军事胜利为止，以防止德国未来称霸世界。"只有一种方法可以驱散这种执念，"他说，"那就是用维持执念的武器把它粉碎。"

昂特迈耶的敌人仍然不相信他的诚意，在战后不久的国会听证会上，他们称当被问及他在战争早期的亲德活动时，昂特迈耶闪烁其词，有时还会骗人。但昂特迈耶确实没有任何对美国不忠的行为。在后来的几年里，在纳粹德国崛起后，昂特迈耶开始对自己在美国加入第一次世界大战之前所做的德国宣传感到后悔。

昂特迈耶当然不后悔他在战前发起的激进的反华尔街运动，但政府对大企业的态度，特别是在反垄断领域，在战争结束后大为缓和。部分原因是，威尔逊的新自由计划（包括1914年的《克莱顿法》和《联邦贸易委员会法案》）的颁布平息了反垄断的怒火。除此之外，政府不愿干预对战时工业生产至关重要的企业。在国会宣战一个月后，最高法院推迟了国际收割机公司和美国钢铁公司反垄断案的原定辩论，威尔逊政府也推迟了对这两家公司提起的公诉。尽管国际收割机公司在1914年就已被下级联邦法院判定违反了反托拉斯法，但1918年由克拉瓦斯协商达成的一项同意法令，对这种违法行为只是进行轻微处罚。

第一次世界大战巩固了政府和大企业可以共存甚至互相帮助的观念。这场战争需要两者之间超乎寻常的合作，包括生产协调、原材料分配和价格控制。威尔逊成立了战争工业委员会，以指导物资生产，集中采购，并限制不必要的竞争。事实上，政府甚至将铁路和国家通信系统：电报、电话、电缆和无线收归国有。通过合并铁路，政府能够消除许多冗余，节省了1亿多美元。已故的摩根和哈里曼都喜欢合作，不喜欢竞争，他们可能会说："我早就这样告诉过你了。"

这场成功的战争改变了美国人对大规模合作、官僚管理和专业化的态度，这一发展变化与多年来美国社会对秩序的追求相一致。

这正是克拉瓦斯在创建更有条理、更高效的律所管理体系时所追求的目标。正是这种冲动促成修建了一条通过巴拿马运河的更经济的跨洋航线。

但第一次世界大战的影响远不止这些。这场战争也深深地影响了幸存者，尤其是那些像克拉瓦斯一样直接目睹了战争恐怖的人。克拉瓦斯称他在欧洲的任务是"我一生中最有趣的工作，我相信，它对政府有所贡献"。但他对自己在战壕中的所见所闻感到震惊，他在1917年12月写道："在我的记忆中，我一生中从未有过比这次冬季战场之旅更令人沮丧的经历。"

1918年11月11日停战日，克拉瓦斯当时在伦敦。那天早上，他听到了威斯敏斯特教堂和圣保罗教堂的钟声，这是战争结束的信号。1919年2月回到纽约后，克拉瓦特写信给英国驻美国大使，说："尽管我已经努力工作了六个星期，但我仍然无法摆脱离开伦敦就像离开家的感觉。"他在那里交了许多亲密的朋友，包括战争前期担任英国自由党首相的赫伯特·阿斯奎斯（Herbert Asquith）和他的妻子玛戈特（Margot）。她回忆说克拉瓦斯是她"高大而可爱的美国朋友"。由于克拉瓦斯与英国当局保持密切关系，他被潘兴将军授予战时优异服务勋章。法国政府授予克拉瓦斯一个特殊战争十字勋章，并让他成为荣誉军团的骑士。

用他的合伙人斯温的话来说，从第一次世界大战中归来的克拉瓦斯"比战前的克拉瓦斯更有人情味"。

克拉瓦斯学会了容忍。他认识到，很少有人的判断不会出错。他对自己的判断也不是那么有把握了，也不会坚持一切都要按他的方式来做了。他变得温和，不那么暴躁，发脾气的次数也少了。但是他还保持着追求完美的热情，对于别人工作不力或者工作马马虎虎，或者他认为发火是很好的应对手段时，他还是会马上发怒。

克拉瓦斯的整个人生观都开阔了。他与公众的联系也增多了……

他对黑人教育和种族关系方面的问题给予了越来越多的关注,并且尤为关注他作为菲斯克大学董事会主席的工作,菲斯克大学是他父亲创办的一所黑人学校。

克拉瓦斯回国后立即关注这些事情还有一个原因。四年多来,他一直在想着战争的事。如今,他将加入维护世界和平的伟大行动中。

第二十章

结束所有战争

杜勒斯与威尔逊和美国代表团一起参加巴黎和会,以缔结一项结束战争的条约时,他仍是沙利文和克伦威尔律所的助理。年仅30岁的杜勒斯将就世界的未来进行谈判。

凭借在战争贸易委员会的经验,杜勒斯担任了赔款委员会美国代表团的法律顾问。赔款委员会是和会中处理战败国向协约国赔款问题的部门。他建议打造一支由四位杰出的经济专家组成的美国团队,他们都是杜勒斯的前辈:金融家伯纳德·巴鲁克(Bernard Baruch)、财政部助理部长诺曼·戴维斯(Norman Davis)、摩根合伙人托马斯·拉蒙特(Thomas Lamont)和前民主党全国主席万斯·C. 麦考密克(Vance C. McCormick),他也曾担任战争贸易委员会主席。英国同行凯恩斯也在其中。

1919年1月,杜勒斯横渡大西洋,一路上大部分时间他都在和海军助理部长富兰克林·D. 罗斯福打桥牌,罗斯福当时也在参加和会的路上。杜勒斯下榻在巴黎的克利翁酒店,美国代表团就住在这里。他的妻子珍妮特(Janet)1919年3月也在那里与他会合。杜勒斯的弟弟艾伦也在巴黎,他在国务院就重新划定欧洲领土边界一事上担任技术顾问。

尽管杜勒斯在巴黎工作非常努力,但他在那里也过着繁忙的社交生活。他在他叔叔位于克利翁的国务卿套房里举办了奢华的娱乐活动,并在丽兹酒店为他的代表团同事和克伦威尔准备了午宴和晚宴。其中一次晚宴花费了他110美元(按2019年的美元计算约合1500美元)。但由于他的上司克伦威尔和其他名人出席了晚宴,杜勒斯在给妻子的信中写道:"你不觉得这是值得的吗?"

杜勒斯的大部分时间都花在一些长时间的会议上，这些会议是在位于里沃利街（rue de Rivoli）的法国财政部或位于凯多塞码头（Quai d'Orsay）的外交部举行的，四个欧洲盟国的领导人也在那两个地方会面。作为法律顾问，杜勒斯起草了大部分草案，并就美国在赔款问题上的立场做了大量口头陈述。八个月时间里，他几乎每周工作七天，经常工作到凌晨，有时甚至通宵工作。除了正式会议，他还参加了无数的小组会议和私人工作午餐会。这种严格的工作安排是很有必要的，因为正如美国代表拉蒙特所说："相较于《凡尔赛条约》的任何其他问题，赔款问题在和会上造成了更多的麻烦和争论，引起了更多的敌意和拖延现象。"

美国和欧洲协约国在赔款问题上的观点截然不同。协约国希望对德国尽可能施以最大数额的罚款，既要惩罚其过去的行为，又要使其不再具有再次发动战争的能力。美国谈判代表则希望赔款适度并符合实际——实际不仅仅是指德国应该支付的数额，而是它能够支付的数额。对美国代表团来说，这个问题的实际意义大于道德意义。他们认识到了杜勒斯所说的"欧洲严峻的金融形势"，因此他们试图恢复战后世界的经济秩序。美国人认为，如果德国的赔款负担过于沉重，就会威胁到欧洲盟国的金融和政治稳定。

此外，协约国还欠美国130亿美元。他们偿还这笔钱的能力，以及从美国公司购买更多商品的能力，取决于欧洲经济的成功复苏。从常识角度来讲，杜勒斯认为，任何一个优秀的商人都会希望帮助"一个欠他很多钱、暂时遇到经济困难的重要客户"。即使是理想主义者威尔逊也会从讲求实用的角度来说话。正如他对国会所说："我们的工业、我们的信贷、我们的生产能力、我们的经济进程与其他国家和民族都是不可分割地交织在一起的。"

笼罩在赔款问题之上的是美国对布尔什维克主义挥之不去的恐惧。威尔逊担心经济萎靡不振的德国可能会像俄国一样拥护布尔什维克主义。克拉瓦斯作为非官方顾问经常提出建议,他警告说,协约国不应该给德国带来太大负担,"这会迫使德国人民进行革命"。克拉瓦斯认为,从长远来看,协约国最好表现得仁慈一些,不要把沉重的债务负担强加给德国人,这会让一代又一代的德国人产生怨恨。他说,协约国至少需要给德国留下足够的营运资金和资产,以维持其偿付能力。

然而,取得胜利的欧洲协约国可不会如此宽宏大量。英国人参加巴黎和会,要求德国赔偿约900亿美元,而法国人要求德国赔偿200亿美元。英法两国都不愿意设定赔款期限。在他们看来,无论花多长时间,德国都必须履行其赔款义务。然而,在分析了这些数额后,杜勒斯和他的同事得出结论,德国最多可以支付250亿到300亿美元的赔款。为了保证确定性,美国希望在和平条约中规定一个固定的金额。美国人还要求设定一个时限,因为他们认为指望德国人民在25~30年内的时间里承受如此巨大的财政负担是不现实的。

美国人和盟国之间的争论集中在所谓的"战争费用"的问题上。法国和英国的估算包括战争产生的所有费用——不仅包括私人和公共财产的损失或破坏,还包括协约国政府战时在武器、船只、飞机和补给品上的所有支出。根据国际法,美国人试图将赔偿限制在德国军队对协约国平民及其财产造成的损害上。例如,杜勒斯列举了驱逐平民、袭击不设防的城镇以及在没有警告的情况下击沉商船等事件。

杜勒斯还有力地提出了威尔逊所支持的观点,即在1918年11月5日签署的著名的《停战前协议》(*The Pre-Armistice Agreement*)中,只要德国同意赔偿对平民造成的损害,协约国就会停止敌对行为。三个月后,威尔逊拒绝同意将所有战争费用纳入赔款法案中,这不是因为他认为这样不公平,而是因为为时已晚。戴上律师帽,杜勒斯将《停战前协议》比作协约国不能随意打破的合同。杜勒斯和他的一些资深同事是欧洲协约国讨论战争费用问题中的核心人物。正如杜勒斯夫人在日记中记录的那样，这场激烈的辩论使杜勒斯与英国首相戴维·劳合·乔治陷入了"争吵"。她指出，她的丈夫还发现自己在战争费用上"与法国人发生争吵"。

为了转移协约国的怒火，杜勒斯想出了一个办法来离间他们。他指出，如果所有的战争费用都包括在内，法国和比利时得到的赔款比例将远远低于英国。这是因为英国承担了战争的大部分军费，而法国和比利时在平民数量和财产方面遭受了更大的损失。这一争论促使顽固的法国人加入进来。

美国人最终在关于战争费用的争论中获胜，但也付出了代价。法国和英国都同意将德国的赔款限制在对平民造成的损失上，前提是德国明确接受对战争的全部费用承担道义责任。也就是说，德国将承认它在理论上有责任支付所有的战争费用，只是受到其实际支付能力的限制。杜勒斯将这一概念纳入了后来被称为"战争罪"条款之中。德国反对这一条款，但协约国拒绝废除它。

臭名昭著的战争罪条款引起了德国人民的极大怨恨，他们从来不认为只有德国要为第一次世界大战负责。三十年后，作为美国国务卿，杜勒斯本人表示遗憾，德国因战争罪条款所蒙受的羞辱是导致第二次世界大战爆发的一个原因。但他感到自豪的是，军费问题不仅"在法律和道德上都是正确的，而且就防止赔偿费变成一个荒唐的数字方面，它的作用实际上也是不可或缺的"。

军费争论是美国谈判代表最终获胜的唯一重要赔款问题。杜勒斯和他的同事强烈反对英国提出的将残疾退伍军人和战争遗孀的抚恤金列入"平民"损害范畴的建议，但威尔逊在这一点上让步了。在总统酒店与威尔逊举行的一次会议上，美国代表指出，作为一个法律问题，战争抚恤金不能被纳入平民损害赔偿。杜勒斯补充说，英国的提议不合逻辑。对此，威尔逊回应说，这位年轻的律师过于墨守成规。"我才不在乎什么逻辑，"威尔逊怒吼道，"我就要将它纳入其中。"

美国人也没有在固定赔款数额的要求上取得胜利。条约签署两年后，一个专家委员会确定的最终赔款是330亿美元，这一数字更接近美国的预估，而不是协约国盟军过分的要求。但杜勒斯和克拉瓦斯等人认为，这一数额还是太高了，特别是因为它还要用黄金支付。美国人曾考虑过，德国债务的一半用马克支付，另一半用黄金支付，并且这一债务没有时间限制。

克拉瓦斯称其为"迦太基式和平"（古罗马强加给迦太基的严酷和平）。他写信给勒恩德·汉德（Learned Hand）法官说："政府不能强行奴役人民，并让其做出牺牲，政府是受约束的。"事实上，顽强抵抗的德国最终只偿还了330亿美元债务的15%。后来又对债务问题进行了两次重新谈判，在经济大萧条和希特勒上台后，更多的偿还请求最终被暂停。

历史学家继续在德国到底有无能力进行赔款的问题上进行辩论。但毫无疑问，德国没有政治意愿支付这些资金。尽管杜勒斯对赔款问题的解决感到失望，但他凭借在外交政策中进行谈判的宝贵经验，成为国际事务上成熟的参与者。

在巴黎执行任务五个月后，与德国签的条约仍在谈判中。杜勒斯想回到纽约，继续在沙利文和克伦威尔律所工作，他想成为该律所的合伙人。美国和平谈判委员会给这家律所发去电报，坚持要求杜勒斯"还不能走，因为……我们认为他留下来非常重要……他在这里工作从一开始就非常出色"。美国谈判代表表示，希望延长杜勒斯在巴黎的停留时间不会对他回国后成为律所合伙人造成影响。对此，该律师事务所回应说："你可以向杜勒斯保证，这样做不会影响他的利益。"

在他人生的这个阶段，杜勒斯被视为一个认真、冷静的年轻白人专业人士。这与他后来在冷战时期展现出的强硬的、顽固的反共产主义形象相距甚远。1919年的杜勒斯采纳了威尔逊的大部分理想主义世界观。尽管杜勒斯和威尔逊在抚恤金问题上争论激烈,但他们在巴黎对彼此产生了极大的喜爱和尊重之情。杜勒斯崇拜威尔逊,威尔逊是长老会成员,他的道德品质和理念吸引了这个虔诚的年轻人。反过来,威尔逊对国务卿的侄子这位青年才俊印象深刻。

1919年6月,与德国的最终条约在凡尔赛签署后,威尔逊致信杜勒斯:"非常诚挚地请求你作出留在欧洲的安排。"威尔逊邀请杜勒斯担任美国首席谈判代表,负责协商与其他同盟国(奥地利、匈牙利、保加利亚和土耳其)签订的条约中的赔款与财政条款。威尔逊写道:"我的请求是合理的,因为我们都对你的判断力和能力充满信心。我是根据与你合作人的意见和我自己的意见才这样做的。"杜勒斯再次留下来,而赔款委员会的四位美国代表(巴鲁克、戴维斯、拉蒙特和麦考密克)已回国,满意地将未完成的工作交给了杜勒斯。

杜勒斯让美国在与其余的小国进行的赔款谈判中占据优势。与此同时,他的职责也在增多:他参与了有关归还被盗艺术品、美国对关押的德国战俘的待遇、与布尔什维克俄国的商业贸易以及莱茵兰(Rhineland)的占领等问题的讨论。杜勒斯还经常与正在欧洲就粮食救济问题提供咨询的赫伯特·胡佛(Herbert Hoover)交换意见。在巴黎停留时光即将结束时,杜勒斯设法抽出一个下午的时间,到位于巴黎郊外的圣克鲁高尔夫球场打高尔夫球。

杜勒斯终于在1919年8月底回国了。令他极为懊恼的是,美国参议院拒绝任命一名美国代表参加专家委员会。该委员会负责决定德国根据条约支付的最终赔款金额和支付形式。当时,参议院陷入了是否批准《凡尔赛条约》的争论,而反对批准的参议员不希望美国以任何形式参与到条约之中。杜勒斯认为参议院拒绝美国加入是一种目光短浅的做法，因为无论美国是否批准该条约，它在签订条约后的赔款讨论中都有强烈的自身利益。

杜勒斯回到纽约后不久就得到晋升，成为沙利文和克伦威尔律所的正式合伙人。在那里，他重新开始了国际律师的职业生涯，并在几年内接替克伦威尔成为该律所的负责人。杜勒斯和他的朋友、美国驻英国大使约翰·W.戴维斯一起，成为华尔街新一代白鞋律师的领军人物。戴维斯很快就加入了斯泰森律所。

对杜勒斯个人来说，未来似乎确实很光明。然而，美国参与战后世界新秩序的前景却不那么乐观。

克拉瓦斯和他的国际主义同僚几乎一致支持国际联盟。但是，克拉瓦斯、鲁特、休斯和其他著名的华尔街律师对威尔逊总统协商的这一特殊联盟持保留意见。尽管他们当时只是普通公民，但这为数不多的白鞋律师在美国是否加入联盟的辩论中发挥了巨大的作用。

加入联盟的这一整个过程从一开始就错了。几乎在停战日一过，威尔逊就宣布他将亲自率领美国代表团参加巴黎和会。克拉瓦斯和其他一些人，包括威尔逊的国务卿兰辛，都认为这是一个错误的决定。他们认为，威尔逊应该待在家里，从白宫进行高调宣布，越过与会者，直接呼吁国际舆论会更有效。与英国的劳合·乔治和法国的乔治·克里孟梭（Georges Clemenceau）等领导人坐下来谈判，威尔逊将被视为一个谈判者。

威克沙姆甚至认为，如果威尔逊长期离开美国，就会触发宪法中的总统丧失能力条款。根据该条款，总统的职责将移交给副总统，而副总统无法任职。斯泰森公开为威尔逊的决定辩护，称总统最有能力决定他是否应该去巴黎。斯泰森此时已是坚定的威尔逊派中的一员，他私下里给一位朋友写信说："我赞成建立国际联盟，我不反对总统的决定。"

威尔逊还因为拒绝让美国代表团中的任何知名共和党人参加

和会而激怒了反对党。选择鲁特才是合乎逻辑的,总统最亲密的顾问推荐了鲁特。但是威尔逊认为鲁特太保守了。或许更重要的是,这两个人非常厌恶对方。在参议院任职期间,鲁特坚决反对威尔逊的进步的新自由计划,包括《联邦储备法案》《克莱顿反托拉斯法案》和《联邦贸易委员会法案》。而威尔逊认为鲁特要为1917年俄国任务的失败负责,尽管威尔逊选择了鲁特来领导这项任务,但鲁特对威尔逊忘恩负义的态度还是很反感。鲁特称这次任务是总统的"一场看台戏",并遗憾地补充道:"我曾经愿意成为这个工具。"

休斯本可以为美国和平代表团提供来自两个党派的信任,但1920年与威尔逊再次竞争的可能性让他无法参与。克拉瓦斯会是一个不错的选择,但没有任何迹象表明威尔逊考虑过他。相反,威尔逊选择了名义上的共和党人亨利·怀特——一个没有政治基础的职业外交官。国会共和党人认为怀特一点儿也不称职。威尔逊决定在条约谈判上不征求参议院及其共和党多数党领袖的意见,这加剧了他们的愤怒。

威尔逊坚持将《国际联盟盟约》(*the League of Nations Covenant*)作为整体和平条约的一部分,该条约涉及赔款、德国裁军和德国领土边界的重新分配等问题。参议院共和党领袖洛奇希望把《国际联盟盟约》从更宽泛的条约中分离出来。如此一来,如果美国拒绝加入国联,它仍然可以与协约国和同盟国签订和平条约。鲁特在有关国联的辩论中发挥了调解作用,他说服共和党参议员,他们可以投票批准和平条约,包括《国际联盟盟约》,同时可以持他们认为适当的保留意见。鲁特认为,任何时候这样的保留意见都不需要其他签署国的明确同意,也不需要对条约进行重新谈判。

鲁特对他的共和党同僚有很大的影响力。他是共和党的资深政治家兼知识分子领袖,他曾担任过国务卿和战争部长,曾在参议院与大多数仍是该党成员的共和党人一起工作。休斯、威克沙姆、克拉瓦斯和其他支持联盟的共和党人都同意鲁特的观点，认为至少在协约国没有具体反对意见的情况下，参议院可以在不影响条约效力的情况下有保留地批准和平条约。

共和党"保留派"很快成为参议院的关键投票集团。他们的立场介于民主党和"不可调和"的共和党孤立主义者之间。前者支持无条件批准条约，后者主要来自西部各州。他们反对任何形式的国际联盟。

克拉瓦斯、鲁特和其他保留主义者认为，美国应该在维护战后和平方面发挥积极作用。克拉瓦斯设想国际联盟是美国和英国之间展开正式的、持续的经济合作的工具。在他看来，这两个国家有最大的能力来实现和平。克拉瓦斯还明确要求英美保证法国的安全，以抵御德国未来的侵略。

由于与他们的职业相适应，华尔街的知名律师赞成通过仲裁解决国际纠纷、发展国际法律机构、成立一个国际法庭。但是他们不想让美国对所有未来会进行侵略的国家采取集体军事行动。这使他们与威尔逊所倡导的组建国联的观点相左。

纠纷的关键在于著名的《国联盟约》第十条。它要求联盟成员保护受到军事侵略或威胁的任何成员的领土完整和政治独立。如果遇到侵略或威胁，联盟理事会应"就履行这一义务的方式提出意见"。

一项有关条款（第十六条）规定，在发生侵略时，由五个常任理事国（美国、英国、法国、意大利和日本）和四个定期选举的非常任理事国组成的理事会，将建议各理事国为任何集体安全行动派送特种武装部队。理事会的建议需要一致同意还是仅仅是多数同意，这一点还不明确。但毫无疑问，任何不情愿接受明确多数建议的国家都将面临道德压力。

《国联盟约》并没有自动要求将全面战争作为应对侵略的唯

一可能回应，也不排除通过谈判或调解和平解决领土问题。但美国的反对者称，该联盟会篡夺美国国会进行宣战的专属权。例如，古思里坚称，这"维持欧洲、非洲和亚洲的和平……这些不关我们的事，我们也无须承担责任"或"我们也无须在纠纷中牺牲美国人的生命和财富"。这样做并不会影响美国的国家利益。虽然原则上不反对某种形式的世界组织，但古思里警告说，不应该允许国际民族主义的倡导者削弱美国的民族主义和独立地位。

更温和的保留主义者提出了一个更微妙的论点：《国联盟约》第十条是虚幻的。他们指出，如果美国公众舆论反对，美国绝不会宣战。例如，美国人对参加战争保卫波兰不受俄国入侵，或代表塞尔维亚进行军事干预毫无兴趣。《国联盟约》第十条要求成员国对未来的军事行动做出笼统而模糊的承诺，而当时机到来时，它们不太可能信守承诺，这只会导致期望破灭，因此会产生适得其反的效果。鲁特写道："在国际事务中，最糟糕的事情莫过于达成协议后又违背协议。"

正如休斯和克拉瓦斯所主张的那样，如果美国同意《国联盟约》第十条，但后来没有加入其他成员国的维和行动，美国将被认为是违背其在联盟的义务。另一方面，如果美国决定去帮助一个遭受攻击的国家，就像它在第一次世界大战中所做的那样，它就可以在没有第十条条款的情况下这样做。

保留主义者还反对《国联盟约》第十条允许由取得胜利的协约国建立的领土现状保持不变。任何拥有争议领土的国家都可以拒绝妥协，因为它们知道，一旦其边界受到威胁，国联将为其提供保护。这可能会让美国卷入战争，以捍卫其让人怀疑的合法或公正的主张。克拉瓦斯称这二者之间的界限是"武断的、不合理的"。

休斯在联盟俱乐部发表讲话称，《国联盟约》第十条试图使巴黎和会上做出的改变永久化，这是不明智的，因为没有人能给这个充满活力的世界设定界限。因此，它赋予联盟一种世界历史上任何机构都不曾拥有的先见和智慧。他说："这是对经验的挑战。"鲁特也曾说过："变化和发展是生命的法则，任何一代人都不能把自己在国家发展和权力分配方面的意愿强加给后代。"

威尔逊认为保证领土完整是对英法帝国主义的一种防御。在他看来，《国联盟约》第十条为新成立的、面积较小的国家和殖民地提供了保护，他们大多数都受英法两国的控制，殖民者可能会试图用武力吞并这些国家。

鲁特和克拉瓦斯等华尔街国际主义者对美国在何种情况下可能会干预欧洲以维持秩序的问题非常感兴趣。相比之下，他们很少考虑亚洲、非洲和拉丁美洲殖民地人民的愿望。几年后，在亲英派的克拉瓦斯访问印度后，他赞扬了英国对印度人民"仁慈、公正和开明的统治"，认为印度人民"完全不适合自治"。克拉瓦斯认识到，英国人展现的"居高临下的优越感和种族分化"的态度让他们在印度不受欢迎。但他认为，世界上的强国需要统治"衰落的种族"以及"落后和不发达国家的政府，直到他们可以进行自治"。

这种偏见在美国外交政策的精英中很常见。为了避免威尔逊被视为一个完全开明的自决者，他和他的巴黎代表团忽视了一名28岁的越南民族主义者为法属印度支那人民寻求独立的请愿。这位崭露头角的年轻共产主义者，后来成为杜勒斯兄弟的敌人，并很快取名为胡志明。

联盟的保留主义者对威尔逊带回的条约还有其他反对意见。他们说，这让门罗主义不够神圣，因为门罗主义确定了美国在西半球的势力范围。批评者还指责巴黎条约未能明确表明美国国内事务（移民政策的代名词）不在联盟的管辖范围之内。他们坚持认为，该条约授予了美国在得到适当通知后选择退出联盟的无条件权利。

威尔逊回到巴黎，就条约修正案进行谈判，以解决这些问题。

但他拒绝进一步妥协，特别是在《国联盟约》第十条问题上。对威尔逊来说，集体安全保障是国联的核心，没有它，国联将只是一个"辩论社团"。对保留主义者来说，第十条是主要问题，它需要被删除或进行大幅修改。

乍一看，他们各自的立场似乎与美国加入欧洲战争之前的立场截然相反。威尔逊曾经主张中立，现在却支持美国在对外战争中为保卫被侵略国家而作出的实质性承诺。与此同时，倡导战前进行备战的人，曾希望美国在第一次世界大战中进行干预，现在却担心美国卷入外国纷争。

威尔逊表示，他正试图阻止1914年爆发的那种战争，从而解决这一明显的矛盾。对威尔逊持批评态度的共和党人认为，如果美国被要求介入未来的争端，没有人能预测到它会像支持协约国反对德国那样来帮助一项正义的事业。因为国会仍然需要宣战，它可能会受到联盟的压力而不进行独立判断，也可能会被指控未能支持联盟在巴尔干半岛等地区的集体安全行动。而在这些地区，美国几乎不牵涉什么利害关系。

怀有这种担忧的华尔街律师对联盟的渴望以及对《国联盟约》第十条的反对都是真诚的。休斯认为"国际联盟显然是需要的"，但他认为第十条是一个严重的错误，会滋生麻烦。他说，"在置身事外和做出不利承诺之间"有一个中间地带。鲁特同样称联盟是一个不应该浪费的大好机会，但在他看来，第十条是个"恶作剧"。克拉瓦斯非常支持批准条约，前提是该条约确认美国有权在违背其意愿的情况下不派遣陆军或海军去解决欧洲争端。

无论他们的担忧多么真诚，鲁特、休斯和克拉瓦斯等受人尊敬的律师所提出的反对意见，都被共和党政客视为知识分子的掩护，认为这些律师是出于个人或政治原因而反对威尔逊。尤其是洛奇，他对威尔逊怀有一种发自内心的仇恨，对威尔逊乌托邦式对待世界事务嗤之以鼻。洛奇决心要么消灭联盟，要么用他相信威尔逊永远不会接受的条件来削弱联盟，如果联盟接受这些条件，就会让总统和他的党派蒙羞。尽管洛奇声称支持某种形式的联盟，但他想修改威尔逊的条约，使其被看作是共和党的条约。然后他就可以宣称共和党人改写了条约，让国家免受威尔逊愚蠢行为的影响。

尽管威尔逊身体状况不佳，但他还是决定在孤立主义情绪最强烈的中西部和西部进行巡回演讲，向民众解释这个问题。在长达22天的令人精疲力竭的八千英里行程中，威尔逊经历了两次轻微中风，在1919年10月在华盛顿又经历的一次严重中风，使他的左脸麻痹、左半边身体瘫痪。根据一个广为流传但有些夸张的说法，威尔逊的妻子伊迪丝在他丧失行动能力（他永远无法完全康复）的5个月里成了事实上的总统。威尔逊待在自己的住处，周围只有他的妻子、医生和最亲密的朋友。他变得喜怒无常、易怒，有时还会出现妄想。他的身体和精神状态，以及他对自己作为原创者身份的骄傲，使他不愿意接受对《国联盟约》第十条进行任何修改。他指示参议院民主党人投票反对任何包含共和党提出的保留意见或修正案的条约。

1919年11月19日，参议院对条约进行了投票，首先对洛奇提出的14项保留意见进行了表决。其中一项保留意见是美国在没有国会明确宣战的情况下免受第十条的约束。洛奇还明确指出，其他四个盟国中有三个国家必须明确同意这些保留意见，但鲁特认为这一要求是不明智的，因为他认为没有必要得到这些国家的明确同意。

由于民主党和共和党中的顽固分子不投票反对，该条约仅获得39张赞成票、55张反对票，远低于批准条约所需的三分之二。随后，一份毫无保留意见的完整条约被付诸表决，结果以53票对38票遭到否决，卡伯特领导的共和党人加入了顽固分子的反对阵营。

克拉瓦斯垂头丧气。"我对共和党参议员实施的策略感到非常恼火，如果这不能迫使我加入威尔逊的政党，我愿意放弃共和党的身份。"他在给巴克马斯特勋爵（Lord Buckmaster）的信中这样写道。巴克马斯是他的一位英国朋友，也是克拉瓦斯在协约国理事会的前同事。克拉瓦斯与鲁特和休斯的不同之处在于，他赞成批准条约，无论有没有保留意见。克拉瓦斯更愿意接受威尔逊的条约，尽管它有种种缺陷，也不希望没有达成任何条约。他后来写道："我从未对任何公开事件感到如此强烈的失望，因为我的国家未能成为条约的缔约国，也未能成为创立条约的国际联盟中的一员。"

克拉瓦斯责备威尔逊拒绝妥协。他说，权力和谄媚已经冲昏了总统的头脑，他决心让这个条约作为"威尔逊和平"载入史册。克拉瓦斯称"这对总统来说是一个悲惨的结局，他努力将世界的命运掌握在自己的手中"，他在战争期间领导国家时展示出"伟大的品质"。尽管如此，克拉瓦斯还是希望有保留意见的条约能被参议院重新提交并通过，并且希望协约国也会接受这些条约。"在我看来，未来的世界充满了危险，除非国际联盟能够在美国的参与下成功建立起来。"克拉瓦斯写道。

鲁特也拒绝放弃联盟。鲁特几乎和洛奇一样讨厌威尔逊，但与洛奇不同的是，鲁特没有让个人感情蒙蔽自己，以致让他看不到妥协的必要性。鲁特花了几个月的时间制定了各种挽回面子的修改方案，他认为威尔逊和参议院的共和党人可能会接受这些方案。但威尔逊仍然不愿在《国联盟约》第十条上让步，洛奇则以强化先前的保留意见作为回应。例如，洛奇不仅要求国会授权采取军事行动，还要求国会授权采取包括经济抵制在内的任何集体行动。最初支持国联的美国舆论越来越倾向于孤立主义。洛奇认为没有理由朝着威尔逊支持的方向前进。

1920年3月，在重新举行的选举中，联盟计划再次失败。即使有洛奇的保留意见，一群民主党人依旧想要建立某种形式的联盟。他们不顾威尔逊的反对，加入了共和党保留主义者的阵营，投了赞成票。但该条约以7票之差未能获得批准。美国拒绝加入国际联盟。

鲁特、克拉瓦斯、休斯和他们的华尔街律师同事将失败归咎于威尔逊。他们认为，如果总统在几个月前就愿意进行适度的妥协，结果就会不同。英国曾表示不反对洛奇对《国联盟约》第十条所持的保留意见。事实上，克拉瓦斯声称，"英国最高当局"告诉他，他们不喜欢第十条，因为第十条使他们成为"凡尔赛条约中促使建立不稳定的国家"的担保人。但是，英国人告诉克拉瓦斯，是威尔逊把第十条强加给了他们。

休斯坚持认为，如果威尔逊只接受《国联盟约》第十条的保留意见，而不接受其他保留意见，该条约将以压倒性优势在参议院获得通过。但随着时间的推移，争论变得如此激烈，正如休斯所说，"我们已经失去了完成一些有价值的事情的机会。"

鲁特指出，威尔逊展现的"自满、自负的态度"和冥顽不化是条约获得批准的主要障碍。但洛奇在有关联盟纠纷中也犯有不妥协的过错，他利用鲁特和其他温和派来掩饰自己的意图。鲁特本人后来向洛奇表达了自己的担忧，他担心共和党人可能会被指控使用诡计来实现他们的真实目标——彻底扼杀条约。

由于未能批准《凡尔赛条约》，严格来说，美国与德国仍处于敌对状态。尽管一年后，《柏林条约》（*Treaty of Berlin*）正式建立了两国之间的和平关系。威尔逊还签署了一项单独条约，根据该条约，美国和英国同意在德国发动无端攻击时向法国提供援助——这是克拉瓦斯极力主张的观点。但是，不管出于什么原因，威尔逊从来没有推动《国联盟约》第十条的批准，这项条约就这样无声无息地消失了。

联盟似乎是一个破碎的梦想。多年来，华尔街的律师们精心打造了那么多伟大的美国公司，他们却未能成功促成这一项协议，创建了一个有史以来最大、最重要的世界组织。他们会再次尝试,直到1920年总统大选。克拉瓦斯对巴克马斯特勋爵说,他认为只要共和党人不"做出愚蠢的事,比如说提名哈丁参议员这样明显的反动分子",新的共和党政府就能让美国积极参与世界事务。

第二十一章

回归正常

参议院未能批准《凡尔赛条约》所带来的一个奇怪的后果是，美国人被禁止购买啤酒。在战争早期，国会通过了一项紧急措施，禁止使用谷物生产蒸馏酒，这么做表面上是为了节约粮食。后来，威尔逊总统发布了一系列公告，将这一禁令扩大到啤酒和麦芽酒的生产中。1918年11月，在签署结束敌对行动的停战协议几天后，国会通过了《战时禁酒令》（Wartime Prohibition Act），这听起来有点儿矛盾。在总统正式宣布战争和彻底结束动员之前，禁止生产和销售"令人醺醉（intoxicating）的酒类产品"。

为了反对这项法律，1919年3月，一个位于美国的德国酿酒商协会聘请了鲁特和古思里作为他们的代表。报纸打趣说，"雇用鲁特啤酒"已经改成了"啤酒雇用鲁特"。在反对政府的啤酒商中，最著名的是纽约洋基队的老板雅各布·鲁珀特（Jacob Ruppert）上校。当年晚些时候，他从波士顿红袜棒球队买下了贝比·鲁斯（Babe Ruth）的合同。

鲁特和古思里面临两个挑战：第一，临时战时措施；第二，宪法第十八条修正案，1919年1月由各州批准，实施禁酒令，永久禁止生产和销售酒类产品。当时，禁酒运动席卷全国，反德情绪在第一次世界大战后高涨，这两位律师面临着一场艰难的战斗。

尽管《战时禁酒令》没有对"令人醺醉"这一词进行定义，但负责执行该禁令的美国国税局（Internal Revenue Service，IRS）规定，任何酒精含量超过0.5%的饮料都符合这一定义。鲁特和古思里建议酿酒商无视IRS的规定，继续生产酒精含量不超过2.75%（按容积计算不超过3.3%）的啤酒。律师们表示，这不能被认为是"令人醺醉"的啤酒。

鲁特和古思里还认为,《战时禁酒令》是不符合宪法的,因为战争已经结束,该法令不会再作为一项紧急措施得到支持。在纽约联邦法院,威尔逊总统说,解除动员工作已经取得了很大进展,他认为恢复葡萄酒和啤酒的生产和销售是安全的。鲁特断言,IRS威胁要摧毁整个啤酒行业。

鲁特和古思里在获得命令阻止IRS执行其解释性裁决这一方面取得了一些初步成效,但国会采取行动强化了《战时禁酒令》。1919年10月,国会不顾威尔逊的否决通过了《禁酒法案》(*Volstead Act*)*。《禁酒法案》修订了《战时禁酒令》,并为联邦执行禁酒修正法案提供了指导方针,该修正案将于1920年1月生效(推迟到批准后一年)。《禁酒法案》宣布,生产和销售酒精含量在0.5%或更高的饮品是非法的,这与IRS的观点一致。如果《禁酒法案》有效,那么酒精含量2.75%的啤酒是否被认为是"令人醺醉"的啤酒,这一点就不重要了,因为无论如何都会禁止生产这类啤酒。

鲁珀特和他的酿酒商同行将他们的案子提交到最高法院,同样由鲁特和古思里代理。这两位保守的律师强烈反对禁酒令,称禁酒令的本质是一场进步的改革运动。惯例上由州和地方立法处理的问题应该通过宪法修正案的方式移交给联邦政府,这一观点让他们感到愤怒。

鲁特爱喝苏格兰威士忌,他也对政府试图规范和影响他的个人习惯感到愤怒。"节欲,"他后来写道,"是指通过自我控制来进行节制。当一个人长大了,强迫行为就会让人心生厌恶。你不能通过法律使人公正,你不能通过法律使人慈悲,你不能通过法律使人充满深情。"为了回应那些不断谈论酒吧罪恶的人的观点,鲁特对

---

* 又名《伏尔斯泰法案》。——译者注

一个朋友说，禁酒令"剥夺了数百万人生活中的主要乐趣，这些人从未接受过从艺术、文学、体育或改革运动中获得乐趣的训练"。他注意到，"世界上数百万从事高强度体力活儿的人都有这样一种习惯，就是和他们的同伴喝杯啤酒。通过这种方式，他们在非常沉闷、无聊的生活中找到了进行放松和寻求安慰的方式。"与受过教育、拥有财产的阶级人士相处比与工人阶级相处舒服得多，这话听起来可能带有一丝贵族情怀。

最高法院考虑了《战时禁酒令》本身对啤酒禁令和第十八条修正案的合宪性。至于前者，鲁特和古思里关于战争已经结束的观点与实际情况不符：参议院没有批准与德国的和平条约，因此，严格来说美国仍处于战争状态。不仅如此，威尔逊总统在西伯利亚还设有美国军队，他还没有正式宣布动员解除工作已经完成。布兰代斯称，最高法院支持对啤酒的禁令，认为这是宪法对战争权力的有效行使。

更重要的案件是应对禁酒令修正案的挑战。鲁特和古思里有两个主要论点。首先，鲁特提出，宪法不允许有"立法"修正案，比如旨在规范个人生活的禁酒令。鲁特称，不能通过修改宪法来规定饮酒是违法的，就像不能建立国教或取消正当程序的权利一样。鲁特已陷入进退维谷的局面，因此他必须辩称，一项由三分之二的国会议员通过、四分之三的州批准的宪法修正案本身就是违宪的。

古思里对鲁特的论点并不在意，他提出了一个不同的论点。他认为，第十八条修正案中一些奇怪的定义赋予国会和各州"并行权力"来执行其规定，这意味着每个州都必须获准在自己的边界内执行禁酒令。

大多数律师认为这些论点的胜算不大。休斯认为这些论点不能让人信服，于是他拒绝了酒类利益集团的聘请，而是代表21个州的总检察长提交了一份"法庭之友"意见书，以支持修正案。休斯后来写道:"虽然我认为这项修正案从政策上来说是不明智的,但我丝毫不相信鲁特先生提出的观点,即如果人民认为合适的话,法院就无权通过这样一项宪法修正案。"

但鲁特对自己的案子充满信心。1920年3月,在最高法院的辩论中,他一心想在下午4:30休庭之前,充分利用法庭的最后6分钟时间。他把眼镜放进口袋,挺直身子,用手指着首席大法官怀特,此时九名大法官都盯着鲁特。特别戏剧性的是,鲁特告诉法官们,如果他们支持禁酒令修正案,"我们的美国政府将不复存在……如果是这样的话,法官大人,约翰·马歇尔根本不需要坐在你坐的长凳上"。话音刚落,时钟刚好显示4:30。

最高法院坚决否认了酒类制造商对禁酒令修正案和相关禁酒法案提出的质疑。九名法官都认为鲁特的论点毫无价值并驳回了他的论点。九名法官中有七人驳回了古思里的"并行执行"的论点。禁酒令已经在许多提倡禁酒的州和地区生效,成为当时的一项法律。

与此同时,美国人开始寻找新的饮酒方法。杜勒斯作为沙利文和克伦威尔律所的合伙人,他当时的任务之一,是让克伦威尔在禁酒令生效前拿回从法国购买的两箱稀有法国香槟,但这两箱香槟在纽约被美国海关官员没收了。克伦威尔警告杜勒斯说:"目前最重要的是,我们不能做任何会使我们受到批评,甚至会使我们的行为受到严重怀疑的事情。"这两箱酒在新泽西的一个仓库里放了一年多,最后才交给克伦威尔。

事实证明,禁酒令只是一个短期的实验,它于1933年被第21条修正案废除。鲁特觉得这证明自己是正确的,他走进世纪俱乐部的酒吧,把脚踩在栏杆上,宣布:"这是朝着正确的方向迈出的一步。"

司法部部长A.米切尔·帕尔默(A. Mitchell Palmer)是禁酒令的热心支持者,仅仅用了几年时间他的名字就家喻户晓,大卫·拉马尔曾通过电话冒充他。1919年11月和1920年1月，帕尔默的年轻助手J.埃德加·胡佛（J. Edgar Hoover）组织了"帕尔默搜捕"行动。该行动因逮捕和驱逐数百名社会主义者、共产主义者和无政府主义者而闻名，这些人几乎都是外国人。支持激进活动的爱玛·戈德曼（Emma Goldman）此前被剥夺了公民身份，她是受控的249名颠覆分子之一，这些人通过船只被遣回俄国。政府的镇压是在移民法和1918年《反煽动法》（Sedition Act）的授权下进行的，后者扩大了1917年《反间谍法》（Espionage Act）的适用范围，将不忠言论也包括在内。

这种威胁并不是凭空想象的。1919年发生了一系列无政府主义者实施的邮寄炸弹袭击案件，这些袭击是针对美国知名人士的，包括帕尔默本人，他差点儿在家中被炸身亡。此次政府的镇压可以说是完全不分青红皂白的胡乱行为，其中包括数千次未经授权的逮捕行为和残酷对待嫌疑人的行为。

尽管如此，帕尔默搜捕行动还是受到媒体和公众的欢迎。政治上野心勃勃的帕尔默希望他们能让他迅速获得1920年民主党总统提名。威尔逊总统没有采取任何措施阻止这种搜捕行动，可能是因为他不知道搜捕行动，或者是因中风而无法应对当时的情况。除了公民自由团体、分散的教会人士、法律学者和一些司法部官员，当时很少有美国人对搜捕行动表示强烈反对。

尽管华尔街的一些知名律师不愿公开表达自己的观点，但他们对那些过分的搜捕或驱逐行动表示了担忧。私下里，克拉瓦斯对"无情、任意滥用政府权力的行为"以及其对无辜人民带来的伤害表示谴责。美国副国务卿弗兰克·波尔克（Frank Polk）是一名企业律师，很快成为戴维斯和沃德威尔的法律合伙人。他在给戴维斯写信时表达了自己与同行的共同观点："我有点儿担心他（帕尔默）在驱逐这件事上做得过头了。"

昂特迈耶公开批评帕尔默的大规模驱逐行动和对个人自由的侵犯行为，但最后一次搜捕活动一年后，红色恐慌已经平息。在杰出的白鞋律师中，斯泰森可能是最反对政府侵犯公民自由的人，但斯泰森因血栓而半身瘫痪，成了残疾人，并逐渐患有痴呆。古思里坚决反对联邦政府干预商业，他热情地欢迎帕尔默的搜捕行动，称这是对布尔什维克主义的"疯狂宣传"，并且该搜捕行动受到社会主义的"广泛影响"。在对工会联盟俱乐部发表的一场言辞激烈的演讲中，他指责煽动者怂恿工人提出"无理要求"，并在全国各地掀起数百起工人罢工。

这种歇斯底里的情绪蔓延到了州一级。1920年1月，纽约州议会采取了前所未有的措施，拒绝前一年11月选出的五名社会主义议员就职。对休斯来说，这实在是太过分了。因此，他领导了纽约市和州律师协会的请愿活动，要求恢复五名被停职的议员的职务。威克沙姆和沃德威尔加入了休斯的抗议，而古思里则领导律师协会反对休斯。

休斯以174票对117票从市律师协会通过的决议称，议会的行为是反美的。它将正式选出的代表排除在外，仅仅是因为这五名议员是社会党的成员，而不是因为任何个人不能胜任的原因。决议称："通过投票选举的和平政治表达方式……不应因为政治观点而拒绝或剥夺选民的选举权。"

州律师协会投票要求恢复这五名议员的职务，投票结果是131赞成对100反对。休斯断言，该协会以憎恨布尔什维克主义的名义采取行动，这是"这个州有史以来实施的最大规模的布尔什维克主义行动"。休斯回忆起有一段时间，教会成员因其宗教信仰而被取消担任公职。因此，他警告说，在无产阶级专政的统治下，资本主义者可能被剥夺在立法机关任职的权利。

古思里认为，国会有权利也有义务否决社会主义者的职位，因为他们无法如实宣誓，承诺支持和捍卫州和国家宪法。他的观点在立法机关中占了上风，立法机关驱逐了社会党人，并通过了一项法律，宣布社会党不合法。休斯的团队甚至没有在奥尔巴尼举行听证会，而休斯这位前州长、最高法院法官和总统候选人受到了不忠的指控。甚至连休斯担任主席的联盟俱乐部的绝大多数人也支持议会的行动。休斯称整个事件"简直就是一场灾难"。

对休斯来说，这不仅是一段自我反省的时期，也是一段充满悲伤的时期。就在议会驱逐了这五位社会主义者的几天后，休斯的大女儿因患肺结核晚期去世，年仅28岁。她的去世可能使休斯更有勇气为自己所倡导的原则发声，这一点在几周后他在哈佛大学法学院成立一百周年纪念的演讲中得到了证明。休斯似乎直接瞄准了帕尔默突袭和驱逐行动，即使没有指名道姓，但他提到了"对个人权利的侵犯，这是暴政最恶劣的做法"。他哀叹道：

我们为自由和民主而战，结果却助长了专制的欲望。我们已经看到，在战争时期对维护国家至关重要的战争权力，在军事紧急状态过去之后被广泛滥用，并且这一权力在一些从未打算使用的情况下也被任意行使。即使战争取得了胜利，而且已有先例，我们也完全可以怀疑，迄今在这个共和国中维持的宪政是否能在另一场大战中幸存下来。

休斯支持的事业至少有一项——妇女选举权，在当时确实取得了成功。休斯发表演讲两个月后，田纳西州成为批准宪法第十九条修正案的第36个州，也是批准该修正案所需的四分之三的州中的最后一个州。休斯曾在1916年的总统竞选中支持了这一修正案。

1920年的总统选举第一次允许妇女进行投票。投票人需要在两位俄亥俄州前报纸出版商之间做出选择：共和党参议员沃伦·哈丁与卡尔文·柯立芝（Calvin Coolidge）同台竞选；代表民主党的俄亥俄州州长詹姆斯·M.考克斯（James M. Cox），他的竞选伙伴是富兰克林·罗斯福。

竞选活动继续就国际联盟进行辩论，但在哈丁呼吁回归"正常"的情况下，大多数选民对国际联盟失去了兴趣。哈丁是最受欢迎的候选人，因为在经历了多年的剧变、动荡和战争之后，这个国家需要回归常态。正如波尔克在写给戴维斯的信中所说，美国人民"对和平条约或者遭受苦难的欧洲根本不屑一顾。他们在乎的是高昂的生活成本、棒球赛季以及生活中遇到的各种困难"。

克拉瓦斯最初反对提名哈丁，鲁特也反对，因为他认为这位俄亥俄州参议员不具备担任总统的能力。但他们努力为共和党候选人助选，将其视为将美国带入国际联盟的最大希望。考克斯无条件地支持威尔逊要求建立的联盟，但联盟的共和党支持者预计，如果民主党当选，联盟问题只会继续在国会陷入僵局。克拉瓦斯、鲁特和其他国际主义者认为，他们的任务是确保哈丁承诺在参议院保留职位的情况下加入联盟。

哈丁并没有让他们的工作变得轻松。他在这个问题上摇摆不定，有时支持一个空泛的国家协会，并将其作为威尔逊国家联盟的替代方案；有时又向顽固分子低头，似乎在宣布联盟的衰亡。克拉瓦斯对哈丁的犹豫不决感到失望，而鲁特则因洛奇拒绝敦促哈丁承诺支持有保留意见的联盟感到沮丧，即使是带有参议员洛奇名字的保留意见。与此同时，那些顽固分子担心鲁特可能会欺骗顺从的哈丁，让他强力支持联盟。

洛奇察觉到了政治的风向，逐渐从持保留态度的派别转向顽固分子阵营。鲁特试图阻止这一趋势，他不断强调，问题不应该是建立或不建立联盟之间的对抗，而是威尔逊所建立的联盟——一个没有变化、反对美国式的联盟，一个不强制规定国家采取集体军事行动的联盟。但在共和党大会上，洛奇说服他的朋友鲁特起草一份党纲，其中只包含了一份含糊其词地支持国际协会的声明。鲁特为了党内团结，答应了洛奇。

1920年10月15日，就在选举前不久，31位著名的国际主义者，其中大多数是共和党人，在向新闻界发表的一份声明中，强烈要求选举哈丁，让哈丁当选成为确保美国加入国联的最佳手段。这份声明是由鲁特和克拉瓦斯起草的，并由他们与休斯、威克沙姆、斯廷森以及其他支持建立一个没有第十条条例联盟的人签署的。克拉瓦斯负责幕后工作，使这份声明的语气尽可能地具有国际主义色彩。

众所周知，这份由31人发表的声明对结果没有影响。哈丁在选举中稳操胜券，以压倒性的优势获胜。但这一声明确实巩固了外交政策精英中共和党人的支持，他们对哈丁频繁地支持孤立主义表示不满。克拉瓦斯担心，哈丁不愿支持联盟，这"会驱使成千上万更理智的选民，尤其是女性选民，转而支持考克斯，而这些人通常会支持共和党"。克拉瓦思私下写信给哥伦比亚大学校长尼古拉斯·默里·巴特勒（Nicholas Murray Butler），他也是声明的签署人之一。克拉瓦思说，他很高兴他们的团体能够在联盟问题上作出比哈丁本人更明确的声明。

威尔逊主义者长期以来一直谴责31人声明是一种虚伪的行径，它误导选民认为哈丁支持联盟，称该声明的签署人是为了支持自己的政党而违背原则的党徒。该声明的辩护者认为，声明不是为选民设计的，而是为哈丁和支持其孤立主义的人设计的——提醒他们政党对一个联盟的承诺，并让他们遵守这一承诺。

如果这是一个目标，那它并没有取得成功。在洛奇的积极支持下，哈丁在上任后放弃了支持联盟的想法。联盟的支持者，如鲁特、克拉瓦斯和威克沙姆已经中了圈套，但他们天真地认为，哈丁这样一个缺乏智慧和思想的人，最终会受到原则的约束。

休斯被哈丁任命为国务卿（此前他拒绝了鲁特，认为鲁特是一位"处在另一个时代的资深政治家"）。新政府既没有促成一个有保留意见的联盟，也没有促成哈丁之前所支持的世界协会，这也让休斯感到很失望。休斯无奈地得出结论，孤立主义情绪已经变得如此强烈，因此继续为美国加入一个国际组织辩护在政治上是徒劳的。由于参议院不可能批准《凡尔赛条约》，休斯与德国签订了一个单独的和平条约，正式结束了战争。

1920年夏天，为了了解德国人的情绪，克拉瓦斯访问了德国，结果发现德国人不加悔改。他们认为自己在道德上不受《凡尔赛条约》的约束，因为他们认为该条约苛刻且带有报复意味，而且是德国政府在受到胁迫的情况下才签署的。

回到纽约后，克拉瓦斯在自由国家联盟协会的一次演讲中报告了他的旅行情况。他的话既透露出一些不好的兆头，也表明了一些未来的趋势。克拉瓦斯警告说，如果美国不能与西方盟友接触，一个新联盟就会形成，该联盟由德国、俄国和"另一个具备军事素质的大国——位于遥远的东方"组成，其目的是统治世界。

第二十二章

"最后一个伟大时代"

1920年12月5日，斯泰森——那个时代典型的白鞋律师之一，在曼哈顿的住所去世，享年78岁。他的葬礼在纽约圣公会的皈依教堂举行，参加葬礼的名誉护柩人包括鲁特、莫拉威茨和小摩根。斯泰森的遗产价值约为300万美元（按2019年的美元计算约为4000万美元），其中三分之一留给了威廉姆斯学院，他与妻子一起葬在了学校的墓地。斯泰森还给他的养女玛杰莉留下了一大笔信托基金，她在斯泰森生命最后的日子里照顾了他。

斯泰森的寿命确实足够长，亲眼看见了他最大、最重要的公司交易的合法性得以维持。1915年，美国钢铁公司在下级法院赢得了反垄断诉讼，理由是根据"合理原则"，该公司并没有非法垄断的意图。政府提出上诉，但在最高法院的同意下，此案被搁置了，第一次世界大战后才有了结果。最后，在1920年3月，也就是斯泰森为老摩根组建公司的20年后，最高法院维持了下级法院的判决，裁定美国钢铁公司胜诉。那时，该公司在钢铁生产市场的份额已经低于50%。最高法院发现，无论美国钢铁公司在成立时有什么意图，它都不再具有垄断权力。

1902年，在白宫的一次会议上，摩根提出让他的雇员斯泰森处理所有存在法律问题的交易。罗斯福表示，除非美国钢铁公司违反了法律，否则政府不会起诉它。最高法院却称美国钢铁公司没有违反法律。美国钢铁公司的裁决证实了罗斯福的观点，即如果没有发现不公正或不当行为，规模大并不一定是坏事。纯粹为了托拉斯本身而进行的反托拉斯活动正式结束了。创造"反托拉斯"这个词的总统于1919年1月去世了，但他会认同这个结果。

随着美国钢铁公司的胜利,最后一个大规模反垄断诉讼宣告失败,该诉讼是罗斯福于1902对北方证券公司提起的。20世纪20年代出现了新一轮的合并浪潮,在哈丁、柯立芝和胡佛的领导下,与进步时代相比,他们对大企业持不干涉态度。但是,由强盗大亨主导的弱肉强食的丛林法则已经一去不复返了。在1890~1920年,规则发生了永久性的变化,为在未来几十年里进一步扩大联邦监管奠定了基础。

20世纪20年代的战后美国,与19世纪末白鞋律所崭露头角时的美国迥然不同。由农民和当地小企业主主导的经济已经一去不复返了,它们逐渐被大型的官僚主义工业企业所取代,这些企业由一批新的专业人士管理。服务于这些企业的律师事务所也在不断扩大规模、优化组织、提高效率。在镀金时代,以"该死的公众态度"为标志的自由放任的资本主义也消失了。

但美国也没有采纳本国和欧洲一些激进的领导人所提倡的国有社会主义,即企业公有制。相反,美国的经济体系本质上仍然是由私营企业和个人主导的一种体系,但其受强化的政府监督以及技术和法律专家的监管。即使是1910年,曾在克拉瓦斯办公室工作的年轻社会主义律师也不会认为,乌托邦式的理想与资本家代表之间存在矛盾。尼古拉斯·凯利几十年后回忆说:"无论如何,如果要建立一个社会主义世界,工业就必须建立起来。"

在1890年到1920年的三十年里,在自由放任的资本主义和国家社会主义之间找到一条中间道路,很大程度上要归功于华尔街的精英律师和他们的律所。由于这些律师是律所的成员,所以他们的主要任务是维持现状和保护大公司客户。在这一点上,他们基本上成功了。但这些律师也悄悄地影响着客户,让客户与时俱进,以防止来自底层发生更激进的变化。正如克拉瓦斯在1906年写给罗斯福的信中所言,为了获得来自激进主义的保护,大公司的所有者必须同意改革,并"毫无怨言地接受正义"。

在白鞋律师的帮助下,美国国内的资本主义制度已经大幅收敛。在此后的几年里,寻求建立国际秩序将变得更加艰难。像克拉瓦斯这样的国际主义者也将在之后的20年里离开政界。尽管克拉瓦斯在1920年警告称德国军事威胁在增加,美国依旧主张孤立主义。直到1941年12月7日,国际主义者才开始崛起,但克拉瓦斯没能活着看到这一天。第二次世界大战后国际秩序建立的基础,在很大程度上是由一些权威人士在第一次世界大战期间奠定的,其中许多人是华尔街的律师,他们敦促美国参加第二次世界大战并加入后来的国际联盟。

在1920年之后的几十年里,华尔街的白鞋律师继续担任政府和商界领袖值得信赖的法律顾问。随着监管型国家和全球经济的发展,律师成为私人企业客户不可或缺的一部分。但作为公众人物,华尔街律师的影响力在20世纪60年代开始减弱。学者、商人和职业外交官逐渐取代了律师作为总统的亲密顾问的地位。到20世纪60年代末,对国家政策影响最大的律师,是那些在华盛顿特区联邦政府执业的律师。最后一位在总统内阁最高层任职的著名华尔街律师是20世纪70年代的塞勒斯·万斯(Cyrus Vance)。

20世纪80年代见证了共和党中奉行自由主义的洛克菲勒派的瓦解,该派此前由温德尔·威尔基(Wendell Willkie)和托马斯·杜威(Thomas Dewey)等华尔街律师领导,长期以来一直是东方外交政策机构成员的招募基地。20世纪50年代,WASP在美国权力中心一直保持着强大的地位。但到了20世纪末,他们的垄断地位开始动摇,WASP精英社会文化也逐渐衰落,这进一步导致了白鞋律所品牌影响力的衰落。

作为一个群体,华尔街律师在企业界仍然是一股强大的力量。这些律师和他们的前辈一样聪明、勤奋、富有创造力。即使他们不像早期最富裕的公司律师那样富有，但是他们的收入也非常高。如今的顶级律所的领导人经营着非常大的企业，如那些拥有数千名律师和员工利润丰厚的跨国公司。这让20世纪初形成的一种看法显得有些滑稽：将一家由24名律师组成的律所视为法律工厂。

但是，正如摩根、哈里曼和瑞恩这样的大人物一去不复返一样，美国也不会再出现克拉瓦斯、克伦威尔、斯泰森、鲁特和他们的白鞋同行这样的律师小团体。当公司法领域还处于原始状态时，这些人物开创了一个新的法律世界。这些律师以普通公民的身份开始行动，有时几乎是凭一己之力，取得了非凡的成就：建立一条大型的跨洋水道，创建一个庞大的城市交通系统，或领导有关宪法修正案和国际条约的辩论。

资本家和总统都急切地征求华尔街律师的意见。公众对华尔街律师的了解程度和认可度超过了任何当今的公司律师。斯泰森是摩根的律师，克伦威尔是哈里曼的律师，克拉瓦斯是威斯汀豪斯的律师。2019年，几乎没有人能说出脸书首席执行官马克·扎克伯格或亚马逊首席执行官杰夫·贝佐斯最信任的律师是谁（总之，这些律师不会是华尔街的律师）。

矛盾的是，在快速变化的时代，时间似乎过得最慢。在1890年到1920年这段风云变幻的岁月里，华尔街的大律师们扮演了如此重要的角色，这就是其中一个时代。1918年左右，克伦威尔在给他的合伙人的信中写道："我们生活在这样一个时代，每一天都像一年，每一年都有一百种意义。"他大胆地说道："这可能是我们这些成熟律师参与的最后一个伟大时代。"的确，那是白鞋律师的时代，在克伦威尔写下这句话后的一百年里，我们从未见过这样的时代。

后 记

1921年，克拉瓦斯年满60岁，但他依旧神采奕奕，可谓宝刀未老。克拉瓦斯依旧采取"铁腕手段"管理其律师事务所，该律师事务所仍然是纽约的顶级律所之一。如今，该律所被称为克拉瓦斯-斯温和摩尔律师事务所（Cravath, Swaine & Moore），2019年它刚好成立200周年。

渐渐地，克拉瓦斯积极投身世界政治，喜欢出国旅行，收集外国艺术品，在家乡学习园艺和观看马术表演。他公开主张减少对德国的制裁，取消同盟国对美国的战争债务，以便减轻欧洲的经济负担。他支持军备控制协议，令他欣慰的是，美国签署了该协议。克拉瓦斯也支持世界法院，但美国没有加入该法院。1921年，在美国放弃国际联盟后，克拉瓦斯与人共同创立了外交关系委员会，以促进美国与外国之间的合作。

令人惊讶的是，克拉瓦斯敦促美国承认苏联。他认为，共产党政府会留下来，两国都可以通过恢复彼此的贸易而获利。他甚至在1928年莫斯科和列宁格勒之行中称苏联的体制为"一项富有吸引力的实验"。

1929年，也就是股市崩盘的几个月前，克拉瓦斯在纽约经济俱乐部（New York Economic Club）的一次晚宴上引起了一些轰动。对于"大企业是一种威胁吗？"这一问题，克拉瓦斯的回答令人感到惊讶。他表示："当然是。就对美国人的生活造成的社会影响而言，大企业可能是我们这个时代中最严重的威胁。"他说，大企业是多年来积累的重要力量的产物，主要源于"我们这个时代对组织、效率和数量的狂热"。然而，克拉瓦斯曾以同样的方式推动自己的职业发展，他的观点无疑是在讽刺自己所做的努力，目前尚不清楚克拉瓦斯是否意识到了这一点。

1932年，克拉瓦斯成为大都会歌剧院的主席（1926年，他与曾经的歌剧歌手——艾格尼丝·亨廷顿的婚姻友好地结束了，但他们从未离婚）。作为企业交易的撮合者，克拉瓦斯帮助纽约交响乐团和爱乐乐团合并，成立纽约爱乐乐团，他担任该乐团的董事和副总裁。他学习了音乐欣赏课程，以便更好地了解自己长期以来喜欢的歌剧和交响乐。

在20世纪30年代，克拉瓦斯在美国国内问题上采取温和的立场。尽管他认为罗斯福早期的新政措施是激进的，但克拉瓦斯并没有对总统进行尖刻的批评。他大多数保守派的华尔街同事经常参与支持克拉瓦斯所称的"纽约立场"。当鲁特和古思里强烈反对规范童工的联邦宪法修正案时，克拉瓦斯与罗斯福总统和其他人一起支持该修正案。克拉瓦斯还支持政府补贴廉租房，以消除贫民窟。

然而，克拉瓦斯最大的兴趣是关注国际事务。他再次赞成美国给英国和法国提供军事支持，以应对来自德国的战争威胁。起初，克拉瓦斯认为德国承担着过高的赔偿义务，不利于其进行战后重建和重新武装。克拉瓦斯说，有些事情是现代世界所不能允许的，其中之一就是纳粹德国对世界的统治。克拉瓦斯预测法国和英国迟早要与德国作战，但他得出结论，称美国不太可能参加另一场欧洲战争，除非发生一些重大事件，比如缅因号战列舰的沉没，这会激怒美国人民。

1940年7月1日，距离他79岁生日还有两周之际，克拉瓦斯在长岛的家中去世，死因是心脏病发作。一千多号人参加了在蝗虫谷举行的葬礼，其中包括歌剧演唱家、银行家和商人。来自费斯克庆典歌者（Fisk Jubilee Singers）的一小群人在葬礼上演唱了灵歌，克拉瓦斯和父亲曾在欧洲看过这支乐队的巡回演出。大都会歌剧院管弦乐团（Metropolitan Opera Orchestra）的弦乐四重奏乐队也演奏了克拉瓦斯最喜欢的一些选集。

《纽约时报》发布的讣告称克拉瓦斯为"早期的工业巨头的最后一位代表性人物,这些人与美国庞大的商业公司建立了商业关系"。《纽约论坛报》称克拉瓦斯是代表客户的无情斗士,他更像是一个领导者而不是追随者。《纽约论坛报》还补充道:"最近几年,克拉瓦斯已经成为一个具有划时代意义的人物——他的存在代表了一个更古老的纽约。"

《泰晤士报》的一篇社论说:"在大型商业企业的高效组织开始受到热捧的时候,克拉瓦斯具备了其所需的天赋或才能。和许多商人一样,克拉瓦斯是律师学院里最有成就和最有影响力的人之一。他拥有法律头脑,具备一定的想象力、卓识和远见。他的一生是幸运的,有所作为的。"

克拉瓦斯是一位颇有影响力的企业律师。在他辉煌的职业生涯中,他还是国际舞台上一位重要的幕后演员。然而,他最大的遗产仍然是他创立的律师事务所和创新管理系统,那时纸夹才刚刚出现。如今,成千上万的执业律师和那些有雄心抱负的律师虽然与克拉瓦斯未曾谋面,但他们仍然认为克拉瓦斯这个名字代表了律师职业的巅峰。

如果休斯并没有像其他华尔街的同事一样成为著名的企业律师,那么他作为公务员和政府官员的成就也许会略胜一筹,但鲁特可能是个例外。作为哈丁的国务卿,休斯领导了1922年华盛顿海军会议,这是历史上首次国际裁军会议。休斯克服了美国国内海军将领的强烈反对,制定了多项条约,终止了新战列舰舰队的建设,并遏制了日本海军在太平洋的扩张。虽然会议没有持续召开(1936年,日本军国主义愈演愈烈,最终退出会议),但休斯谈判的条约有助于减少国际军事装备,并在第一次世界大战后缓解了紧张的国际气氛。

1923年哈丁去世,柯立芝接任总统后,休斯辞去国务卿一职,并于1924年当选为新一任国务卿。后来,休斯回到纽约市进行私人执业,年收入高达40万美元,被任命为美国律师协会主席。1928

年至1930年,休斯担任国际联盟设立的常设国际法院(或称世界法院)的法官,尽管美国不接受该法院的管辖权。

1930年至1941年,休斯担任美国最高法院首席大法官,这给他带来了极高的声誉。尽管胡佛总统当时认为68岁的休斯是最佳人选,但这一任命遭到了一些人的强烈反对,这些人将休斯视为共和党人和企业利益的捍卫者。

在新政的最初阶段,休斯支持法院的保守派大法官,推翻了《国家工业复苏法案》(National Industrial Recovery Act)。该法案赋予总统权力,为私营企业颁布公平竞争的法规,包括工资和价格控制,并保护工会集体谈判的权利。但在1936年罗斯福以压倒性优势连任后,情况发生了变化。1937年,罗斯福的法院改组计划失败,休斯帮助他制订了这一计划。最高法院突然开始支持经济立法,如《社会保障法》(Social Security Act)、《国家劳动关系(瓦格纳)法》[National Labor Relations (Wagner) Act]和州最低工资法。在这些案件中,休斯与布兰代斯和其他自由派大法官一起投票支持罗斯福的计划,这导致许多人认为法院屈从民意。休斯始终否认这一点,并坚称法官们是根据案情来判决每一个案件。

休斯是《权利法案》的一贯执行者。为了维护社会主义者的言论自由,休斯在1931年判决的尼尔诉明尼苏达州案中撰写了多数意见书,他认为对新闻界的限制是违宪的。40年后,最高法院拒绝禁止《纽约时报》和《华盛顿邮报》发起的五角大楼文件案,这一案件开创了先例。在斯科茨伯勒男孩案件中,一群黑人青年被指控强奸两名白人妇女,休斯认为,亚拉巴马州陪审团将非裔美国人排除在外,这剥夺了被告的正当程序权利。

大多数学者将休斯列为美国历史上最具影响力的大法官前两三名,仅次于约翰·马歇尔。在休斯的领导下,最高法院进行了一场宪法革命,将自由放任的经济哲学作为法律原则,这为国会随后几年通过的大多数进步经济立法扫清了障碍。

休斯在司法会议上表现得很好,根据布兰代斯的说法,在司法会议期间,首席大法官"几乎完成了所有的发言",休斯利用自己的威望、道德权威和政治技巧,巧妙地让其他大法官接受他的思想。当大法官欧文·罗伯茨在休斯的游说下,同意为维持最低工资法投出决定性的一票时,休斯差点儿拥抱了他。这是这个曾号称"人类冰柱"的人情感流露的罕见时刻。

休斯与罗斯福保持着友好的关系,尽管他们有着对立的党派关系。1939年,休斯未能参加来访的乔治国王和伊丽莎白女王的国宴时,罗斯福亲自致电邀请休斯夫人,并让她坐在国王旁边。1941年,在休斯第三次向罗斯福宣誓就职后,他告诉总统自己有一个愿望,打破了这一个场合的庄严氛围。他说:"富兰克林,你不觉得这有点儿单调无聊吗?"

同年晚些时候,79岁的休斯因健康状况恶化而从法庭退休。1948年,他在科德角的一个度假胜地去世,当时他正在那里疗养。三年前,休斯的妻子安托瓦内特离世,他深受打击。安托瓦内特的父亲卡特让休斯开启了华尔街律师生涯。如今,卡特、休斯和克拉瓦斯律所的最后一位原始成员也离世了。但是,这家公司后来演变成了华尔街领先的律师事务所之一——休斯、哈伯德和里德律师事务所,仍然以其最著名成员的名字命名。①

---

① 1948年休斯去世时,其他一些著名的华尔街律师事务所以其创始或最有影响力的合伙人的名义在纽约开展业务。以下是一份部分名单,根据它们广为人所知的名字的缩写形式列出,包括(从创立时间最长到最短)柯蒂斯-马利特律师事务所(Curtis-Mallet)、美邦律师事务所(Milbank Tweed)、宝维斯律师事务所(Paul Weiss)、普士高律师事务所(Proskauer Rose)、史特洛克和史特洛克律师事务所(Stroock & Stroock)、法朗克律师事务所(Fried Frank)、查德伯恩和帕克律师事务所(Chadbourne & Parke)、卡希尔·戈登律师事务所(Cahill Gordon)、帕特森·贝尔纳普律师事务所(Patterson Belknap)、德普律师事务所(Debevoise & Plimpton)、威嘉国际律师事务所(Weil Gotshal)、佳利律师事务所(Cleary Gottlieb)以及世达律师事务所(Skadden Arps)。

1920年，鲁特起草了海牙世界法院（World Court in the Hague）的蓝图，这是一个长期以来与他密切相关的项目。之后，他花了15年时间试图说服美国加入该法院。但是，与国际联盟的情况一样，鲁特发现孤立主义情绪和对美国主权丧失的担忧太强烈，难以克服。美国拒绝加入世界法院可能是鲁特漫长职业生涯中最大的失望。

鲁特对罗斯福的新政不屑一顾，他认为其举措太激进、反商业、侵犯财产和个人权利。但由于鲁特没有担任任何官方职务，而且年事已高，接近90岁，他对美国国内问题的看法不再有太大的影响。

鲁特比同时代的大多数人都长寿，他在纽约州克林顿市阿迪朗达克山脚下的家中，与家人和少数几个朋友安静地度过了晚年。这座联邦风格的房子坐落在鲁特的母校——汉密尔顿学院的校园里，他的父亲曾在那里教授数学，鲁特在那里长大。

多年来，鲁特在一家由其子小伊莱休·鲁特创立的律师事务所担任"法律顾问"，这是一个名誉职位。众所周知，鲁特-克拉克律师事务所后来招募托马斯·E.杜威（Thomas E. Dewey）作为合伙人。作为共和党总统候选人，他曾两次竞选失败。该事务所以缩写形式更名为杜威律师事务所（Dewey Ballantine）。五十年来，它一直是纽约顶尖的白鞋律师事务所之一。[1]

老伊莱休·鲁特于1937年在曼哈顿去世，享年91岁。他被安葬在汉密尔顿学院，该学院位于一座俯瞰莫霍克山谷的小山上。他经历了美国内战、美西战争、进步时代、第一次世界大战和大萧条。他一开始代表强盗大亨和有轨电车车主的利益，最后成为美国最受尊敬的老政治家。

---

[1] 2007年，杜威律师事务所与另一家华尔街大型律所——勒博夫兰姆律师事务所（LeBoeuf, Lamb）合并，造成了灾难性的后果，导致这家新律所破产，致使多名前律所高管遭到刑事起诉，随后陪审团做出了分裂裁决。

鲁特自始至终都保持着他特有的机智，他说自己愉快地承受了年老伴随的疾病，"基于一种明确的认识，即避免衰老的唯一方法是在年轻时死去，而我却忽略了这一点"。鲁特说作为一名律师，他无法证明上帝的存在，但作为一个个体，他相信上帝的存在，他对死亡并不恐惧。

作为20世纪初美国人生活中的一个重要人物，如今极少数美国人记得鲁特。他也没有像当年共和党的另一位知识分子领袖休斯那样，在历史学家中享有一定的地位。

作为进步主义时代保守派的一员，鲁特与那个时代格格不入。虽然鲁特不是一个反动派，但他更倾向维护现有秩序，而不是实施那些空想社会改良家所推动的改革。无论是在他的私人法律实践中，还是作为一名公务员，鲁特都是从逻辑和技术的角度，而不是从道德的角度来解决问题。鲁特是一位出色的调解人，他擅长调解一些对立的观点，但他在表达自己的观点方面有所不足。在赞扬鲁特的正直和公正的同时，一位传记作者在1954年写道，鲁特的保守事业得益于"他所贡献的勇气、想象力和对人民的信心"。

作为一名律师，如果说鲁特有一个最美好的梦想，那便是将违反国际法的行为与违反美国刑法的行为同等对待——都被视为对整个社区的犯罪，并由一个权威机构对违法者予以惩罚。具有讽刺意味的是，对于谨慎保守的鲁特来说，这是一个崇高的、近乎乌托邦式的愿望，至今仍未实现。

古思里是为数不多的能证明鲁特是进步人士的白鞋律师之一，他从未改变过自己的反动作风。直到1934年，也就是他去世的前一年，古思里在电台发表讲话，反对纽约州议会批准一项联邦童工宪法修正案。该修正案授予国会管理18岁以下人员工作条件的权力。古思里认为这项修正案所带来的后果比禁酒令更加严重。他预测，成群结队的政府特工将入侵私人住宅和农场，以决定无偿体力劳动的条款。该修正案从未获得批准，但1938年的《公平劳动标准法》在很大程度上变得毫无意义，最高法院于1941年维持原判。古思里坚决不批准支持该修正案的通过。

直到1922年，古思里在哥伦比亚大学教授宪法，一年后，作家厄普顿·辛克莱（Upton Sinclair）在一项关于高等教育的研究中对古思里发起了攻击。《屠场》（*The Jungle*）一书的作者写道："古思里……一位富有、圆滑、苛刻、无知的公司律师，在半个学期内每周来一次学校，他将宪法解释为……防止财产关系发生任何变化的永久堡垒。"

对于一个性格完全不讨人喜欢的人来说，古思里却成功地让同行支持自己，选择他担任该行业的重要职位（他在同事们重要的日子，如过生日时，给他们写温暖的生日祝福语，这可能对他当选有所帮助）。1921年，古思里当选为纽约州律师协会主席，并于1926年成为纽约市律师协会主席。在担任这些职位时，他成功地反对了强制性自治律师协会的提议。在该协会中，所有州的律师，而不是法院或精英律师团体的律师，将制定准入标准并规定其成员遵守的纪律。古思里反对说，这将赋予那些不受欢迎的人太多民主权力，这些人包括外国移民律师，其中大多数是犹太人。

1924年，柯立芝总统考虑任命古思里为最高法院大法官，但遭到哥伦比亚大学校长尼古拉斯·默里·巴特勒的劝阻。巴特勒告诉柯立芝，古思里有一种"极端的法律思想，这使他以一种僵硬呆板的态度来处理一些新的、陌生的问题"。纽约市律师协会的一位历史学家曾这样评价古思里："古思里是一个被自己的野心所驱使和牵绊的人，尽管他才华横溢，但他永远无法实现目标，因为他的脾气、自私和势利总是会把他绊倒。"

古思里晚年在法律上取得了一次重大的胜利，这是最高法院保护个人自由的一个具有里程碑意义的案件。在天主教团体的支持下,古思里公开挑战了俄勒冈州的一项法律,该法律要求所有学龄儿童都上公立学校。

在1925年皮尔斯诉修女协会案中,最高法院一致宣布俄勒冈州法律违宪,该决定被誉为教区学校案件的大宪章。根据《宪法》第十四修正案的正当程序条款,要求所有学龄儿童都上公立学校是对个人自由的侵犯。虔诚的天主教徒古思里将他获胜的论点集中在父母控制子女教育的基本权利上(第一修正案的宗教自由条款当时不适用各州,只适用联邦政府的行为)。

法院采纳了古思里的推理,表示:"孩子不仅仅是国家的创造物,那些养育并指导孩子未来的人拥有权力和崇高的责任,为孩子承担额外的义务做好准备。"该意见由保守派法学家詹姆斯·麦克雷诺兹法官撰写,他曾于1906年加入克拉瓦斯律师事务所,接替即将离任的古思里。

皮尔斯案被认为是根据宪法确立隐私权的一大早期决定。不过,古思里可能会反对扩大这一原则的做法。几十年后,最高法院以皮尔斯案为先例,宣布各州禁止避孕、堕胎、鸡奸和同性婚姻的法律无效,因为这些法律侵犯了基本的个人隐私权。

古思里一生都致力于律师事业,尽管他的最后几年是作为独立律师执业者度过的,因为没有人愿意与他合作。1935年12月,在长岛默东庄园,古思里因心脏病发作去世,享年76岁。他的葬礼在圣帕特里克大教堂举行,扶灵人包括几位律师巨头:克伦威尔、鲁特、威克瑟姆和戴维斯。

然而,一位著名的律师因缺席而引人注目。古思里的前合伙人克拉瓦斯从未原谅他,古思里在25年前向申诉委员会和律师协会写信,支持在大都会公交事件中对克拉瓦斯提出的道德投诉。但克拉瓦斯无法完全逃离他的老同事和邻居:古思里和他妻子的墓地都在蝗虫谷公墓,五年后,克拉瓦斯被埋葬在离古思里墓地不到两百码的一块单独的墓地里。

在第一次世界大战后的几年里，昂特迈耶继续着扮演法律牛虻的角色。他在各种高度公开的事务中代表人民的利益，通常是无偿的。他对纽约建筑行业的腐败进行了州立法调查，并揭露了工会对建筑公司的勒索，许多工会官员和雇主被起诉并入狱。作为城市交通系统的代表，昂特迈耶在与私人地铁运营商的斗争中，确保了五美分地铁票价的延续。他还争取提高纽约证券交易所的透明度，最终帮助实现了对证券交易所的联邦监管。

在亨利·福特发表了一篇广为流传的文章，将世界上的大多数问题归咎于犹太人之后，昂特迈耶代表一位对福特的这一说法感到不满的犹太报纸编辑提起了诽谤诉讼。昂特迈耶为他的客户赢得了福特的正式道歉，撤回了发表的文章，以及支付75000美元的赔偿。当他必须作证和面对昂特迈耶的盘问时，这位汽车巨头同意和解。

作为1922年重组的美国犹太人大会的创始人，昂特迈耶对犹太人事业的关注使他成为希特勒纳粹政权一个直言不讳的早期批评者。昂特迈耶在美国加入第一次世界大战之前曾为德国做过宣传，但他不会犯同样的错误了。1933年，希特勒被任命为德国总理后，昂特迈耶领导了一场抵制德国商品的运动。他说服纽约市长菲奥雷洛·拉瓜迪亚（Fiorello La Guardia）不要使用德国钢铁建造特里伯勒大桥。在前往百慕大的客运航班上，昂特迈耶个人还提出了一次抗议，因为他在船长的餐桌上发现了德国制造的餐桌装饰品。昂特迈耶的反纳粹抵制在很大程度上是失败的，部分原因是美国犹太人对此存在分歧，但它确实向美国公众暴露了希特勒对待犹太人的恶劣态度。早在1934年，昂特迈耶就预言希特勒最终可能会从迫害犹太人转向大规模屠杀犹太人。

昂特迈耶从未好好睡过觉，直到七十多岁，他仍然每天工作十四到十六个小时。《纽约客》的一篇报道解释说："大敌人让昂特迈耶保持年轻。"但昂特迈耶也有很多著名的朋友，包括爱因斯坦和纽约市长吉米·沃克（Jimmy Walker）。在他开始代理好莱坞电影制片人之后，昂特迈耶在棕榈泉买了一套冬季住宅，以招待离洛杉矶附近的客户。此外他还有四处住宅：扬克斯的花园庄园、曼哈顿的酒店套房、大西洋城的平房和佛罗里达州的水上船屋。

作为华尔街的一名律师，昂特迈耶的工作使他变得非常富有。他对布尔什维克主义或社会主义的哲学的发展毫无用处。昂特迈耶仍然是一名进步的民主党人，他于1935年宣布剥削工人的时代已经结束。昂特迈耶坚持认为，从此以后，工人将获得他所创造的财富的应得份额。然而，他补充道："资本主义将继续存在。"

在长期患病后，昂特迈耶于1940年在棕榈泉去世，享年81岁。他曾是华尔街的先驱。在昂特迈耶的职业生涯早期以及之后的几十年里，犹太律师被排除在白鞋律师事务所之外。即使是犹太人中最有才华的人，如果他们想从事高水平的公司法业务，也只能像昂特迈耶那样，组建自己的全犹太律师事务所。但当昂特迈耶自己的公司在20世纪80年代中期解散时，"犹太律师事务所"的现象在华尔街已经基本上消失了。犹太律师现在通常在旧的白鞋律师事务所（不再是真正的白鞋律师事务所）或从一开始就不是白鞋律师事务所的混合律师事务所执业。

昂特迈耶将他的扬克斯庄园（现在称为昂特迈耶公园）遗赠给了纽约人民。他被安葬在布朗克斯的伍德劳恩公墓。旁边是他的妻子米妮，米妮比他早16年去世。昂特迈耶没能亲眼看见他所担心的欧洲种族灭绝，这或许是一种幸事。

威克沙姆是著名的白鞋律师中最博学的一位，也是同龄人中最受欢迎的一位，他经常受邀作为餐后演讲者和宴会主持人。他的能力和领导力也使他成为许多重要组织和事业的负责人。正如他的法律合伙人塔夫脱所说，威克沙姆"从不满足于只成为船上的乘客，但总是愿意划船或掌舵"。

1922年，威克沙姆组织并长期担任美国法律协会主席，该协会旨在为法律带来更大的确定性。它的许多关于普通法的专著，被称为"法律重述"，为每一位法学学生、律师和法官所熟知。威克沙姆后来担任他帮助成立的外交关系委员会主席，以及促进美国和远东国家之间和解的日本协会主席。他还是匈牙利裔美国人协会和法国荣誉军团美国协会的主席。威克沙姆领导了一个国际仲裁小组，以解决20世纪20年代减少德国赔偿的谈判计划引起的争端。作为圣公会的高级典狱长和牧师，威克沙姆领导了在纽约市建造圣约翰大教堂的筹款工作。圣约翰大教堂是世界上第五大基督教教堂。

1925年，海军准将的曾孙雷金纳德·范德比尔特（Reginald Vanderbilt）去世，他留下了价值700万美元的遗产，一位20岁的妻子和一个18个月大的女儿格洛丽亚。威克沙姆被任命为孩子的监护人，并在接下来的十年里监督她每月4000美元的津贴。在格洛丽亚疏忽大意的母亲和姑姑格特鲁德·范德比尔特·惠特尼（Gertrude Vanderbilt Whitney）之间发生监护权之争后，威克沙姆的服务结束了。惠特尼曾在一场著名的法庭案件中获胜。

1929年，当赫伯特·胡佛总统任命他担任全国法务情况调研委员会（National Commission on Law Observance and Enforcement），俗称"威克沙姆委员会"的主席时，威克沙姆的职业生涯到达了顶峰。该专家小组是第一个此类总统委员会，成立的目的是调查"咆哮的二十年代"（Roaring Twenties）期间有组织犯罪的兴起（当年早些时候发生在芝加哥的圣瓦伦丁节大屠杀）。其中一项指控是确定是否应该废除禁酒令，因为禁酒令催生了私贩、地下酒吧和歹徒。

经过两年的研究，威克沙姆委员会发布了一份多卷报告。该报告超过一百万字，篇幅如此之大，内容非常丰富，以至于罗杰斯开玩笑说，人们可以用它来喂养得克萨斯州的山羊。该报告建议在执法方面进行许多改进,包括结束"三级"审讯的做法,对警察部队进行更好的专业培训,以及更多地使用缓刑和假释而不是监禁。但是,在公众心目中,与针对禁令的严厉评论相比,该报告在这些领域的结论却相形见绌。

尽管委员会不主张立即废除,但委员会认为《禁酒法令》被广泛忽视,执行不力,而且可能无法继续执行。它谴责警方未能发现和逮捕犯有谋杀罪和骇人听闻的银行抢劫罪的罪犯。目前,委员会建议更积极地执行禁酒令。但该报告为许多反对禁酒令的人提供了弹药,两年后,这项"高尚的实验"结束了。

1936年1月,威克沙姆去世,享年77岁,时间距离禁酒令废除仅两年多一点。他在曼哈顿中城乘坐出租车时,因致命的心脏病发作而晕倒。当时,他正在去世纪俱乐部吃午饭的路上,俱乐部的成员们会非常想念这位欢乐而博学的朋友。如今,威克沙姆的名字仍然是纽约市最古老的律师事务所——"卡德瓦拉德、威克沙姆和塔夫脱律师事务所"(Cadwalader, Wickersham & Taft)的一部分。

克伦威尔在他生命的最后几十年里,尽最大努力把自己的钱捐出去。20世纪20年代中期,他在巴黎居住了很长一段时间。克伦威尔在布洛涅森林旁租了一套公寓,有6个仆人。他为复兴瓦朗谢讷地区著名的蕾丝产业大量捐赠,瓦朗谢讷地区是法国北部靠近比利时的一块区域,该地区在第一次世界大战中被摧毁。克伦威尔还资助了法国一个科学研究小组,并向全国各地的农民和村庄分发礼物。另一笔总计100万美元的捐款,用于为在战争中丧生的拉斐特·埃斯卡蒂里号(Lafayette Escadrille)的美国志愿飞行员建造一座纪念碑。

克伦威尔还资助了巴黎塞纳河畔的荣誉军团博物馆,尽管他很不喜欢在开幕式上为他绘制的那幅画像。他抱怨说,任何业余爱好者都可以比它画得更好,于是他把这幅画移走并运回纽约。更令他喜欢的是一尊大理石半身像,那是1925年法国巴约勒市为纪念克伦威尔在蕾丝制造区建立的。

回到纽约后,克伦威尔的主要项目是为纽约的县律师协会建造一个新家,他于1927年至1930年担任该协会主席。尽管克伦威尔与古思里一起反对成立一个强制的、包容性的律师协会来管理自己,但他希望该协会能够拥有更大的空间和住所。克伦威尔提供了土地和50万美元的资金,用于在曼哈顿下城区的维西大街建造一家县酒吧。这座由著名建筑师卡斯·吉尔伯特(Cass Gilbert)设计的坚固建筑至今仍是律师协会的所在地,它在世界贸易中心遭到"9·11"袭击后幸存了下来。

1930年,也就是县酒吧大楼落成的同一年,克伦威尔成立了威廉·纳尔逊·克伦威尔基金会,用于研究美国法律史,重点是殖民时期的法律史。该基金会坚持向早期职业学者颁发年度奖和研究奖学金。

1931年,克伦威尔的妻子珍妮·奥斯古德(Jennie Osgood)在纽约去世,享年80岁。她在公众中的知名度可能比任何一位顶级白鞋律师的配偶都低,而且她在这段婚姻中也没有生育子女。据一位消息人士透露,克伦威尔的合伙人怀疑克伦威尔在巴黎和纽约有一位年轻得多的情妇——一位长期担任他秘书的女子,但关于这个问题的证据很少,充其量只能说是模棱两可。

克伦威尔于1948年7月19日在纽约去世,享年94岁,他是19世纪末和20世纪初崭露头角的原始公司律师群体中最年长的一位。一位致悼词者说:"他是那个时代一群杰出律师中的一颗璀璨的明星。"500多人参加了在纽约圣巴塞洛缪教堂举行的葬礼,福斯特和杜勒斯都担任了葬礼的送葬人。法国驻美国大使派总领事代表克伦威尔深爱的法国。克伦威尔被安葬在伍德劳恩公墓,与他妻子的墓地相邻。

尽管克伦威尔生前曾努力减少财产,但他去世时仍拥有价值

1900万美元的遗产（按今天的美元计算，相当于近2亿美元）。几乎所有的钱都捐给了大约50个不同的机构：法律团体、学院和大学、教堂、医院、艺术和文化机构，以及战争救济和福利组织等。最大的单一受益人是克伦威尔的母校哥伦比亚大学法学院，数额超过100万美元。

根据克伦威尔亲自起草的遗嘱，个人所得不到30万美元：两个堂兄妹每人8.5万美元，这是他唯一幸存的两个亲属；两名前秘书每人3.5万美元（其中一人是他的情妇）；而给各种前律师事务所员工和家庭佣人的金额则较小。海伦·凯勒收到了一笔小小的遗赠，以表达克伦威尔对这位与他合作过多项盲人事业的女性的钦佩。

克伦威尔的法律合伙人亚瑟·迪恩写道："在一个崇尚个人主义的时代，克伦威尔是一个具有非凡色彩和活力的人。"在同一部作品的前言中，克伦威尔手下的门生杜勒斯把克伦威尔描述为一位开拓者："他认为需要从狭隘和常规的实践中取得突破，打破那些对他那个时代的创作冲动有着不必要的限制的瓶颈。"事实上，在他那个时代，没有比克伦威尔更具有创造力的白鞋律师了。

1927年，杜勒斯被任命为沙利文和克伦威尔律师事务所的唯一管理合伙人。克伦威尔选中杜勒斯，让他负责经营这家已成为华尔街最大、最具影响力的律师事务所。还不到40岁的杜勒斯是世界领先的国际商业律师，也是收入最高的律师之一，其年收入约30万美元，按2019年的美元计算，超过400万美元。杜勒斯本可以赚更多的钱，但他一再拒绝加薪，宁愿把财富分给他的下级合伙人。

杜勒斯不像克伦威尔那样专制，他授权更多，更受同事欢迎。他大幅扩大了沙利文和克伦威尔律师事务所的招聘范围，并在柏林和布宜诺斯艾利斯开设了办事处。杜勒斯是一个涂鸦者和烟斗吸烟者，在禁酒期间，他继续喝杜松子酒。用食指搅拌杜松子酒，这是他的习惯。

对杜勒斯来说，私营企业和跨国经营是齐头并进的。在20世纪20年代和30年代初，杜勒斯从他的银行客户那里为拉丁美洲、中东、中国和欧洲的政府和企业安排了数十亿美元的贷款。到目前为止，这些贷款中的大部分都放在德国，杜勒斯仍然认为需要帮助德国重建，这为沙利文和克伦威尔律师事务所的贷款人和投资者客户提供了大量业务来源。

在大萧条期间，许多国际贷款都出现了问题，但杜勒斯和他的公司继续为客户提供重组和债务再融资服务，赚取了一大笔费用。1933年和1934年，杜勒斯参加了柏林的债务会议，试图为持有德国债券和证券的客户打捞残骸，但德国政府实际上拒绝履行对美国投资者的义务。

由于杜勒斯与德国的金融交易在希特勒掌权后仍在继续，他被指控勾结并支持纳粹政权。除此之外，批评人士指出，沙利文和克伦威尔律师事务所在柏林办公室的电报上带有德国政府法规要求的"希特勒万岁！"的称呼。纽约的合伙人中有三人是犹太人（这在当时的白鞋公司很少见），他们对公司与德国的关系感到不安。1935年，他们不顾杜勒斯的反对，投票决定关闭柏林办事处。杜勒斯的哥哥艾伦当时也是沙利文和克伦威尔律师事务所的合伙人，他说服福斯特，称在德国不能再体面地从事法律工作了。

杜勒斯一直否认勾结纳粹的指控，也没有证据表明他自愿或直接代表德国企业或国民，为希特勒政府提供支持。但在整个20世纪30年代，杜勒斯在创建和加强主要国际卡特尔方面发挥了重要作用，使他的某些客户能够与德国企业集团法本化学工业公司（IG Farben）一起控制镍和化学品的生产。作为卡特尔成员，法本从该集团的资源和领土划分的协议中获益。

法本从来都不是沙利文和克伦威尔律师事务所的客户，在1933年之前，法本被纳粹攻击为犹太人的工具。但它战时为德国政府承包的工作，包括为大屠杀毒气室使用的杀虫剂发放许可证，这对杜勒斯来说又是一个极其尴尬的事实。在第二次世界大战之前的一段时间里，杜勒斯成功阻止了加拿大政府限制他的客户国际镍公司向法本出口镍的企图，这使德国能够储备一种对制造不锈钢和装甲板至关重要的材料。

由于杜勒斯的法律工作只是间接地帮助了纳粹的军事建设，虽然他能够否认这样做的任何意图，但他很难否认自己的言行。该沙利文和克伦威尔律师事务所在柏林的办事处关闭后的几年里，杜勒斯继续访问柏林并会见重要商人。他还发表了各种公开声明，使第三帝国合理化。例如，1935年，当德国重新武装时，杜勒斯称赞德国通过单方面行动"夺回了行动自由"。他对希特勒从卑微的出身奋力成为一个国家的领导人表示钦佩，并抨击丘吉尔和罗斯福是战争贩子。希特勒占领捷克斯洛伐克一周后，杜勒斯在1939年3月的一次演讲中表示，德国、意大利或日本正在考虑对美国开战，这实在是"疯狂行动"。

杜勒斯还让他的公司起草了文件，其中包括臭名昭著的美国第一委员会纽约分会的文件。该委员会是由查尔斯·林德伯格（Charles Lindbergh）领导的非干涉主义团体，倾向反犹太主义、亲纳粹的言论。早在1941年2月，杜勒斯就向该委员会提供免费的法律咨询。杜勒斯后来解释说，他这样做只是出于对一位银行客户的礼貌，但杜勒斯和他的妻子在珍珠港事件发生前一个月仍然向美国捐款。

在美国参战之前，杜勒斯坚称自己不是一个孤立主义者。他谴责德国、意大利和日本领导人的暴力、残忍，他们的行为不可容忍，令人反感。但是，杜勒斯将世界秩序的崩溃归咎于现有的国际关系体系，而不是轴心国本身，这意味着道德上的对等。即使是与杜勒斯关系密切的人，包括他的兄弟和法律伙伴，也感到不安。

杜勒斯的一位犹太伙伴给他写了一份长长的备忘录，告诫他公开宣扬德国的地位在道义上是平等的，甚至高于同盟国的观点。相比之下，该公司的律师完全是爱国的：超过一半的律师，包括四名合伙人，在珍珠港事件后应征入伍。一位40岁的合伙人罗杰斯·拉蒙特（Rogers Lamont）甚至于1939年辞职，志愿前往欧洲作战，他在敦刻尔克被杀，成为英国军队中第一位死于战争的美国军官。

杜勒斯在纳粹德国问题上的盲点很大程度上可以追溯到他的信仰，即纳粹德国是反对共产主义的堡垒，杜勒斯认为共产主义是世界上最大的邪恶。他几乎同样强烈地批评罗斯福新政，杜勒斯认为这是对自由企业的威胁。他反对1933年《证券法》（Securities Act），这是第一部主要监管证券发行和销售的联邦立法。但是，即使杜勒斯反对，在罗斯福的要求下，以及在克伦威尔的许可下，杜勒斯和解的伙伴亚瑟·迪恩起草了修正案，并就原始法案的修改进行了谈判，使其更为华尔街所接受。迪恩曾担任建议成立美国证券交易委员会（SEC）和1934年《证券交易法》（Securities Exchange Act）的委员会成员，该法案使投资者可以起诉欺诈性股票销售。杜勒斯不喜欢这条法律。

杜勒斯永远无法适应美国日益变化的行政和福利状况。国会通过了一项1935年的法律，要求拆分公用事业控股公司。之后，杜勒斯建议他的客户"竭尽全力"抵制，并在最高法院做出裁决之前拒绝遵守该法律。他表示，最高法院的裁决肯定会将该法律视为违宪。结果该法律并没有违宪，而新的法律，如《证券法》和其他联邦法规，为沙利文和克伦威尔律师事务所以及其他同行的白鞋公司创造了更多的业务。

在第二次世界大战期间和战后几年，杜勒斯将注意力重新转向国际事务。他曾支持失败的国际联盟，协助起草了新的《联合国宪章》序言，并担任联合国大会的早期代表。他对美国对日本发动原子弹袭击极为关切，他说，如果美国作为一个新教国家，在道义上可以自由地使用这种武器，那么其他国家也会这样做（然而，在苏联研制原子弹成功后，杜勒斯却支持威慑和大规模报复政策）。杜勒斯在与日本谈判终止美国占领和恢复日本主权的条约方面也发挥了不可或缺的作用。

在杜威1944年和1948年竞选总统失败时，杜勒斯曾担任杜威的首席外交政策顾问。1949年，作为纽约州州长的杜威任命杜勒斯填补美国参议院的职位空缺，杜勒斯辞去了在沙利文和克伦威尔律师事务所的职务，接任了该职位。同年晚些时候，杜勒斯在一次特别选举中输给了民主党纽约州前州长赫伯特·雷曼（Herbert Lehman）。此前杜勒斯和他的支持者在竞选中将反对派称为"赤色分子"，他的反对者则通过宣扬杜勒斯在战前与纳粹的关系来回击。

杜勒斯对苏联的强硬观点受到了他深厚的宗教信仰的影响。作为联邦教会委员会的成员，杜勒斯经常公开反对不虔诚的共产主义。他抨击杜鲁门政府的遏制政策是不够进取的，并敦促采取更加积极的政策，让在共产主义统治下的人民倒退和获得解放。

1952年艾森豪威尔当选后，这位新总统选择杜勒斯担任国务卿。杜勒斯从1953年起开始担任这一职务，直到1959年他因结肠癌去世前不久才卸任，享年71岁。在华盛顿国家大教堂举行了由世界领导人参加的正式葬礼后，他的灵柩被用马拉的沉箱运到阿灵顿国家公墓，安葬在可以俯瞰林肯纪念堂和华盛顿纪念碑的山顶上。

当然，杜勒斯最令人难忘的是他担任国务卿期间的争议。关于他作为一名冷战战士的行为，已经出版了很多书，其中包括他与同一时期担任中央情报局（CIA）局长的哥哥艾伦一起煽动各种秘密行动，以推翻或破坏共产主义或左倾的外国政府。美国支持的政变推翻了伊朗和危地马拉（Guatemala）的民族主义领导人。在越南和印度尼西亚采取类似的干预措施被证明是失败的。杜勒斯加强了北约联盟，并在东南亚建立了一个类似的联盟，这两个联盟都规定对侵略者采取集体行动，这让人想起了国际联盟。

杜勒斯或艾森豪威尔是不是20世纪50年代美国外交政策的真正设计者，这一点值得商榷。同样，杜勒斯主要是一个务实的现实主义者，一位鼓舞人心的自由世界领袖，还是一个思想严谨的理论家，其封闭的思想让一个与苏联和中国进行不必要对抗的时代得以延续，这一点众说纷纭。

然而，无可争议的是，杜勒斯给国务卿这一职位带来的世界观，深受他作为白鞋公司近四十年的律师影响。作为他那个时代的杰出国际商业律师和外国外交官，杜勒斯将美国的国际商业利益等同于美国的国家利益。杜勒斯的职业生涯见证了自由国际主义和企业全球主义的结合。由此产生的哲学在杜勒斯的推动下，在华尔街和华盛顿蔚然成风，并一直流行至今。仅出于这个原因，无论是好是坏，可以说杜勒斯在塑造美国20世纪的过程中发挥了重要作用。

致　谢

从很多方面来讲，本书的创意和构思归功于我在威尔基·法尔和加拉格尔律师事务所（Willkie Farr&Gallagher）的前合伙人——已故的里克·波森（Rick Posen），他在2004年年初邀请我写一本有关我们律师事务所历史的书。结果，我写了这本书：《一家公司：威尔基·法尔和加拉格尔律师事务所的简史，1888—》（"One Firm": A Short History of Willkie Farr & Gallagher LLP, 1888－）。这是一家华尔街律师事务所的纪年，该事务所的起源可追溯到1888年。

13年后，我突然想到要将这一概念扩展成一本关于纽约市其他白鞋律师事务所的书，这些白鞋律师事务所在19世纪后期逐渐获得了突出地位。我的长期经纪人吉姆·多诺万（Jim Donovan）促成了这个想法，并鼓励我专注于这些方面：描述少数强大而丰富多彩的人物以及1890~1920年这一时期。在此期间，他们作为美国大企业的建设者的影响力最大。感谢吉姆的指导，感谢他能干的同事梅丽莎·舒尔茨（Melissa Shultz）。

威尔基·法尔的几位前同事给我提供了有益的建议，并对手稿的大部分内容进行了评论。和往常一样，拉里·卡明（Larry Kamin）通读了这本书，帮助我规划了全书的布局，并为编辑提供建议。比尔·鲁尼（Bill Rooney）是纽约顶级反垄断律师之一，他在这方面给了我有用的指导。威尔基·法尔的一位校友，反垄断专家加里·马龙（Gary Malone）带着他出色的眼光和笔力阅读了这本书许多章节。约翰·杜特（John Dutt）也这样做了。威尔基的资深管理律师哈尔·肯尼迪（Hal Kennedy）给予了我很多鼓励和支持，我曾与他合作探讨我们公司的历史。

特别感谢苏珊·弗雷伯格·沃尔夫特（Susan Freyberg Wolfert），她是一位自由撰稿人朋友，她以专业态度用心编辑了这本书，并提供了有益的整体建议。戴夫·拉金（Dave Larkin）也因其在这本书上的出色工作赢得了我的高度赞扬。

我要感谢黛比·格莱斯纳（Debbie Glessner）和威尔基·法尔图书馆的工作人员的帮助和款待。

理查德·霍金斯（Richard Hawkins）慷慨地与我分享了他关于昂特迈耶的大量著作。莱莉亚·曼德（Lelia Mander）向我提供了她曾祖父艾伦·沃德威尔的宝贵信息。作家兼历史学家约翰·鲁斯马尼埃（John Rousmaniere）就如何思考和撰写早期伟大的华尔街律师提供了相关见解。

我感谢以下图书馆和档案馆提供的资源和帮助：

纽约：纽约公共图书馆；哥伦比亚大学善本和手稿图书馆；纽约历史学会；摩根图书馆和博物馆。

华盛顿特区：国会图书馆手稿部；史密森尼美国国家历史博物馆；国家档案和记录管理局。

马萨诸塞州：哈佛大学商学院贝克图书馆历史馆藏；哈佛大学霍顿图书馆；威廉姆斯学院档案和特殊馆藏；阿默斯特学院档案和特殊馆藏。

新泽西州：普林斯顿大学图书馆、善本和特殊收藏部。

马里兰州：国家档案馆二、大学公园。

康涅狄格州：耶鲁大学图书馆、手稿和档案馆。

俄亥俄州：雅各布·雷德·马库斯美国犹太人档案馆中心、辛辛那提

最后，我要感谢我在达顿的编辑布伦特·霍华德（Brent Howard），感谢他对手稿的编辑和对这本书的热情。很高兴与他以及达顿/企鹅兰登书屋团队合作，包括他的助手卡西迪·萨

克斯（Cassidy Sachs）、设计师弗朗西斯卡·贝朗格（Francesca Belanger）、文案编辑莫琳·克里尔（Maureen Klier）以及编辑助理麦迪·纽奎斯特（Maddy Newquist）。

参考文献

手稿和文献集

Bunau-Varilla, Philippe. Papers. Library of Congress, Manuscript Division.

Butler, Nicholas Murray. Papers. Columbia University Rare Book and Manuscript Library.

Cravath, Paul D. Office Files. National Archives and Records Administration II, Record Group 56.

Davis, John William. Papers. Yale University Library, Manuscripts and Archives.

———. *Reminiscences, 1954*. Columbia Center for Oral History Archives, Columbia University Rare Book and Manuscript Library.

Dulles, John Foster. Public Policy Papers. Department of Rare Books and Special Collections, Princeton University Library.

Garfield, James Rudolph. Papers. Library of Congress, Manuscript Division.

Kelley, Nicholas. *Reminiscences, 1953*. Columbia Center for Oral History Archives, Columbia University Rare Book and Manuscript Library.

Morgan, J. Pierpont. Papers. Morgan Library and Museum.

Morison, George S. Papers. Smithsonian National Museum of American History.

Morrow, Dwight W. Papers. Amherst College Archives and Special Collections.

Perkins, George W. Papers. Columbia University Rare Book and Manuscript Library.

Roosevelt, Theodore. Papers. Library of Congress, Manuscript Division.

Root, Elihu. Papers. Library of Congress, Manuscript Division.

Seligman, Eustace. *Reminiscences, 1975*. Columbia Center for Oral History Archives, Columbia University Rare Book and Manuscript Library.

Stetson, Francis Lynde. Papers. Williams College Archives and Special Collections.

Stewart, Emily A. Collection of Elihu Root Material. Library of Congress, Manuscript Division.

Taft, William Howard. Papers. Library of Congress, Manuscript Division.

Untermyer, Samuel. Papers. Jacob Rader Marcus Center of the American Jewish Archives.

Villard, Henry. Papers. Baker Library Historical Collections, Harvard Business School.

———. Papers, 1604–1948 (MS Am 1322). Houghton Library, Harvard University.

Wardwell, Allen. Papers. Columbia University Rare Book and Manuscript Library.

———. *Reminiscences, 1952*. Columbia Center for Oral History Archives, Columbia

University Rare Book and Manuscript Library.

Wilson, Woodrow. Papers. Library of Congress, Manuscript Division.

书籍和文章

Abrams, Paula. *Cross Purposes: Pierce v. Society of Sisters and the Struggle over Compulsory Public Education*. Ann Arbor: University of Michigan Press, 2009.

Addresses on the Occasion of a Meeting in Memory of William Nelson Cromwell. New York: Association of the Bar of the City of New York and New York County Lawyers' Association, Jan. 16, 1949.

Adler, Cyrus. *Jacob H. Schiff: His Life and Letters*. Vol. 1. New York: Doubleday, 1928.

Allen, Frederick Lewis. *The Great Pierpont Morgan: A Biography*. New York: Harper, 1949.

———. *The Lords of Creation*. New York: Harper, 1935.

Altman, James M. "Considering the A.B.A.'s 1908 Canons of Ethics." *Fordham Law Review* 71, no. 6 (2003): 2395–2508.

Ameringer, Charles D. "The Panama Canal Lobby of Philippe Bunau-Varilla and William Nelson Cromwell." *American Historical Review* 68, no. 2 (January 1963): 346–363.

Auerbach, Jerold S. *Unequal Justice: Lawyers and Social Change in Modern America*. London: Oxford University Press, 1976.

Ayala, César J. *American Sugar Kingdom: The Plantation Economy of the Spanish Caribbean, 1898–1934*. Chapel Hill: University of North Carolina Press, 1999.

Baker, Richard B., Carola Frydman, and Eric Hilt. "From Plutocracy to Progressivism? The Assassination of President McKinley as a Turning Point in American History." Boston University Working Paper, September 2014.

Barron, Clarence W. *More They Told Barron: Conversations and Revelations of an American Pepys in Wall Street*, edited by Arthur Pound and Samuel Taylor Moore. New York: Harper, 1931.

Beard, Patricia. *After the Ball: Gilded Age Secrets, Boardroom Betrayals, and the Party That Ignited the Great Wall Street Scandal of 1905*. New York: HarperCollins, 2003.

Berg, A. Scott. *Wilson*. New York: Simon & Schuster, 2013.

Bickel, Alexander M., and Benno C. Schmidt Jr. *History of the Supreme Court of the United States*. Vol. 9, *The Judiciary and Responsible Government, 1910–21*. New York: Macmillan, 1984.

Birchall, Frederick T. "William Nelson Cromwell: The Man Who Made the Panama Canal Possible." *Leslie's Monthly Magazine*, May 1904.

Boller, Paul F., Jr. *Presidential Campaigns*. New York: Oxford University Press, 1984.

Bradley, Robert L., Jr. *Edison to Enron: Energy Markets and Political Strategies*. New York: Scrivener/John Wiley, 2011.

Bunau-Varilla, Philippe. *Panama: The Creation, Destruction, and Resurrection*. 1913. Reprint, New York: McBride, Nast, 1914.

Burnett, Philip Mason. *Reparation at the Paris Peace Conference: From the Standpoint of the American Delegation.* 2 vols. New York: Columbia University Press, 1940.

Burrows, Edwin G., and Mike Wallace. *Gotham: A History of New York to 1898*. Oxford: Oxford University Press, 1999.

Burton, David Henry. *Taft, Holmes, and the 1920s Court: An Appraisal*. Madison, NJ: Fairleigh Dickinson University Press, 1998.

———. *Taft, Roosevelt, and the Limits of Friendship*. Madison, NJ: Fairleigh Dickinson University Press, 2005.

Carosso, Vincent P., and Rose C. Carosso. *The Morgans: Private International Bankers, 1854–1913*. Cambridge, MA: Harvard University Press, 1987.

Chandler, Alfred D., Jr. *The Visible Hand: The Managerial Revolution in American Business*. 1977. Reprint, Cambridge, MA: Belknap Press of Harvard University Press, 2002.

Chernow, Ron. *The House of Morgan: An American Banking Dynasty and the Rise of Modern Finance*. New York: Grove Press, 1990.

———. *Titan: The Life of John D. Rockefeller, Sr.* New York: Random House, 1998.

Cravath, Paul D. *Great Britain's Part*. New York: D. Appleton, 1917.

———. "Impressions of the Financial and Industrial Conditions in Germany." *Annals of the American Academy of Political and Social Science* 92 (November 1920): 5–12.

———. *Letters Home from India and Irak 1925*. New York: J. J. Little and Ives, 1925.

Croly, Herbert. *Marcus Alonzo Hanna: His Life and Work*. New York: Macmillan, 1912.

Curtis, William John. *Memoirs of William John Curtis*. Portland, ME: Mosher Press, 1928.

Dalin, David G. *Jewish Justices of the Supreme Court: From Brandeis to Kagan*. Waltham, MA: Brandeis University Press, 2017.

Davis, Mark. *Solicitor General Bullitt: The Life of William Marshall Bullitt*. Louisville, KY: Crescent Hill Books, 2011.

Davis Polk Wardwell Sunderland & Kiendl: A Background with Figures. New York: privately printed, 1965.

Dean, Arthur H. *William Nelson Cromwell 1854–1948: An American Pioneer in Corporation, Comparative and International Law*. New York: Ad Press, 1957.

Divine, Robert A. *Second Chance: The Triumph of Internationalism in America During World War II*. New York: Atheneum, 1967.

Downes, Randolph C. *The Rise of Warren Gamaliel Harding, 1865–1920*. Columbus: Ohio State University Press, 1970.

Eisner, Marc Allen. *Regulatory Politics in Transition*. 1993. Reprint, Baltimore: Johns

Hopkins University Press, 2000.

Essig, Mark. *Edison & the Electric Chair: A Story of Life and Death*. New York: Walker Books, 2004.

Freyer, Tony. *Regulating Big Business: Antitrust in Great Britain and America, 1880–1990*. 1992. Reprint, Cambridge: Cambridge University Press, 2008.

Friedland, Martin L. *The Death of Old Man Rice: A True Story of Criminal Justice in America*. New York: NYU Press, 1996.

Friedman, Lawrence M. *A History of American Law*. 3rd ed. New York: Simon & Schuster, 2005.

Galambos, Louis. "The Emerging Organizational Synthesis in Modern American History." *Business History Review* 44, no. 3 (Autumn 1970): 279–290.

Galanter, Marc, and Thomas Palay. "The Transformation of the Big Law Firm." In *Lawyers' Ideals/Lawyers' Practices: Transformations in the American Legal Profession*, edited by Robert L. Nelson, David M. Trubek, and Rayman L. Solomon, 31–62. Ithaca, NY: Cornell University Press, 1992.

Gardner, Deborah S. *Cadwalader, Wickersham & Taft: A Bicentennial History, 1792–1992*. New York: Cadwalader, Wickersham & Taft, 1994.

Garner, James Wilford. "The Northern Securities Case." *Annals of the American Academy of Political and Social Science* 24 (July 1904): 125–147.

Garraty, John A. *Right-Hand Man: The Life of George W. Perkins*. New York: Harper, 1957.

Garrett, Garet. "Things That Were Mellen's and Things That Were Caesar's." *Everybody's Magazine*, July 1914.

Goodier, Susan. *No Votes for Women: The New York State Anti-Suffrage Movement*. Urbana: University of Illinois Press, 2013.

Goodwin, Doris Kearns. *The Bully Pulpit: Theodore Roosevelt, William Howard Taft, and the Golden Age of Journalism*. New York: Simon & Schuster, 2013.

Gordon, Robert W. "'The Ideal and the Actual in the Law': Fantasies and Practices of New York City Lawyers, 1870–1910." In *The New High Priests: Lawyers in Post–Civil War America*, edited by Gerard W. Gawalt, 51–74. Westport, CT: Greenwood Press, 1984.

———. "Legal Thought and Legal Practice in the Age of American Enterprise, 1870–1920." In *Professions and Professional Ideologies in America*, edited by Gerald L. Geison, 70–110. Chapel Hill: University of North Carolina Press, 1983.

Gould, Lewis L. *The First Modern Clash over Federal Power: Wilson Versus Hughes in the Presidential Election of 1916*. Lawrence: University Press of Kansas, 2016.

Grose, Peter. *Gentleman Spy: The Life of Allen Dulles*. Boston: Houghton Mifflin, 1994.

Hagedorn, Ann. *Savage Peace: Hope and Fear in America, 1919*. New York: Simon & Schuster, 2007.

Harwood, Herbert H., Jr. *The New York, Westchester & Boston Railway: J. P. Morgan's*

Magnificent Mistake. Bloomington: Indiana University Press, 2008.

Hawkins, Richard A. "'Hitler's Bitterest Foe': Samuel Untermyer and the Boycott of Nazi Germany, 1933–1938." *American Jewish History* 93, no. 1 (March 2007): 21–50.

———. "The 'Jewish Threat' and the Origins of the American Surveillance State: A Case Study of the Untermyer Family." *Australian Journal of Jewish Studies* 24 (2010): 74–115.

———. "The Marketing of Legal Services in the United States, 1855–1912: A Case Study of Guggenheimer, Untermyer & Marshall of New York City and the Predecessor Partnerships." *American Journal of Legal History* 53 (April 2013): 239–264.

———. "Samuel Untermyer (1858–1940)." In Immigrant Entrepreneurship: GermanAmerican Business Biographies, 1720 to the Present, vol. 2, edited by William J. Hausman. German Historical Institute. Last modified Nov. 12, 2013. http://www.immigrantentrepreneurship.org/entry.php?rec=181.

Heckscher, August. *Woodrow Wilson*. New York: Scribner, 1991.

Hellman, Geoffrey T. "The Boutonnières of Mr. Untermyer." *New Yorker*, May 18, 1940.

Hendrick, Burton J. "The Battle Against the Sherman Law: How Capital and Labor Combine to Safeguard the Trust and Legalize the Boycott." *McClure's Magazine*, October 1908.

Hessen, Robert. "Charles M. Schwab, President of United States Steel, 1901–1904." *Pennsylvania Magazine of History and Biography* 96 (April 1972): 203–228.

———. *Steel Titan: The Life of Charles M. Schwab*. Pittsburgh: University of Pittsburgh Press, 1975.

Hobson, Wayne K. *The American Legal Profession and the Organizational Society, 1890–1930*. New York: Garland Publishing, 1986.

———. "Symbol of the New Profession: Emergence of the Large Law Firm, 1870–1915." In *The New High Priests: Lawyers in Post–Civil War America*, edited by Gerard W. Gawalt, 3–27. Westport, CT: Greenwood Press, 1984.

Hoffman, Paul. *Lions in the Street: The Inside Story of the Great Wall Street Law Firms*. New York: Saturday Review Press/E. P. Dutton, 1973.

———. *Lions of the Eighties: The Inside Story of the Powerhouse Law Firms*. Garden City, NY: Doubleday, 1982.

Hudson, Peter James. *Bankers and Empire: How Wall Street Colonized the Caribbean*. Chicago: University of Chicago Press, 2017.

Hughes, Charles Evans. *The Autobiographical Notes of Charles Evans Hughes*, edited by David J. Danelski and Joseph S. Tulchin. Cambridge, MA: Harvard University Press, 1973.

Hurst, James Willard. *The Growth of American Law: The Law Makers*. 1950. Reprint, Clark, NJ: Lawbook Exchange, 2004.

Immerman, Richard H. *John Foster Dulles: Piety, Pragmatism, and Power in U.S. Foreign Policy*. Wilmington, DE: Scholarly Resources, 1999.

Jessup, Philip C. *Elihu Root*. 2 vols. New York: Dodd, Mead, 1938.

Johnston, Alva. "Little Giant." 2 parts. *New Yorker*, May 17, 24, 1930.

Jonnes, Jill. *Empires of Light: Edison, Tesla, Westinghouse, and the Race to Electrify the World*. 2003. Reprint, New York: Random House, 2004.

Josephson, Matthew. *The Robber Barons: The Classic Account of the Influential Capitalists Who Transformed America's Future*. 1934. Reprint, San Diego: Harcourt Brace, 2008.

Keller, Morton. *The Life Insurance Enterprise, 1855–1910: A Study in the Limits of Corporate Power*. 1963. Reprint, Lincoln, NE: toExcel Press, 1999.

Kennan, George. *E. H. Harriman: A Biography*. Vol. 2. Boston: Houghton, Mifflin, 1922.

Kinzer, Stephen. *Brothers: John Foster Dulles, Allen Dulles, and Their Secret World War*. New York: Times Books, 2013.

———. *Overthrow: America's Century of Regime Change from Hawaii to Iraq*. 2006. Reprint, New York: Times Books, 2007.

Klein, Maury. *The Life and Legend of E. H. Harriman*. Chapel Hill: University of North Carolina Press, 2000.

———. *The Power Makers: Steam, Electricity, and the Men Who Invented Modern America*. New York: Bloomsbury, 2008.

———. *Union Pacific*. Vol. 2, *1894–1969*. 1989. Reprint, Minneapolis: University of Minnesota Press, 2006.

Knauth, Oswald W. "The Policy of the United States Towards Industrial Monopoly." In *Studies in History, Economics and Public Law* 56, no. 2, edited by the faculty of political science of Columbia University, 1–233. New York: Columbia University, 1914.

Koegel, Otto E. *Walter S. Carter: Collector of Young Masters, or the Progenitor of Many Law Firms*. New York: Round Table Press, 1953.

Kolko, Gabriel. *The Triumph of Conservatism: A Reinterpretation of American History, 1900–1916*. New York: Free Press, 1963.

Leopold, Richard W. *Elihu Root and the Conservative Tradition*, edited by Oscar Handlin. Boston: Little, Brown, 1954.

Levy, Beryl Harold. *Corporation Lawyer . . . Saint or Sinner?: The New Role of the Lawyer in Modern Society*. Philadelphia: Chilton Company, 1961.

Link, Arthur S. *Wilson*. Vol. 1, *The Road to the White House*. 1947. Reprint, Princeton University Press, 2015.

———. *Woodrow Wilson and the Progressive Era: 1910–1917*. New York: Harper, 1954.

———. *Woodrow Wilson: Revolution, War, and Peace*. Arlington Heights, IL: Harlan Davidson, 1979.

Lisagor, Nancy, and Frank Lipsius. *A Law unto Itself: The Untold Story of the Law Firm of Sullivan & Cromwell*. 1988. Reprint, New York: Paragon House, 1989.

Loizillon, Gabriel J. *The Bunau-Varilla Brothers and the Panama Canal*. 2008. Reprint, Panama: Lulu.com, 2016.

Lubben, Stephen J. "Railroad Receiverships and Modern Bankruptcy Theory." *Cornell Law Review* 89, no. 6 (September 2004): 1420–1475.

MacKay, Robert B., Anthony Baker, and Carol A. Traynor, eds. *Long Island Country Houses and Their Architects, 1860–1940*. New York: Society for the Preservation of Long Island Antiquities/W. W. Norton, 1997.

Mackaye, Milton. "Public Man." *New Yorker*, Jan. 2, 1932.

Martin, George Whitney. *Causes and Conflicts: The Centennial History of the Association of the Bar of the City of New York, 1870–1970*. New York: Fordham University Press, 1997.

Mason, Alpheus Thomas. *Brandeis: A Free Man's Life*. New York: Viking, 1956.

Mateyunas, Paul J. *Long Island's Gold Coast*. Charleston, SC: Arcadia, 2012.

McClure, Marc. "Victor Morawetz, Draftsman of Political-Economy: A Study in Constitutional Constraints and Solutions in the Era of Reform." Business and Economic History On-Line, vol. 13, 2015, 1–27. http://www.thebhc.org/sites/default /files/McClure_BEHO_Final%20Draft_0.pdf.

McCullough, David. *The Path Between the Seas: The Creation of the Panama Canal, 1870–1914*. New York: Simon & Schuster, 1977.

Mercer, Lloyd J. *E. H. Harriman: Master Railroader*. 1985. Reprint, Washington, DC: BeardBooks, 2003.

Meyer, Balthasar Henry. "A History of the Northern Securities Case." *Bulletin of the University of Wisconsin* 142 (July 1906): 216–349.

Miller, Tom. "The 1899 Francis Stetson House—No. 4 E. 74th Street." Daytonian in Manhattan: The Stories Behind the Buildings, Statues and Other Points of Interest That Make Manhattan Fascinating. Feb. 28, 2013. http://daytoninmanhattan .blogspot.com/2013/02/the-1899-francis-stetson-house-no-4-e.html.

Miner, Dwight Carroll. *The Fight for the Panama Route: The Story of the Spooner Act and the Hay-Herrán Treaty*. 1940. Reprint, New York: Octagon, 1966.

Mitchell, Lawrence E. *The Speculation Economy: How Finance Triumphed over Industry*. San Francisco: Berrett-Koehler, 2008.

Morris, Edmund. *Theodore Rex*. New York: Random House, 2001.

Mosley, Leonard. *Dulles: A Biography of Eleanor, Allen, and John Foster Dulles and Their Family Network*. New York: Dial Press/James Wade, 1978.

Mowry, George E. *The Era of Theodore Roosevelt: 1900–1912*. New York: Harper, 1958.

Mutch, Robert E. *Buying the Vote: A History of Campaign Finance Reform*. Oxford: Oxford University Press, 2014.

Novak, William J. "The Legal Origins of the Modern American State." In *Looking Back at Law's Century*, edited by Austin Sarat, Bryant Garth, and Robert A. Kagan, 249–283. Ithaca, NY: Cornell University Press, 2002.

Oller, John. *"One Firm": A Short History of Willkie Farr & Gallagher LLP, 1888–*. New

York: Willkie Farr & Gallagher LLP, 2004.

Orbach, Barak, and Grace Campbell Rebling. "The Antitrust Curse of Bigness." *Southern California Law Review* 85, no. 3 (March 2012): 605–655.

Paper, Lewis J. *Brandeis: An Intimate Biography of Supreme Court Justice Louis D. Brandeis.* Englewood Cliffs, NJ: Prentice-Hall, 1983.

Perkins, Dexter. *Charles Evans Hughes and American Democratic Statesmanship*, edited by Oscar Handlin. Boston: Little, Brown, 1956.

Piel, William, Jr., and Martha Moore, compilers. *Lamplighters: The Sullivan & Cromwell Lawyers, April 2, 1879, to April 2, 1979.* New York: Sullivan & Cromwell, 1981.

Pringle, Henry F. *Theodore Roosevelt: A Biography.* New York: Harcourt, Brace, 1931.

Prout, Henry G. *A Life of George Westinghouse.* New York: Charles Scribner's, 1922.

Pruessen, Ronald W. *John Foster Dulles: The Road to Power.* New York: Free Press, 1982.

Roberts, Priscilla. "Paul D. Cravath, the First World War, and the Anglophile Internationalist Tradition." *Australian Journal of Politics and History* 51, no. 2 (2005): 194–215.

Robertson, Edwin David. *Brethren and Sisters of the Bar: A Centennial History of the New York County Lawyers' Association.* Bronx, NY: Fordham University Press, 2008.

Roche, John J. "No Par Value Stock." *Marquette Law Review* 7, no. 2 (1923): 76–80.

Roe, Mark J. "Foundations of Corporate Finance: The 1906 Pacification of the Insurance Industry." *Columbia Law Review* 93, no. 3 (April 1993): 651–684.

Roosevelt, Theodore. *The Letters of Theodore Roosevelt*, edited by Elting E. Morison. Vol. 3, *The Square Deal, 1901–1905*. Vol. 6, *The Big Stick, 1905–1909*. Vol. 8, *The Days of Armageddon, 1900–1914*. Cambridge, MA: Harvard University Press, 1951, 1952, 1954.

Root, Elihu. *Addresses on Government and Citizenship*, edited by Robert Bacon and James Brown Scott. Cambridge, MA: Harvard University Press, 1916.

Rosen, Jeffrey. *Louis D. Brandeis: American Prophet.* New Haven, CT: Yale University Press, 2016.

Rousmaniere, John. *Called in to Consultation: The History of an American Law Firm; Davis Polk & Wardwell, 1849–1993.* Stamford, CT: privately printed, 1999.

———. *The Life and Times of the Equitable.* New York: Equitable Companies, 1995.

Roy, William G. *Socializing Capital: The Rise of the Large Industrial Corporation in America.* Princeton, NJ: Princeton University Press, 1997.

Schmitz, David F. *Henry L. Stimson: The First Wise Man.* Wilmington, DE: Scholarly Resources, 2001.

Schwartz, Bernard. "Supreme Court Superstars: The Ten Greatest Justices." *Tulsa Law Journal* 31, no. 1 (Fall 1995): 93–157.

Scott, James Brown. *Robert Bacon: Life and Letters.* 1923. Reprint, Pickle Partners, 2013.

Skeel, David A., Jr. *Debt's Dominion: A History of Bankruptcy Law in America.* Princeton, NJ: Princeton University Press, 2001.

Sklar, Martin J. *The Corporate Reconstruction of American Capitalism, 1890–1916: The Market, the Law, and Politics.* 1988. Reprint, Cambridge: Cambridge University Press, 1993.

Skrabec, Quentin R., Jr. *George Westinghouse: Gentle Genius.* New York: Algora, 2007.

Smigel, Erwin O. *The Wall Street Lawyer: Professional Organization Man?* New York: Free Press of Glencoe, 1964.

Staples, Henry Lee, and Alpheus Thomas Mason. *The Fall of a Railroad Empire: Brandeis and the New Haven Merger Battle.* Syracuse, NY: Syracuse University Press, 1947.

Stetson, Francis Lynde. "The Government and the Corporations." *Atlantic Monthly*, July 1912.

———. "The Lawyer's Livelihood." *Green Bag* 21, no. 2 (February 1909): 45–57.

Stetson, Francis Lynde, James Byrne, Paul D. Cravath, George W. Wickersham, Gilbert H. Montague, George S. Coleman, and William D. Guthrie. *Some Legal Phases of Corporate Financing, Reorganization, and Regulation.* New York: Macmillan, 1917.

Stross, Randall E. *The Wizard of Menlo Park: How Thomas Alva Edison Invented the Modern World.* New York: Crown, 2007.

Strouse, Jean. *Morgan: American Financier.* 1999. Reprint, New York: Random House, 2014.

Sullivan, Mark. *Our Times, 1900–1925.* Vol. 1, *The Turn of the Century.* Vol. 2, *America Finding Itself.* Vol. 3, *Pre-War America.* New York: Charles Scribner's, 1926, 1928, 1930.

Swaine, Robert T. *The Cravath Firm and Its Predecessors, 1819–1947.* 3 vols. 1946–1948. Reprint, Clark, NJ: Lawbook Exchange, 2012.

Taft, Henry W. *A Century and a Half at the New York Bar.* New York: privately printed, 1938.

Taft, William Howard. *Essential Writings and Addresses*, edited with an introduction by David H. Burton. Madison, NJ: Fairleigh Dickinson University Press, 1998.

Taliaferro, John. *All the Great Prizes: The Life of John Hay, from Lincoln to Roosevelt.* New York: Simon & Schuster, 2013.

Urofsky, Melvin I. "Campaign Finance Reform Before 1971." *Albany Government Law Review* 1 (2008): 1–62.

Vanderlip, Frank A. *From Farm Boy to Financier.* In collaboration with Boyden Sparkes. New York: D. Appleton-Century, 1935.

Villard, Henry. *Memoirs of Henry Villard: Journalist and Financier.* Vol. 2, *1835–1900.* Boston: Houghton, Mifflin, 1904.

Wald, Eli. "The Rise and Fall of the WASP and Jewish Law Firms." *Stanford Law Review* 60, no. 6 (April 2008): 1803–1866.

Walker, James Blaine. *Fifty Years of Rapid Transit, 1864–1917.* New York: Law Printing, 1918.

Weigley, Russell F. *History of the United States Army.* 1967. Reprint, Bloomington: Indiana

University Press, 1984.

Weixelbaum, Jason. "Harnessing the Growth of Corporate Capitalism: Sullivan & Cromwell and Its Influence on Late Nineteenth-Century American Business." Jason Weixelbaum Publications and Research. Dec. 25, 2010. https://jasonweixelbaum.wordpress .com/2010/12/25/harnessing-the-growth-of-corporate-capitalism-sullivan-cromwell -and-its-influence-on-late-nineteenth-century-american-business/#_ftn7.

———. "Who Is John Foster Dulles?" Jason Weixelbaum Publications and Research. Jan. 14, 2012. https://jasonweixelbaum.wordpress.com/2012/01/14/who-is-john-foster-dulles.

Weller, John L. *The New Haven Railroad: Its Rise and Fall.* New York: Hastings House, 1969.

Wickersham, George W. *The Changing Order: Essays on Government, Monopoly, and Education, Written During a Period of Readjustment.* New York: G. P. Putnam's, 1914.

Wiebe, Robert W. *The Search for Order, 1877–1920.* New York: Macmillan, 1967.

法律材料

Bills and Debates in Congress Relating to Trusts, 1902–1913. 57th Cong., 2nd Sess. to 63rd Cong., 1st Sess., Inclusive, Dec. 1, 1902–Dec. 1, 1913. Washington, DC: Government Printing Office, 1914.

Brewing and Liquor Interests and German and Bolshevik Propaganda: Report and Hearings of the Subcommittee on the Judiciary, United States Senate, Submitted Pursuant to S. Res. 307 and 439. S. Doc. No. 62, 66th Cong., 1st Sess. Vols. 2, 3. Washington, DC: Government Printing Office, 1919.

Control of Corporations, Persons, and Firms Engaged in Interstate Commerce: Hearings Before the Committee on Interstate Commerce, United States Senate, 62nd Cong., pursuant to S. Res. 98, November 29, 1911. Washington, DC: Government Printing Office, 1911.

Diplomatic History of the Panama Canal. S. Doc. No. 474, 63rd Cong., 2nd Sess. Washington, DC: Government Printing Office, 1914.

Evidence Taken Before the Interstate Commerce Commission, Relative to the Financial Transactions of the New York, New Haven & Hartford Railroad Company, Together with the Report of the Commission Thereon. S. Doc. No. 543, 63rd Cong., 2nd Sess. 2 vols. Washington, DC: Government Printing Office, 1914.

Hearings Before the Committee on Interoceanic Canals of the United States Senate. Vols. 1, 2. Washington, DC: Government Printing Office, 1906.

Maintenance of a Lobby to Influence Legislation: Hearings Before a Subcommittee of the

Committee on the Judiciary, United States Senate, June 13 to July 10, 1913. 63rd Cong., 1st Sess. Vol. 2. Washington, DC: Government Printing Office, 1913.

Money Trust Investigation: Investigation of Financial and Monetary Conditions in the United States Under House Resolutions nos. 429 and 504 Before a Subcommittee of the Committee on Banking and Currency. Parts 15, 21. Washington, DC: Government Printing Office, 1913.

Report of the Committee Appointed Pursuant to House Resolutions 429 and 504 to Investigate the Concentration of Control of Money and Credit. H. R. Rep. No. 1593, 62nd Cong., 3rd Sess. Washington, DC: Government Printing Office, 1913.

Report of the Isthmian Canal Commission, 1899–1901. S. Doc. No. 54, 57th Cong., 1st Sess. Washington, DC: Government Printing Office, 1901.

The Story of Panama: Hearings on the Rainey Resolution Before the Committee on Foreign Affairs of the House of Representatives. Washington, DC: Government Printing Office, 1913.

Testimony Taken Before the Joint Committee of the Senate and Assembly of the State of New York to Investigate and Examine into the Business of Life Insurance Companies Doing Business in the State of New York. Vols. 1, 2, 5, 6. Albany, NY: Brandon Printing, 1905.